西南地区生态环境立法实践研究

黄颖琼 著

云南出版集团

云南人民出版社

图书在版编目（CIP）数据

西南地区生态环境立法实践研究 ∕ 黄颖琼著. -- 昆明：云南人民出版社，2023.5
ISBN 978-7-222-21915-1

Ⅰ. ①西… Ⅱ. ①黄… Ⅲ. ①生态环境–环境保护法–立法–研究–西南地区 Ⅳ. ①D927.702.680.4

中国国家版本馆 CIP 数据核字（2023）第 066000 号

责任编辑　和晓玲
装帧设计　常继红
责任校对　刘　娟
责任印制　马文杰

西南地区生态环境立法实践研究
黄颖琼　著

出版　云南出版集团　云南人民出版社
发行　云南人民出版社
社址　昆明市环城西路 609 号
邮编　650034
网址　www.ynpph.com.cn
E-mail　ynrms@sina.com
开本　720mm×1010mm　1/16
印张　15.25
字数　240 千
版次　2023 年 5 月第 1 版第 1 次印刷
印刷　昆明瑆煋印务有限公司
书号　ISBN978-7-222-21915-1
定价　49.00 元

云南人民出版社微信公众号

目　录

第一章

导 论

一、问题的提出

西南地区是我国重要的生态屏障区及生态脆弱区,大部分地区被划为限制开发区和禁止开发区,生态环境保护意义重大。一直以来,西南地区的云南、贵州、四川三省都注重强化以环保立法推进环境保护工作。1988年,云南省针对九大高原湖泊中的滇池和洱海,分别制定了保护条例,并在之后持续加强对九大高原湖泊的保护立法,并适时开展修正修订工作,实现了"一湖一条例"。① 贵州省则在 1980 年通过了第一部关于环境保护和生态建设的地方性法规,即《贵州省奖励"三废"综合利用和排放"三废"收费、罚款暂行办法》,全省环境保护地方立法的篇章随即开启。② 四川省地方人大及其常委会于 1979 年被赋予立法权,之后地方立法进入"快车道"。1997 年,四川省制定了全国第一个为单一水利工程立法的法规《四川省都江堰水利工程管理条例》,为千年古堰都江堰水利工程的安全运行和保护利用提供了法治保障。③

① 周云. 生态环境保护必须依靠制度和法治 [J]. 社会主义论坛, 2020 (10): 18-24.

② 韩敏霞, 方翌. 我省生态文明立法建设浅析 [N]. 贵州日报, 2016-11-17.

③ 孙信志, 刘佳. 四川省人大常委会立法工作纪实: 立良法促发展保善治 [N]. 四川日报, 2019-9-24.

进入新时代，党中央提出"大力推进生态文明建设"的战略决策，以习近平同志为核心的党中央对生态文明建设提出了一系列新理念新思想新战略，深刻回答了什么是生态文明、为什么建设生态文明、怎样建设生态文明的重大理论和实践问题，形成了习近平生态文明思想，推动我国生态环境保护发生了历史性、转折性、全局性变化。① 习近平总书记指出，用最严格的制度、最严密的法治保护生态环境。实践证明，只有实行最严格的制度、最严密的法治，才能为生态文明建设提供可靠保障。云南、贵州、四川三省深入贯彻落实习近平生态文明思想和习近平法治思想，在生态环境立法方面做了大量工作，取得新的突破，构建起更为完善的地方生态环境保护法规体系，许多地方性立法成为全国首创，促进了当地生态环境保护和经济社会的发展。然而，在立法经验总结、立法体制机制完善、立法理念创新、立法技术提升等方面还存在不足。总结以云南、贵州、四川三省为主要代表的西南地区生态环境立法实践经验，促进区域生态环境领域科学立法、民主立法、依法立法，对推动该区域生态环境治理体系和治理能力现代化，推进新时代生态文明建设具有重大的理论和实践意义。

二、研究内容

研究内容共分六个部分。

第一部分，导言。对写作的背景意义、国内外研究现状以及相关理论进行阐述。

第二部分，我国生态环境立法实践。对我国生态环境立法进程、立法现状进行了梳理，特别是研究阐述了国家生态环境立法对地方立法所提出的要求。

第三部分，云南、贵州、四川环境资源概况。从地理资源概况和生态环境状况两个方面系统梳理云南、贵州、四川三省的环境资源概况，并从

---

① 潘家华，庄贵阳，黄承梁. 开辟生态文明建设新境界［N］. 人民日报，2018-8-22.

三个方面对环境资源所面临的威胁进行深入研究。

第四部分，云南、贵州、四川生态环境立法实践。这一部分共有四章，即"云南生态环境立法实践""贵州生态环境立法实践""四川生态环境立法实践"，分别简述了三省生态环境立法的历程、总体状况、特点、亮点及不足等内容。"西南地区生态环境立法案例"从不同角度选择三省的立法案例展开评析。

第五部分，西南地区生态环境立法比较。通过比较总结出西南地区生态环境立法的共同经验、主要差异以及今后的发展方向。

第六部分，西南地区生态环境立法提升路径。从立法理念的与时俱进、全面行使地方立法权、完善立法体制机制、适应民族地区特点、提高立法质量和效率、区域立法均衡发展六个方面提出对策建议，为西南地区进一步完善生态环境立法提供参考。

三、国内外研究现状

（一）国外生态环境立法研究现状

国外生态环境保护理论的探索。国外对生态环境保护的关注及研究较国内早，欧洲的工业革命极大地推动了资本主义国家生产力的发展，带来了社会的巨大革新，但同时也带来了生态环境破坏的严重后果。20 世纪 30 年代，欧洲、北美洲的城市出现了酸雨等生态环境问题，使国外的学者开始关注环境问题并开始研究应对之策。其中比较著名的理论是英国经济学家庇古提出的"庇古税"以及科斯提出的"科斯定理"。"庇古税"采用对污染者征税的办法来解决环境污染的外部性问题，但到 20 世纪 60 年代，研究者发现单纯靠"庇古税"已无法达到管控的目的，因此科斯的产权理论被应用到环境污染治理中。此后，美国、英国、德国、澳大利亚等国家也相继实行了排污权交易的实践。

国外环境保护法治研究的几个方面。一是环境权的研究。20 世纪 60 年代初兴起环境权的讨论和研究，至今环境权已成为欧盟、美国、日本等发达国家的基本人权之一，环境立法的目的就是保护公民的环境权利。二是环境立法研究。从立法模式的选择而言，不同国家对生态环境立法选择不同的模式。国外立法模式归纳起来主要有以下三种：第一种是以环境基本法为主的立法模式，日本的生态环境立法属于第一种模式。第二种是统一生态环境法典模式，有许多制定生态环境法典的国家属于第二种模式，比如 1974 年哥伦比亚制定《可再生自然资源和环境保护国家法典》，1977年菲律宾制定《环境法典》，1998 年瑞典制定《环境法典》，2000 年法国制定《环境法典》，2011 年爱沙尼亚制定《环境法典》等，目前已有十多个国家编撰了环境法典。第三种是政策法与判例结合型立法模式，① 这种模式以美国为代表。从环境立法上来看，国外学者一般主张从严立法、从严处罚，以增强法律执行力。日本学者川岛武宜（2004）强调立法必须从严而治，充分发挥法律的制约作用。美国、德国、日本在生态环境保护立法方面实行的是刑事立法，将环境违法的惩罚力度大大提高。三是环境保护法律制度研究。主要从制度的现实性和可行性进行考虑，形成了完善的法律制度体系。美国、加拿大采用环境审计法律制度，取得了一定的成效；美国生态环境法律制度的形成与完善，从 20 世纪 70 年代以来，不同时期的特点不同。德国是世界上拥有最完备、最详细的生态环境保护法律法规的国家之一，截至目前，德国有关生态环境保护的法律法规达 8000 多部。其下辖各州的有关生态环境保护的法律法规多达几千部。四是生态环境法的调整对象。生态环境法的调整对象，在不同国家有所不同。在日本，生态环境法调整对象主要包括自然保护、污染防治（公害防治）和循环经济法。美国的生态环境法调整对象明显包括自然保护、污染防治、循环经济和能源这四个部分。德国环境法法典的调整对象也包括自然保护、污染防治、循环经济和能源四个部分。

（二）国内生态环境立法的研究现状

国内生态环境立法的研究，与国内生态环境问题的产生相互关联，由

---

① 刘洪岩. 国外生态立法的实践、经验与挑战［J］. 秘书工作，2020（6）：39-40.

于我国草原退化、自然灾害、生物多样性减少、水体富营养化、水土流失、森林覆盖率降低以及资源的不合理开发带来的污染问题，学者们开始研究污染问题和环境破坏的深层次原因，并寻求解决之策。我国历来重视以立法的方式保护生态环境，我国学者对生态环境立法方面的研究成果也十分丰富。特别是党的十八大以来，习近平总书记提出用最严格的制度、最严密的法治保护生态环境，推动我国生态环境立法工作迎来新发展，取得新成就。

许多学者通过立法法律的手段提出解决的对策，如薛澜、杨越、陈玲等（2020）认为黄河流域生态问题，其症结在于长期经济社会发展需求与粗放式发展模式下人地关系的矛盾，探讨推进"黄河战略"相关立法工作的策略选择，具体分析了"黄河战略"相关立法的需求、原则、框架和关键。[①] 光峰涛、杨树旺和易扬（2020）提出了长三角地区生态环境治理一体化推进应从协同立法、机制创新、政策协同、风险预警、信息共享、科技创新、完善服务等方面提出相应的政策与意见。[②]

把视角转入某一区域某一地区。梳理分析近年来生态环境立法方面的文献资料，学者们认为党的十八大以来我国生态环境立法取得重大进步。呈现出许多以各地方、各区域为样本的研究成果，从如何完善立法体制机制、保障公民参与、提高立法质量等方面提出对策建议。如马芳（2021）以祁连山国家公园为研究样本，基于其在生态环境保护与修复跨区域立法中存在的主要障碍分析，提出探索跨区域立法的构想，为祁连山国家公园脆弱生态环境整体性保护与系统性修复提供法律依据及保护途径。[③] 熊敏瑞、李昭阳（2020）在长江大保护的背景下，探讨目前长江流域立法面临

---

① 薛澜，杨越，陈玲，董煜，黄海莉. 黄河流域生态保护和高质量发展战略立法的策略 [J]. 中国人口·资源与环境，2020（12）：1-7.

② 光峰涛，杨树旺，易扬. 长三角地区生态环境治理一体化的创新路径探索 [J]. 环境保护，2020（20）：31-35.

③ 马芳. 祁连山国家公园脆弱生态环境保护与修复的跨区域立法研究 [J]. 青海民族研究，2021（3）：116-122.

的水资源开发利用与保护之间存在权利冲突、管理秩序混乱等多方面的问题，建议为长江流域单独立法，为长江流域经济、社会和生态环境的可持续发展提供法治保障，以实现长江经济带"共抓大保护，不搞大开发"的目标。① 李明娜（2020）以广西省作为研究对象，指出广西作为"一带一路"的重要门户，以及维护珠江下游生态安全的重要屏障，生态环境保护异常重要，然而，现实中地方生态环境立法体系尚不健全、地方生态环境立法缺乏民族特色、部分地方生态保护立法缺乏可操作性等问题依然存在，有必要进一步健全广西地方生态环境立法体系，结合民族习惯法突出地方特色，提高立法可行性。② 周中梁（2020）以江苏省生态环境立法为例，分析当前我国生态环境地方立法现状，认为还存在立法项目碎片化、生态环境法规的形式体系庞杂的问题以及法规质效不高、生态环境法规的内容体系不畅的问题。基于地方生态环境保护的立法路径不成熟以及相关立法协作和审查机制还不健全等原因，应以整体性保护为原则促进建构地方生态环境立法的形式体系；以逻辑自洽性为重点推进完善地方生态环境立法的内容体系；以效用性提升为目标推动形成地方生态环境立法的制度体系。③ 翟勇（2020）提出，自党的十八大提出生态文明建设方针、党的十九大确立习近平生态文明思想以来，我国生态环境立法工作取得了重大进步，法律功能有较大提升；法律数量不断增加、法律体系更趋完善；立法模式有较大提升、更为合理；立法工作向注重源头控制转变；从与国际法接轨转到参与国际规则制定。④ 宋向杰（2020）认为，公众参与生态立法是生态文明建设的重要途径，是解决生态环境问题和实现立法分配、生

---

① 熊敏瑞，李昭阳. 长江流域生态环境立法问题研究——以长江大保护为背景 [J]. 生态经济，2020（10）：185-189.

② 李明娜. "一带一路"背景下广西生态环境立法的完善 [J]. 学理论，2020（12）：71-73.

③ 周中梁. 生态环境地方立法体系化的困境与展望——基于江苏生态环境立法的分析 [J]. 南海法学，2020（6）：115-124.

④ 翟勇. 我国生态环境立法重要进展 [J]. 环境与可持续发展，2020（6）：20-21.

态正义的需要。当前，我国公众参与生态立法存在着生态文明建设知情权保障缺失，公众参与制度规定过于原则化、抽象化和末端参与化，以及行政法治思维的缺失等困境。要解决这些困境，建议完善生态环境立法过程中的公众参与立法制度。①

把视角转入民族地区生态环境保护法治研究。乔世明（2006）提出民族地区生态环境变通立法的建议。② 王永莉（2006）认为，要发挥西南民族地区少数民族传统文化在生态环境保护中的作用，从而减少相关的制度和费用成本。③ 陈云霞（2018）指出，立法已经成为民族地区生态环境保护的重要措施，认为民族地区生态环境保护立法要突出民族地区特色和民族区域自治地方立法特色，要根据实际情况对国家生态环境保护法律法规进行落实、补充和变通。④ 宋才发、宋强（2018）指出民族地区生态环境法治建设存在的问题，并提出相应的对策。⑤ 彭礼（2019）对我国生态环境保护立法和民族地区生态环境保护立法现状进行了梳理，并对全国民族地区利用自治立法权和地方立法权制定的地方生态环境保护法律法规进行了梳理。⑥

（三）研究述评

国外生态环境保护取得了显著的理论与实践成果，同时也形成了较为完善的法律制度体系，但是对特殊地区的生态环境保护的研究成果较少。

---

① 宋向杰. 公众参与生态立法探析［J］. 西南林业大学学报（社会科学版），2020（4）：9-13.
② 乔世明. 少数民族地区生态变通立法初探［J］. 中央民族大学学报，2006（3）：10-14.
③ 王永莉. 试论西南民族地区的生态文化与生态环境保护［J］. 西南民族大学学报，2006（2）：13-16.
④ 陈云霞. 民族地区生态保护立法的理念与路径选择［J］. 西南民族大学学报，2018（1）：92-97
⑤ 宋才发，宋强. 民族地区生态环境保护的法治探讨［J］. 民族学刊，2018（5）：64-70+117-120.
⑥ 彭礼. 民族地区生态环境保护立法研究［D］. 吉首大学，2019.

从国内研究现状看，在生态环境问题方面，我国生态环境面临着草原退化、水土流失、水体污染和富营养化、生物多样性退化等问题，学者们做了大量的研究，并提出了对策建议。但对于区域性生态问题及生态环境保护的研究还较少，由于中国地域广大、幅员辽阔，各区域面临的问题也存在着差异，因此，对区域性生态环境问题及其解决机制进行研究具有较大价值及意义。在生态环境立法保护方面，学者们认为，立法和法治保护既是生态环境保护的重要方式也是有效方式，然而，当前在生态环境立法方面还存在着立法碎片化、立法质效不高等问题亟待解决。把视角转入民族地方生态环境保护的立法，研究成果则稍显匮乏，立法依然是民族地区生态环境保护的重要手段，如何使用好民族自治地方自治立法权，提高立法质效是需要解决的难题。

综上所述，并结合本研究，聚焦西南地区生态环境保护和立法，国内外研究成果在以下方面还存在不足：一是在生态环境保护方面，区域性研究不足，区域性研究成果还较少。二是在生态环境立法方面，学者对立法经验总结的关注度不够，实践经验总结研究成果较少，没有可供复制推广的经验。同时，较少有结合当前新形势和新要求的研究成果，结合国家治理体系和治理能力现代化，加强和改进区域生态环境立法，做系统研究的成果还不够。因此，本研究基于西南地区在全国生态环境保护中的重要地位，以及近年来生态环境立法取得的丰硕实践成果，对其生态环境立法实践经验进行总结，推动生态环境立法工作进一步发展，为我国推进新时代生态文明建设提供重要的参考依据。

四、理论基础

（一）环境权理论

环境权理论是生态环境法的重要理论，在许多学者看来，制定生态环境法律法规的重要目的之一是保障公民的环境权。环境权又可称为公民环境权，一般认为，有关公民环境权的经典定义是《人类环境宣言》中原则一的宣言："人类有权在一种能够过得尊严的和福利的生活环境中，享有自由、平等和充足的生活条件的基本权利，并且负有保证和改善这一代和世世代代的环境的庄严责任。"①

环境权的思想萌芽于 20 世纪初。1902 年，日本学者宫崎民藏在其著作《人类的大权》中提出"地球为人类所共有"的观点，这种环境共有的思想被认为是环境权理论不可或缺的基本内容。② 20 世纪中叶以来，随着工业化进程的加快，环境污染事件加剧，人类开始更加关注环境问题和环境权利。关于环境权的讨论和研究，始于 20 世纪 60 年代，联合国大会以决议的方式召开斯德哥尔摩人类环境会议，并号召全世界人民共同讨论环境保护的法律问题。美国也展开了"关于公民要求保护环境，要求在良好的环境中生活的宪法依据的争论"。1970 年，在日本召开的日本律师联合会第十三次拥护人权大会上，大阪律师协会的藤仁一、池尾隆良两位律师作了题为"公害对策基本法的争议点"的报告，明确提出"公民环境权"问题。1972 年的《人类环境宣言》宣告公民环境权，标志着公民环境权为国际接受。

20 世纪末开始，我国学者对公民环境权的研究取得较多成果。吕忠梅（2000）认为公民的环境权包括对环境的知情权、使用权、参与权和受侵害时的请求权，公民的环境权是一项独立的、基本的人权。③ 朱谦（2001）认为环境权的属性问题是环境法基础理论研究中的重要问题。从环境权产生的背景和行使目的方面考察，它与民法中自益性民事权利存在本质差异，公益性是它的重要特征。④ 蔡守秋（2002）指出环境权是环境法的一个核心问题，是环境立法和执法、环境管理和诉讼的基础，也是环境法学和环境法制建设中的基本理论。⑤ 邹雄（2008）分析了环境权的定义、主体、

---

① 吕忠梅. 环境法原理 [M]. 上海：复旦大学出版社，2017：43.
② 杜钢建. 日本的环境权理论和制度 [J]. 中国法学，1994 (6)：103-108.
③ 吕忠梅. 再论公民环境权 [J]. 法学研究，2000 (6)：129-139.
④ 朱谦. 论环境权的法律属性 [J]. 中国法学，2001 (3)：62-68.
⑤ 蔡守秋. 论环境权 [J]. 郑州大学学报（哲学社会科学版），2002 (2)：5-7.

客体以及权能等问题，指出其以自然人为主体，以环境生态功能为客体，包括实体性权能和程序性权能。[①] 王明远（2008）指出，提倡环境权理论对环境立法、执法，公民环境权利意识的提高以及我国环境保护事业的发展均有积极意义。[②] 吴卫星（2014）认为，今后环境权研究应当着重从环境权的类型化、环境权的司法救济特别是环境权与其他基本权利的竞合与冲突、作为公权的环境权与作为私权的环境权及其相互关系以及环境权的本土化研究这四个方面予以推进和深化。[③] 环境权理论提出后，在法治中得以实践，越来越多的国家将环境保护的内容写进宪法，有的国家明确环境权是公民的一项基本权利。我国 2014 年修订的环境保护法对公民的环境知情权和环境事务参与权进行了明确规定，进一步保护了公民的环境权。

（二）可持续发展理论

以人类为中心主义，在促进人类物质生活极大丰富的同时，也引起了人类各种环境危机，必须予以抛弃。20 世纪中叶以来，人类为解决环境问题而进行了探索和努力，并逐渐意识到建立正确的人与自然相互作用的方式是摆脱生态危机的根本途径。可持续发展模式综合考虑当代人和子孙后代的利益，在环境和资源容许的范围内求得经济、社会和环境的持续、协调发展。[④]

20 世纪 50—60 年代，人们在经济增长、城市化、人口、资源等所形成的环境压力下，对增长等于发展的模式产生怀疑。1962 年，美国女生物学家莱切尔·卡逊发表了环境科普著作《寂静的春天》，在世界范围内引发了人类关于发展观念上的争论。10 年后，两位著名美国学者芭芭拉·沃德

---

① 邹雄. 论环境权的概念 [J]. 现代法学，2008（5）：38-49.

② 王明远. 论环境权诉讼——通过私人诉讼维护环境公益 [J]. 比较法研究，2008（3）：52-65.

③ 吴卫星. 我国环境权理论研究三十年之回顾、反思与前瞻 [J]. 法学评论，2014（5）：180-188.

④ 乔世明等. 少数民族地区生态自治立法研究 [M]. 北京：中央民族大学出版社，2018：40.

和雷内·杜博斯的著作《只有一个地球》问世，把人类生存与环境的认识提升到一个可持续发展的境界。1987 年，联合国环境与发展委员会发表著名的报告《我们共同的未来》正式提出"可持续发展是既满足当代人的需要，又不对后代满足其需要的能力构成危害的发展"，可持续发展得到越来越多人的认可。1992 年，联合国环境与发展会议举行，会议制定"21 世纪议程"，发表《里约宣言》，开启《联合国气候变化框架公约》，签署《联合国生物多样性公约》。随后，建立了可持续发展委员会、可持续发展机构委员会和可持续发展高级别咨询委员会机制，此次会议鼓舞研究人员更加深入、全面地思考可持续发展问题，同时鼓励各国政府朝可持续发展方向努力。①

我国对于可持续发展的理论研究也始于 20 世纪末 21 世纪初期，专家和学者针对可持续发展的一些重大问题，如可持续发展的定义、资源的最优利用和可持续利用、环境保护和可持续性、可持续发展指标和评价方法进行了全面和深入的理论研究。② 之后，可持续发展理论向着更广阔的领域扩展，延伸到了经济、社会、生态环境等多个方面。可持续发展特别强调"整体的""内生的"和"综合的"内涵认知，被视作一个自然—社会—经济复杂系统中的行为矢量，该矢量将导致国家或地区的发展朝向日趋合理、更为和谐的方向进化，已成为理论界共识。③ 实践上，我国高度重视可持续发展，把可持续发展确定为国家战略。1992 年联合国环境与发展大会后，我国政府率先制定了《中国二十一世纪议程——中国二十一世纪人口、环境与发展白皮书》，开始了可持续发展的进程。2003 年 1 月开始实施《中国二十一世纪初可持续发展行动纲要》。党中央、国务院从我国的基本国

---

① 张晓玲. 可持续发展理论：概念演变、维度与展望 [J]. 中国科学院院刊，2018 (1)：10-19.

② 范柏乃，邓峰，马庆国. 可持续发展理论综述 [J]. 浙江社会科学，1998 (2)：42-46+58.

③ 牛文元. 可持续发展理论的内涵认知——纪念联合国里约环发大会 20 周年 [J]. 中国人口·资源与环境，2012 (5)：9-14.

情出发，立足当前，着眼长远，将"以人为本，全面、协调、可持续的发展"的科学发展观，作为国家经济社会各项事业发展的行动指南，推定经济社会又快又好发展。

（三）习近平生态文明思想

习近平生态文明思想是习近平新时代中国特色社会主义思想的重要组成部分，是在党的十八大以来大力推进生态文明建设进程中形成的科学理论体系，是我们党不懈探索生态文明建设的理论升华和实践结晶，是马克思主义基本原理同中国生态文明建设实践相结合、同中华优秀传统生态文化相结合的重大成果，是我国推进生态文明建设的指导思想和根本遵循。

党的十八大以来，以习近平同志为核心的党中央以前所未有的力度抓生态文明建设，我国生态文明建设发生历史性、转折性、全局性变化。习近平总书记站在中华民族永续发展的高度，继承和发展新中国生态文明建设探索实践成果，大力推动生态文明理论创新、实践创新、制度创新，创造性提出一系列富有中国特色、体现时代精神、引领人类文明发展进步的新理念新思想新战略，形成了习近平生态文明思想。2018 年 5 月，党中央召开全国生态环境保护大会，正式提出习近平生态文明思想，高高举起了新时代生态文明建设的思想旗帜。

习近平生态文明思想系统集中体现为"十个坚持"，即坚持党对生态文明建设的全面领导，坚持生态兴则文明兴，坚持人与自然和谐共生，坚持绿水青山就是金山银山，坚持良好生态环境是最普惠的民生福祉，坚持绿色发展是发展观的深刻革命，坚持统筹山水林田湖草沙系统治理，坚持用最严格制度最严密法治保护生态环境，坚持把建设美丽中国转化为全体人民自觉行动，坚持共谋全球生态文明建设之路。这"十个坚持"深刻回答了新时代生态文明建设的根本保证、历史依据、基本原则、核心理念、宗旨要求、战略路径、系统观念、制度保障、社会力量、全球倡议等一系列重大理论与实践问题，标志着我们党对社会主义生态文明建设的规律性认识达到新的高度。①

　　具体到法治建设而言，习近平生态文明思想提出"用最严格制度最严密法治保护生态环境"，强调保护生态环境必须依靠制度、依靠法治。虽然我们加快推进了生态文明的顶层设计和制度体系建设，制定和修改了环境保护法、环境保护税法以及大气、水、土壤污染防治法和核安全法等法律，覆盖各类环境要素的生态环境法律法规体系基本建立。但是，在我国生态环境保护方面还存在着体制不健全、制度不严格、法治不严密等问题，需要我们加快制度创新，增加制度供给，完善制度配套，强化制度执行，着眼把生态文明建设纳入法治化、制度化轨道，构建科学严密、系统完善的生态环境保护法律制度体系。西南地区生态环境立法必须坚持以习近平生态文明思想为指导，尤其是坚持好"用最严格制度最严密法治保护生态环境"的原则和要求，不断补充并优化法规制度供给，提高生态环境保护法治化水平。

---

　　① 中共中央宣传部 中华人民共和国生态环境部. 习近平生态文明思想学习纲要[M]. 北京：学习出版社、人民出版社，2022：2-3.

第二章

我国生态环境立法实践

第一节 我国生态环境立法进程

一、环境保护立法起步阶段

新中国成立初期，经济凋敝、百废待兴，环境保护立法处于起步阶段，没有形成环境专门性立法，只是在国家宪法中对环境保护进行了原则性规定，同时基于环境保护工作的需要，在开发资源、整山治林、保护环境、卫生整治等方面制定了一系列法规。

首先，就环境保护的原则性规定。1949年的《中国人民政治协商会议共同纲领》，就明确规定了环境保护及资源利用的内容，在这一作为新中国临时宪法作用的纲领中，国家重要自然资源所有权制度得以确立，同时，也规定了对森林、土地、野生动物等进行保护的条款。1954年，我国第一部宪法也明确规定了环境保护的内容。第六条规定"矿藏、水流，由法律规定为国有的森林、荒地和其他资源，都属于全民所有"，第十四条规定"国家禁止任何人利用私有财产破坏公共利益"。1972年6月，中国代表团前往斯德哥尔摩，在联合国人类环境会议上阐明了我国在环境问题上的原则、立场，同各国交流了环保经验。1973年8月，国务院召开了全国第一次环境保护会议，将环境保护工作纳入国家的议事日程，提出了"全面规划、合理布局、综合利用、化害为利、依靠群众、大家动手、保护环境、造福人民"的 32 字方针，建立了"三同时"等制度。会议通过的《关于保护和改善环境的若干规定》（试行草案），实际上是我国第一个保护环境的综合性行政法规，是我国环境保护法的雏形。1973 年 11 月，在《国务院批转国家计划委员会〈关于全国环境保护会议情况的报告〉》中指出："要做好环境保护的规划工作，使工业和农业、城市和乡村、生产和生活、经济发展和环境保护，同时并进，协调发展。"1974 年国务院成立了环境保护领导小组，我国的环境保护工作进入了以防治工业污染为中心的发展时期。

其次，就制定的环境保护法规而言，主要有：1951 年《矿业暂行条例》、1953 年《政务院关于发动群众开展造林、育林、护林工作的指示》、1953 年《国家建设征用土地办法》、1956 年《工厂安全卫生规程》、1956 年《狩猎管理办法》（草案）、1957 年《水产资源繁殖保护条例》（草案）、1957 年《关于注意处理工矿企业排出有毒废水、废气问题的通知》、1957 年《水土保持暂行纲要》、1960 年《放射性工作卫生防护暂行规定》、1960 年中共中央批转《关于工业废水危害情况和加强处理利用的报告》、1962 年《国务院关于积极保护和合理利用野生动物资源的指示》、1963 年《森林保护条例》、1963 年《关于黄河中游地区水土保持工作的决定》、1964 年《城市工业废水、生活污水管理暂行规定》（草案）、1965 年《矿产资源保护试行条例》、1967 年《关于加强山林保护管理，制止破坏山林、树木的通知》等。① 可以看出这一时期的环境保护法规集中于一些特定领域，覆盖面较窄，尚未形成环境保护的系统理念，但是对于中华人民共和国成立初期相关领域的环境保护和卫生整治等方面依然发挥了重要作用。

---

① 孙佑海. 我国 70 年环境立法：回顾、反思与展望 [J]. 中国环境管理，2019（6）：5-10.

二、环境保护立法发展阶段

改革开放一直到党的十八大是我国环境立法的发展阶段。这个阶段，我国在经济领域取得了大发展，但大规模的开发建设活动对生态环境和自然资源也造成了很大程度上的破坏，需要下大力气来研究解决。

1978 年 12 月，中共中央批转《环境保护工作汇报要点》，作为中共中央制定有关环境保护工作的第一个综合性、纲领性专门文件，对我国环境法制发展和环境保护具有重要意义，其中指出："消除污染，保护环境，是进行经济建设，实现四个现代化的一个重要组成部分。"明确"要制定消除污染、保护环境的法规"。

1979 年 9 月，五届全国人大第十一次会议原则通过了《中华人民共和国环境保护法》（试行），使我国的环境立法迈出了具有划时代意义的第一步。《中华人民共和国环境保护法》（试行）针对中国的环境状况，规定了环境保护的对象、任务、方针和适用范围，确定了环境保护机构设置及职责，明确了"谁污染谁治理"等原则，确立了环境影响评价、"三同时"、排污收费、限期治理、环境标准、环境监测等制度，是一部内容全面、体系完备的环境保护法律。在环境保护基本法的基础上，我国环境保护各领域的法律相继出台，1982 年的《中华人民共和国海洋环境保护法》、1984 年的《中华人民共和国水污染防治法》、1984 年《中华人民共和国森林法》、1985 年的《中华人民共和国草原法》、1986 年《中华人民共和国矿产资源法》、1987 年的《中华人民共和国大气污染防治法》、1988 年的《中华人民共和国水法》和《中华人民共和国野生动物保护法》等，同时，经过多次的修改和补充，1989 年 12 月，我国正式通过了《中华人民共和国环境保护法》，使我国环境保护法律体系逐步形成。

1993 年 3 月，我国环境与资源保护委员会成立。之后，立法工作进一步展开，在环境保护法律的制定和修订方面都取得了重大进展。在法律的制定方面，如 1995 年的《中华人民共和国固体废物污染环境防治法》、

1996 年的《中华人民共和国煤炭法》和《中华人民共和国环境噪声污染防治法》等。在法律修订方面，如 1996 年修正《中华人民共和国水污染防治法》、1998 年修改《中华人民共和国森林法》、2000 年修订《中华人民共和国大气污染防治法》、2002 年修订《中华人民共和国水法》、2004 年修订《中华人民共和国野生动物保护法》等。

三、生态环境立法全面发展阶段

党的十八大以来，我国生态环境立法进入了全面发展的生态文明新阶段。党的十七大报告提出了建设生态文明的要求。党的十八大报告把生态文明建设纳入"五位一体"总体布局，明确提出："必须树立尊重自然、顺应自然、保护自然的生态文明理念，把生态文明建设放在突出地位，融入经济建设、政治建设、文化建设、社会建设各方面和全过程，努力建设美丽中国，实现中华民族永续发展。"之后，在党的十八届三中全会、四中全会等历次会议上，都对建立生态文明制度体系，用最严格的法律制度保护生态环境等工作进行了部署安排。基于此，我国的生态环境保护立法迎来了又一个春天，开启了更加科学的生态环境立法，生态环境法律体系提质增量。

大规模的法律制定和修订修正工作全面展开，2012 年，修正《中华人民共和国清洁生产促进法》。2013 年，第二次修正《中华人民共和国草原法》，第四次修正《中华人民共和国渔业法》，第三次修正《中华人民共和国煤炭法》，第一次修正《中华人民共和国海洋环境保护法》，第一次修正《中华人民共和国固体废物污染环境防治法》。2014 年，第二次修正《中华人民共和国气象法》，修订《中华人民共和国环境保护法》。2015 年，第二次修正《中华人民共和国固体废物污染环境防治法》，第二次修订《中华人民共和国大气污染防治法》，第二次修正《中华人民共和国防洪法》。2016 年，制定了《中华人民共和国环境保护税法》和《中华人民共和国深海海底区域资源勘探开发法》，第二次修正《中华人民共和国水法》，第三次修正《中华人民共和国防洪法》，第一次修正《中华人民共和国环境影响评价法》，第一次修正《中华人民共和国节约能源法》，修订《中华人民共和国野生动物保护法》。2017 年，第二次修正《中华人民共和国水污染防治法》。2018 年，第二次修正《中华人民共和国大气污染防治法》，第三次修正《中华人民共和国野生动物保护法》，第二次修正《中华人民共和国节约能源法》，修正《中华人民共和国防沙治沙法》，第二次修正《中华人民共和国环境影响评价法》，制定《中华人民共和国土壤污染防治法》。2019 年，修订《中华人民共和国森林法》，第三次修正《中华人民共和国土地管理法》，制定《中华人民共和国资源税法》。2020 年，制定《中华人民共和国生物安全法》《中华人民共和国长江保护法》，第二次修订《中华人民共和国固体废物污染环境防治法》。2021 年，制定《中华人民共和国湿地保护法》和《中华人民共和国环境噪声污染防治法》，第三次修正《中华人民共和国草原法》。2022 年，制定《中华人民共和国黑土地保护法》和《中华人民共和国黄河保护法》。

其中，2014 年修订的《中华人民共和国环境保护法》体现了新时期对环境保护工作的指导思想，将生态文明建设和可持续发展作为立法理念，完善了环境管理制度，强化了政府管理部门的职责，通过新增按日处罚机制和行政拘留等处罚手段，大大加重了违法处罚的力度；推动多元共治的现代环境治理体系，体现了多元共治、社会建设和参与的现代环境治理理念。健全生态补偿机制，通过法律规定使经济社会发展与环境保护相协调。这部法律增加了政府、企业各方面的责任和处罚力度，被专家称为"史上最严的环保法"。

此外，矿产资源法修改增加了有关矿产资源战略储备和恢复、修复矿山生态的内容；野生动物保护法、森林法、草原法的修改过程中，大量增加有关生态系统保护的内容；新制定的长江保护法、生物安全法，更是把生态、生物安全问题作为立法关注的核心和重点。2020 年通过了《中华人民共和国民法典》，于 2021 年 1 月 1 日起施行。其中规定了民事主体从事民事活动，应当有利于节约资源、保护生态环境的原则，将生态环境保护理念引入民事活动领域。

总的来看，新中国成立以来，我国的环境立法不断完善，在环境与资源保护各方面基本做到了有法可依、有章可循，促进了依法治国的进程，对保障和促进我国的环境与资源保护事业，发挥了积极的作用。特别是党的十八大以来，加快推进生态文明顶层设计和制度体系建设，生态环境损害责任追究、排污许可、河湖长制、禁止洋垃圾入境等制度出台实施，生态环境治理水平有效提升。①

第二节　我国生态环境立法现状

一、法律构成

我国生态环境法律体系包含了从宪法规范、环境保护基本法、环境单行法律、行政法规到地方性法规、部门规章和政府规章等在内的法律渊源，初步形成逻辑一致的融贯的生态环境法律规范体系。

宪法序言中有"生态文明"与"和谐美丽"的国家根本任务，宪法第9条："矿藏、水流、森林、山岭、草原、荒地、滩涂等自然资源，都属于国家所有，即全民所有；由法律规定属于集体所有的森林和山岭、草原、荒地、滩涂除外。国家保障自然资源的合理利用，保护珍贵的动物和植物。禁止任何组织或者个人用任何手段侵占或者破坏自然资源。"它规定了自然资源权属。第26条："国家保护和改善生活环境和生态环境，防治污染和其他公害。国家组织和鼓励植树造林，保护林木。"它规定了国家对生态环境保护职责义务的内容。其他宪法条款，比如第89条对国务院职权的规定和第33条对人权的尊重和保护也可直接或间接地形成生态文明的宪法规

---

① 提升生态文明，建设美丽中国——国庆70周年第四场发布会［J］.环境教育，2019（10）：12-23.

范。张震、石逸群认为宪法的生态文明条款与环境法律规范存在落实、发展和"自生自发"的交互影响的不同层次的相互关系，为最终构建法律体系融贯、保障公民环境权利、规范政府环境责任的逻辑一致的环境法律体系奠定了基础。①

据统计，至今狭义法律意义上的环境法共有38部，综合性的环境保护法1部，其他单行法37部。具体立法情况详见表1。其中有包括水、大气、土壤、放射性物质、固体废物、传染病、噪声方面的污染防治环境法律；有森林法、草原法、野生动物保护法、土地管理法、水法、海洋环境保护法和渔业法、长江保护法、黄河保护法、黑土地保护法等自然生态保护方面的法律；有清洁生产促进法、循环经济促进法、节约能源法和可再生能源法等循环经济或环保产业方面的法律；有核安全法、矿产资源法、煤炭法、电力法等能源方面的法律；以及环境影响评价法、环境保护税法和标准化法等环境制度方面的法律。总体上看，这38部环境法律基本上将自然生态和环境保护的主要要素全部涵盖，并形成了一个融贯的环境法律体系，标志着我国环境法律的发展和成熟。

广义的环境法律还包括行政法规、地方性法规、部门规章和政府规章等。我国自然保护在功能区制度上还没有法律，主要是国务院1994年颁发、2017年修改的《自然保护区条例》，该"条例"得到地方性法规的补充和具体执行。环境地方性法规的最新创新是云南、四川和贵州三省关于赤水河流域生态保护的共同规划和各省人大常委会立法。

这个初步融贯的环境法律规范体系的形成也促进了环境法学作为法学中的一个新学科部门的日益成熟。当前，从环境法学的视角看，我国的环境法律体系从调整对象上已经形成了污染防治、自然保护、循环经济和能源法律的完整的法律规范体系。污染防治方面，环境保护法是一部综合性的基本法，衔接着水、大气、土壤、噪声、放射性物质和危险化学污染物

---

① 张震，石逸群. 宪法生态文明条款与环境法律规范的体系融贯 [J]. 学习与探索，2021 (9)：88-97.

等的污染防治单行法律法规；自然保护方面，当前还没有综合性基本法，只有土地、草原、森林、野生动植物和自然湿地等方面的单行法律法规；循环经济方面包括节约用水、清洁生产、再生资源回收利用、资源综合利用等方面的单行法律法规；能源方面，当前还没有一部综合性的能源法，只有《电力法》《煤炭法》《矿产资源法》等单行法律，这些法律的制定旨在保障能源供给和能源安全。

表 1 我国生态环境法律列表

序号	法律名称	制定通过时间	施行时间	修订修正时间	施行时间
1	环境保护法	1989 年 12 月 26 日	1989 年 12 月 26 日	2014 年 4 月 24 日修订	2015 年 1 月 1 日
2	海洋环境保护法	1982 年 8 月 23 日	1983 年 3 月 1 日	1999 年 12 月 25 日修订 2013 年 12 月 28 日第一次修正 2016 年 11 月 7 日第二次修正 2017 年 11 月 4 日第三次修正	2000 年 4 月 1 日
3	水污染防治法	1984 年 5 月 11 日	1984 年 11 月 1 日	1996 年 5 月 15 日第一次修正 2008 年 2 月 28 日修订 2017 年 6 月 27 日第二次修正	2008 年 6 月 1 日
4	森林法	1984 年 9 月 20 日	1985 年 1 月 1 日	1998 年 4 月 29 日第一次修正 2009 年 8 月 27 日第二次修正 2019 年 12 月 28 日修订	2020 年 7 月 1 日
5	草原法	1985 年 6 月 18 日	1985 年 10 月 1 日	2002 年 12 月 28 日修订 2009 年 8 月 27 日第一次修正 2013 年 6 月 29 日第二次修正 2021 年 4 月 29 日第三次修正	2003 年 3 月 1 日
6	渔业法	1986 年 1 月 20 日	1986 年 7 月 1 日	2000 年 10 月 31 日第一次修正 2004 年 8 月 28 日第二次修正 2009 年 8 月 27 日第三次修正 2013 年 12 月 28 日第四次修正	1986 年 7 月 1 日

续表

序号	法律名称	制定通过时间	施行时间	修订修正时间	施行时间
7	矿产资源法	1986 年 3 月 19 日	1986 年 10 月 1 日	1996 年 8 月 29 日第一次修正 2009 年 8 月 27 日第二次修正	1986 年 10 月 1 日
8	土地管理法	1986 年 6 月 25 日	1987 年 1 月 1 日	1988 年 12 月 29 日第一次修正 1998 年 8 月 29 日修订 2004 年 8 月 28 日第二次修正 2019 年 8 月 26 日第三次修正	1999 年 1 月 1 日
9	大气污染防治法	1987 年 9 月 5 日	1988 年 6 月 1 日	1995 年 8 月 29 第一次修正 2000 年 4 月 29 日第一次修订 2015 年 8 月 29 日第二次修订 2018 年 10 月 26 日第二次修正	2016 年 1 月 1 日
10	水法	1988 年 1 月 21 日	1988 年 7 月 1 日	2002 年 8 月 29 日修订 2009 年 8 月 27 日第一次修正 2016 年 7 月 2 日第二次修正	2002 年 10 月 1 日
11	野生动物保护法	1988 年 11 月 8 日	1989 年 3 月 1 日	2004 年 8 月 28 日第一次修正 2009 年 8 月 27 日第二次修正 2016 年 7 月 2 日修订 2018 年 10 月 26 日第三次修正	2017 年 1 月 1 日
12	城市（乡）规划法	1989 年 12 月 26 日	1990 年 4 月 1 日	2007 年 10 月 28 日修订	2008 年 1 月 1 日
13	水土保持法	1991 年 6 月 29 日	1991 年 6 月 29 日	2009 年 8 月 27 日修正 2010 年 12 月 25 日修订	2011 年 3 月 1 日
14	固体废物污染环境防治法	1995 年 10 月 30 日	1996 年 4 月 1 日	2004 年 12 月 29 日第一次修订 2013 年 6 月 29 日第一次修正 2015 年 4 月 24 日第二次修正 2016 年 11 月 7 日第三次修正 2020 年 4 月 29 日第二次修订	2020 年 9 月 1 日

续表

序号	法律名称	制定通过时间	施行时间	修订修正时间	施行时间
15	煤炭法	1996 年 8 月 29 日	1996 年 12 月 1 日	2009 年 8 月 27 日第一次修正 2011 年 4 月 22 日第二次修正 2013 年 6 月 29 日第三次修正 2016 年 11 月 7 日第四次修正	1996　年 12 月 1 日
16	防洪法	1997 年 8 月 29 日	1998 年 1 月 1 日	2009 年 8 月 27 日第一次修正 2015 年 4 月 24 日第二次修正 2016 年 7 月 2 日第三次修正	1998 年 1 月 1 日
17	节约能源法	1997 年 11 月 1 日	1998 年 1 月 1 日	2007 年 10 月 28 日修订 2016 年 7 月 2 日第一次修正 2018 年 10 月 26 日第二次修正	2008 年 4 月 1 日
18	防震减灾法	1997 年 12 月 29 日	1998 年 3 月 1 日	2008 年 12 月 27 日修订	2009 年 5 月 1 日
19	气象法	1999 年 10 月 31 日	2000 年 1 月 1 日	2009 年 8 月 27 日第一次修正 2014 年 8 月 31 日第二次修正 2016 年 11 月 7 日第三次修正	2000 年 1 月 1 日
20	防沙治沙法	2001 年 8 月 31 日	2002 年 1 月 1 日	2018 年 10 月 26 日修正	2002 年 1 月 1 日
21	海域使用管理法	2001 年 10 月 27 日	2002 年 1 月 1 日		
22	清洁生产促进法	2002 年 6 月 29 日	2003 年 1 月 1 日	2012 年 2 月 29 日修正	2003 年 1 月 1 日
23	环境影响评价法	2002 年 10 月 28 日	2003 年 9 月 1 日	2016 年 7 月 2 日第一次修正 2018 年 12 月 29 日第二次修正	2003 年 9 月 1 日

续表

序号	法律名称	制定通过时间	施行时间	修订修正时间	施行时间
24	放射性污染防治法	2003 年 6 月 28 日	2003 年 10 月 1 日		
25	可再生能源法	2005 年 2 月 28 日	2006 年 1 月 1 日	2009 年 12 月 26 日修正	2006 年 1 月 1 日
26	循环经济促进法	2008 年 8 月 29 日	2009 年 1 月 1 日	2018 年 10 月 26 日修正	2009 年 1 月 1 日
27	海岛保护法	2009 年 12 月 26 日	2010 年 3 月 1 日		
28	深海海底区域资源勘探开发法	2016 年 2 月 26 日	2016 年 5 月 1 日		
29	环境保护税法	2016 年 12 月 25 日	2018 年 1 月 1 日	2018 年 10 月 26 日修正	2018 年 1 月 1 日
30	核安全法	2017 年 9 月 1 日	2018 年 1 月 1 日		
31	土壤污染防治法	2018 年 8 月 31 日	2019 年 1 月 1 日		
32	资源税法	2019 年 8 月 26 日	2020 年 9 月 1 日		
33	生物安全法	2020 年 10 月 17 日	2021 年 4 月 15 日		

续表

序号	法律名称	制定通过时间	施行时间	修订修正时间	施行时间
34	长江保护法	2020 年 12 月 26 日	2021 年 3 月 1 日		
35	湿地保护法	2021 年 12 月 24 日	2022 年 6 月 1 日		
36	噪声污染防治法	2021 年 12 月 24 日	2022 年 6 月 5 日		
37	黑土地保护法	2022 年 6 月 24 日	2022 年 8 月 1 日		
38	黄河保护法	2022 年 10 月 30 日	2023 年 4 月 1 日		

（数据更新截止时间：2022 年 10 月）

二、理念制度

从生态文明和绿色发展的角度看，环境保护固然重要，但还不够，生态文明内在地蕴含着人和自然的和谐，对自然所提供的能够为人类经济发展利用的物质要素不能再采取攫取及利用的态度，还要考虑到生态环境的系统性、整体性、动态演化的需要，并且自然的需要并不低于或者服从于人类的生存发展需要。这样的生态观念必然导致环境立法价值取向的变化。2012 年，党的十八大提出生态文明建设，并将其纳入"五位一体"的总体布局之后，生态观念朝着生态文明建设和绿色发展进化，与此同时，环境立法的价值取向也开始朝着生态优先演变。2014 年，环境法的大修就是证明。修订后在立法目的上增加了"推进生态文明建设"，将"促进社会主义现代化建设"改为"促进经济社会可持续发展"。

生态文明建设对立法领域的影响是深远的，除了立法理念的转变以外，一些生态环境保护的重要制度得到法律确立，这不仅有利于形成完整生态环境保护制度体系，而且为环境治理的实效提供了一个严密的法律保障。

在污染防治方面，一系列重要的污染防治制度从源头到末端形成了一个完整的链条。在事先预防方面有环境影响评价制度、环境规划制度、环境标准制度、环境保护税制度和我国首创的"三同时"制度；在事中控制方面有排污申报制度、排污收费制度、排污许可制度和总量控制制度；在事后控制方面有限期治理制度、环境事故应急处理制度和环境责任制度，环境责任制度已经与民法、刑法和诉讼法协调起来，在环境公益诉讼制度的支持下环境责任追究制度初步制度化。对政府的环境责任追究是个实践难题，现在一些地方已经在探索对领导干部的自然资源责任离任审计制度和环境责任审计监督制度。[①]

在自然保护方面，重要制度有生态功能区制度、野生动植物保护制度和生态补偿制度等。我国的生态功能区制度在立法和实践上内容都非常丰富，不仅涵盖森林、水源地、湿地、动植物栖息地和生态脆弱地地域的保护，而且国家还通过诸如"三北防护林"工程的实施为生态修复和恢复做出了突出的成绩，毛乌素沙漠的绿化和塞罕坝的亮丽就是明证。通过对野生动植物的保护，在生物多样性和生态系统的整体性上，我国也做出了举世瞩目的成绩，很多地方恢复了山青水绿、百鸟争鸣的自然景观，诸多濒危动植物的抢救性保护工作成效突出。

在循环经济方面，重要制度有循环经济发展规划制度、总量调控制度、循环经济评价考核制度、循环经济统计制度和强制回收目录制度等。后者是指国家强制生产者、销售者将列入目录的产品基于对环境的危害而要求收回的制度。在实践中，虽然没有具体的立法，但近年来国家通过产业政策对再生资源利用产业进行了大力扶持。

在能源法方面，重要制度有清洁能源促进制度、高耗能工艺淘汰制度和能源节约制度等。在能源节约方面，配合污染防治的总量控制制度，国

---

① 王梦思等. 河北省政府环境责任审计监督体系构建 [J]. 合作经济与科技，2021 (22): 139-141.

家既鼓励工业企业在节能减排方面做出成绩，又强制要求污染排放在规定的范围内。近年来，随着生态文明理念的深入，国家在淘汰高能耗和落后产业方面加大力度，坚决关停了一批工艺落后的工业企业。在清洁能源方面，国家通过金融、财税等方面的政策杠杆大力促进清洁能源的发展，风能和光伏产业如今已经走在世界前列。

三、主要特征

生态环境法律具有不同于其他法律的显著特征，它是专门适用于环境资源的开发、利用、保护、治理及其管理的法律，专门为生态文明社会建设服务，具有直接、主要维护环境公共利益的性质。[①] 因此，我国生态环境立法在其保护对象、立法要求等方面，都有显著特点。

第一，综合性。保护对象、立法体系、调整方式等方面，决定了生态法是一个极其综合化的法律部门。首先，保护对象方面，根据我国环境保护法关于环境的概念，生态环境立法应涉及大气、水、海洋、土地、矿藏、森林、草原、湿地、野生生物、自然遗迹、人文遗迹、自然保护区、风景名胜区、城市和乡村等相关内容。其次，立法体系方面，大量单行的生态立法是生态环境立法体系的主体部分，但是，宪法中关于生态环境保护的规定，民法、刑法等实体法以及民事诉讼法、刑事诉讼法等程序法中有关生态环境保护的条款也都属于生态立法的范畴。最后，调整方式方面，生态环境立法兼有法律、经济、行政、技术、教育等综合性调整手段。

第二，技术性。生态环境立法主要调整人与自然的关系，必须了解和体现自然规律，具有较强的技术性。因此，生态环境立法中存在大量的技术规范，如国家颁布各种环境标准和其他技术性规则，对技术名词、术语进行法定解释等。同时，生态环境法的实施也需要借助技术手段，如依靠先进科技设备来执行生态环境法律，从而保护生态环境；采用技术性措施

---

① 蔡守秋. 中国环境资源法学的基本理论 [M]. 北京：中国人民大学出版社，2019.

进行监测和鉴定环境损害，确保结果的准确性；依赖科学技术手段确定环境侵权行为与损害后果之间的因果关系，最终解决环境争端。

第三，社会公益性。生态环境法律和其他法律相区别的另一显著特征是具有社会公益性。生态环境法并不直接反映社会各阶层之间的利益冲突，而是解决人与自然之间的冲突，用以促进两者之间的协调与和谐，因此生态环境法律更多地反映社会公众的意志和愿望，服务于社会共同利益。国家保护自然资源和生态环境系统，在很大程度上反映整个社会的意志。当前，人类共同面临生态环境问题，通过生态环境法律制度，防治污染、合理开发利用自然资源、保护生态环境，保护全人类的生态权益，进一步凸显了生态环境法律的社会性和公益性。

第四，国际共同性。人类共处一个地球，面对生态环境问题，全人类一荣俱荣、一损俱损，调整人与自然关系的生态环境法律必然具有国际共同性特征。首先，基于生活在共同的地球环境，各国生态环境问题产生的原因以及解决环境问题的理论、途径和方法具有相似性，因此，各国的生态环境法律存在着一定的共同性。其次，一些国家解决生态问题的法律对策、措施、手段、制度，可以被另外一些国家参考、借鉴和利用。最后，当代的环境问题已超越国界成为世界性问题，需要国际社会的密切合作和共同努力，共同制定及遵守国际法律规则，共建地球生命共同体加以解决。

第五，广泛性。广泛性是环境法的一个突出特点，具体表现在：保护的对象广泛，包括整个人类环境和各种环境要素，保护范围极为广泛，而且随着对生态环境保护的重视，环境法保护的范围还在扩展。调整的社会关系广泛，包括国家关系、行政关系、民事关系、财政税收关系和刑事关系，另外还会涉及诉讼关系和环境方面的国际关系。涉及的主体广泛，既可以是国内的国家机关、社会团体、企事业单位、工商个体户、公民个人，也可以是外国的国家、国际组织、公司、团体和个人。

四、差距不足

我国生态环境立法的发展及其对生态环境保护的作用显而易见，然而，我国环境立法在立法理念、立法内容、立法技术等方面还存在着诸多不足，影响了生态环境治理效果。因此，环境立法存在的问题也同样不容忽视。

第一，从立法指导思想上看，2018年5月，在全国生态环境保护大会上，习近平总书记发表了题为《推动我国生态文明建设迈上新台阶》的重要讲话。这次大会全面阐述、明确宣示了习近平生态文明思想。我国生态环境立法必须以习近平生态文明思想作为立法指导思想，在目前我国生态环境法律中，如《中华人民共和国森林法》《中华人民共和国固体废物污染环境防治法》《中华人民共和国资源税法》《中华人民共和国生物安全法》等在立法目的以及法律条款内容中体现了习近平生态文明思想的内容。但是，部分出台时间较久、更新滞后的法律规定中，仍然有弱化保护优先、不注重源头治理等问题，并未树立系统的生态环境治理观。追根究底，就在于习近平生态文明思想没能真正在环境立法中得到全面贯彻。

第二，从立法体系上看，虽然我国生态环境法律体系已经形成并不断完善，针对生态环境各要素基本能做到有法可依。然而，随着时代的发展变化，生态环境立法的短板和空白依然存在，比如环境损害赔偿、国家公园管理等方面还缺乏专门国家法律，从一定程度上制约了各地的相关立法工作。除此之外，重复性立法和配套法规不足等问题同时存在，生态环境法律体系的统一协调问题也值得关注。因此，有的学者提出要编纂我国环境法典，致力于应对环境问题的一般法律规则的构建，规定可以相对普遍地适用于污染防治和资源保护的一般性规则。而环境单行法则集中规定某一方面环境事务特殊规则，发挥补充环境法典之内容，强化环境法典之功能的作用。①

第三，从立法内容上看，在职责任务、制度设计、权利义务等方面还存在问题，如职责任务不明确方面，法律规定政府的生态环境保护责任，由于约束机制不足、责任追究缺失等问题，难以真正落实。在制度设计方

---

① 刘长兴. 环境法体系化研究 [M]. 北京：法律出版社，2021：43.

面，自然资源单行立法侧重于对自然资源的利用和开发，主要目的在于防止在开发和利用过程中破坏自然资源的内容，较少考虑保护自然资源所带来的生态效益。[①] 权利义务关系失衡方面，行政主管机关和行政相对人之间的权利义务失衡问题仍然不能完全避免，行政主管机关权力过多、义务不明，反之，行政相对人义务过多、权利含糊等，导致生态环境立法中的权利义务规定不够平衡。同时，我国一些生态环境法律的滞后性，也影响了其内容的与时俱进。如我国矿产资源法 2009 年后再无修订，城乡规划法修订于 2007 年，水土保持法修订于 2010 年。

第四，从立法机制上看，公众和社会其他方面参与立法仍然不足。科学立法、民主立法、依法立法离不开公众和社会的参与。习近平总书记指出，全国人大及其常委会要加强重点领域立法，拓展人民有序参与立法途径，通过完备的法律推动宪法实施，保证宪法确立的制度和原则得到落实。公众参与是解决环境问题不可替代的力量，除了政府"自上而下"的推动和引导外，环境保护还要依赖公众"自下而上"的参与。当前我国立法工作以行政部门为主导，虽然强调公众参与立法，在立法过程中，规定了立法计划收集、召开听证会、第三方评估等环节，但公众并未能有效参与立法工作，立法体现公众需求、反映公众心声仍然不足。在环境立法实践中，即使生态环境问题与公众息息相关，也较容易造成立法工作封闭化、公众的利益简单化等诸多问题，影响了生态环境立法的发展。

第三节 国家生态环境立法对地方性立法的影响

国家立法和地方性立法相互联系、相互作用。一方面，国家立法对地方立法起着指导和依据作用，地方性立法总体上从属于国家立法，执行国家立法；另一方面，地方性立法又具有一定的自主性，对国家立法起到补

---

① 乔世明，吴力，张文越，成功. 少数民族地区生态自治立法研究 [M]. 北京：中央民族大学出版社，2018：21.

充作用。因此，不断完善的国家生态环境法律体系对地方相关立法必然产生影响，提出相应的要求。

一、形成完备法规体系的要求

地方立法的主要贡献在于，通过制定地方性法规和地方政府规章，保证中央政令和立法在本地的贯彻落实，形成以地方层面的法规和规章为主体的地方制度和法治体系，为地方事务治理提供制度依托和支撑。地方立法与中央立法相对应，作为中央立法的延伸和具体化，是保证中央政令和立法在本地贯彻实施的重要方式和措施。①形成完备的地方生态环境法规体系，是基于国家的立法授权，也是国家生态环境立法不断完善对地方立法的必然要求。

一方面，我国立法法对各省、设区的市、民族自治地方立法权进行了规定，为形成完备的地方生态环境法规体系奠定了基础。我国立法法第七十二条规定，省、自治区、直辖市的人民代表大会及其常务委员会根据本行政区域的具体情况和实际需要，在不同宪法、法律、行政法规相抵触的前提下，可以制定地方性法规。设区的市的人民代表大会及其常务委员会根据本市的具体情况和实际需要，在不同宪法、法律、行政法规和本省、自治区的地方性法规相抵触的前提下，可以对城乡建设与管理、环境保护、历史文化保护等方面的事项制定地方性法规。第七十五条规定，民族自治地方的人民代表大会有权依照当地民族的政治、经济和文化的特点，制定自治条例和单行条例。另一方面，各地要加强地方生态环境立法以回应国家生态环境立法的不断完善。党的十八大以来，我国生态环境法律体系得到重构，生态环境领域法律法规体系已经基本形成，生态环境各主要领域已经基本实现有法可依。我国现行有效法律293件，环境资源领域法律有30多件，其中有发挥基础性、综合性作用的环境保护法。有针对传统环境

---

① 肖金明，王婵. 关于完善地方立法质量保障体系的思考［J］. 理论学刊，2022（1）：111-122.

领域大气、水、固体废物、土壤、噪声等方面的污染防治法律；有针对生态环境领域海洋、湿地、草原、森林、沙漠等方面的保护治理法律等环境保护领域专门法律；还有针对特殊地理、特定区域或流域的生态环境保护进行的立法，生态环境立法工作力度之大，成果之丰硕前所未有。根据我国环境保护法的规定，环境是指影响人类生存和发展的各种天然的和经过人工改造的自然因素的总体，包括大气、水、海洋、土地、矿藏、森林、草原、野生生物、自然遗迹、人文遗迹、自然保护区、风景名胜区、城市和乡村等。这一条款对环境的概念进行了具体界定，同时也为地方生态环境立法的领域提供了遵循。国家法律对全国生态环境问题进行了全面系统总体性的规定，必然要求各地结合实际细化下位法律，对自然资源、生态环境、污染防治、循环经济等各方面进行立法。

二、与时俱进更新立法理念的要求

下位法对上位法的遵守，并不仅仅是简单的条文遵守，还需要表现在立法精神、立法理念的遵守方面。一方面，纵观国家生态环境立法中生态观念和生态环境立法价值取向的与时俱进，就必然得出地方生态环境立法也要不断更新立法理念的要求。冉连通过对 1949—2020 年 52 份政府工作报告的分析，发现中华人民共和国成立 70 年来，在生态观念和经济发展的关系上经历了"1949—1978 年的经济发展优先""1978—2012 年的兼顾经济与环保"和党的十八大以来的"生态保护优先"的价值变迁。[①] 环境法治是在价值变迁的社会大环境中不断取得发展进步的。在环境法的立法价值演变上，中华人民共和国成立之初到改革开放，立法对自然资源进行保护是为了经济发展；从改革开放到党的十八大期间，环境立法重心放在污染防治上，颁布和修订了污染防治领域的基本法；从党的十八大提出生态文明建设至今，环境立法的价值取向也开始朝着生态优先演变。这一立法

---

① 冉连. 1949—2020 年我国政府绿色治理政策文本分析：变迁逻辑与基本经验 [J]. 深圳大学学报，2020（4）：46-55.

价值的与时俱进，使生态环境立法在突出生态环境保护的地位，以及通过生态环境立法保护生态环境方面的作用越发凸显。另一方面，当前我国生态环境法律法规在立法理念上依然存在的滞后问题，也对地方立法理念的更新提出了要求。如前所述，我国生态环境法律总体都能体现新时代立法思想、立法理念，如《中华人民共和国森林法》《中华人民共和国固体废物污染环境防治法》《中华人民共和国资源税法》《中华人民共和国生物安全法》等法律在立法目的以及法律条款中都体现了习近平生态文明思想的内容。但是，部分出台时间较久、更新滞后的一些法律规定中，仍然有弱化保护优先，不注重源头治理等问题，并未树立系统的生态环境治理观。生态环境立法理念的更新是一个整体性、持续性的工作，也是一个逐步完善的过程，国家立法尚且有一些问题，地方性立法也难以避免。一些地方的生态环境立法不能体现出生态优先、绿色发展等理念，一些地方的生态环境立法没有注重系统观念和全过程管理，还有一些地方的生态环境立法在立法理念协同方面还需要提升。以上问题需要我们进一步完善国家生态环境法律，同时也需要地方生态环境法规整体统筹、系统梳理、逐步解决立法理念的滞后以及不协调等问题。

三、不断提升立法质量的要求

立法质量是立法的生命线，提高立法质量是立法工作的永恒主题，我国生态环境立法的进程就是不断提高生态环境立法质量的过程。时至新时代，我国的立法质量得到显著提升，立法更立足中国国情和中国实际，更具有可行性；立法工作更加注重源头管控和系统治理，更具有科学性。公众参与度不断加强，从早期的政府通过管制性法律的行政控制模式，到公民、社会团体、非政府组织等参与环境治理模式等。但是，在看到成绩的同时，我们也不能忽视我国生态环境立法质量仍需提升的问题，公众和社会其他方面参与立法仍然不足。当前我国生态环境立法虽然强调公众参与立法，在立法过程中，规定了立法计划收集、召开听证会、第三方评估等环节，但实际公众并未能有效参与立法工作，立法体现公众需求、反映公众心声仍然不足。在环境立法实践中，即使生态环境问题与公众息息相关，也较容易造成立法工作封闭化、公众的利益简单化等诸多问题，影响了生态环境立法的发展。

提高立法质量，是中央立法和地方立法必需的要求。国家立法况且如此，地方立法的质量更需提升。有学者以特定省份地方性立法为例考察地方立法体制机制现状，发现地方立法体制机制主要存在立法权限混乱、立法机构设置不合理、立法参与机制不健全、立法程序形式化、立法激励机制匮乏、立法监督机制不到位等问题，认为要提高立法质量，需要明确地方人大立法权限、健全各主体有序参与立法的途径和方式、健全地方立法的程序机制等。① 国家层面也高度重视地方立法问题，强调提升地方立法的质量。《法治中国建设规划（2020—2025 年）》就明确提出要加强地方立法工作，健全地方立法工作机制，提高立法质量，确保不与上位法相抵触，切实避免越权立法、重复立法、盲目立法。就云南、贵州、四川三省的生态环境立法而言，最主要的问题已经不是有没有，而是法规制度好不好用、管不管用、能不能解决实际问题。随着生态文明建设不断深入推进，满足西南地区人民日益增长的美好生活需要和不平衡不充分的发展之间的矛盾，地方生态环境立法更需要实现"有法可依"向"良法善治"的转变。持续解决法规制度在具体实践中还存在内容不够具体、针对性和可操作性不强、作用发挥不到位等问题，尽量让制度安排和规范设计精准，让法规"有牙有齿"，实现地方性生态环境立法从粗放型向精细化转变。

四、发挥地方立法创制性作用的要求

国家立法和地方立法的关系，还在于在地方改革发展进程中，面向一些新领域新问题的试验性、探索性地方立法，可以为全国性立法提供经验

---

① 吴理财，方坤. 地方立法体制机制创新：现状、问题和出路——基于湖北省地方立法实践的研究 [J]. 地方治理研究. 2016（1）：21-30

借鉴。这种地方性创制立法的概念和作用，学界已有大量研究。如认为创制性立法作为地方立法的重要形式之一，逐渐成为我国地方立法发展的一个鲜明倾向，更是一把帮助解决"法制统一"与"有效治理""立法保守"与"立法创制""必要创制"与"合法创制"等多重矛盾的钥匙。① 创制性立法是地方立法机关基于地方实际情况和发展治理的现实需求，以处理地方实际问题或实现某种需求为目的，在地方立法机关的立法权限内、在上位法规定不够细致或者无上位法的情形下，运用地方立法权创新性制定地方性法规活动的总称。在地方立法主体真正了解创制性立法并进行合理创制后，创制性立法在完善地方法律体系的同时，也为中央立法的开拓创新积累了经验，推动我国各地的协调发展，促进公众参与立法、激发公众权利意识、培养法治思维。②

我国立法法第七十三条规定："除本法第八条规定的事项外，其他事项国家尚未制定法律或者行政法规的，省、自治区、直辖市和设区的市、自治州根据本地方的具体情况和实际需要，可以先制定地方性法规。在国家制定的法律或者行政法规生效后，地方性法规同法律或者行政法规相抵触的规定无效，制定机关应当及时予以修改或者废止。"以上规定对地方立法的先行先试提供了法律依据。国家鼓励地方创造性立法，《法治中国建设规划（2020—2025年）》指出："有立法权的地方应当紧密结合本地发展需要和实际，突出地方特色和针对性、实效性，创造性做好地方立法工作。"地方性立法先行先试在我国各地得以实践，西南地区生态环境创制性立法也很多，这些法规既符合地方规律，也为其他省份立法以及国家立法提供了可参考的重要借鉴。

由此可见，地方下位法的作用不仅仅在于对国家立法的细化、补充，更在于其创制性的作用。对于一些地方独有自然资源和急需保护的生态环

---

① 曹瀚予. 创制性立法的判定标准及方法探讨——兼论地方立法的分类 [J]. 学术交流，2020（4）：81-92.

② 蔡子盎. 创制性立法的分类与判定研究 [D]. 华中师范大学，2022.

境，地方性立法可以根据实际，先于上位法进行创新性、探索性立法。特别是针对某些生态环境保护领域还缺乏专门国家法律，制约了各地方的相关立法工作的问题，发挥地方生态环境立法创制性作用就显得尤为重要。

第三章

云南、贵州、四川环境资源概况

第一节　云南省环境资源概况

云南省简称"云"或"滇"，地处中国西南边陲，地理坐标为东经97°31′—106°11′、北纬21°8′—29°15′，北回归线横贯南部。辖区总面积39.41万平方千米，占全国总面积的4.1%。东与广西壮族自治区和贵州省毗邻，北以金沙江为界与四川省隔江相望，西北隅与西藏自治区相邻，西部与缅甸接壤，南部和东南部分别与老挝、越南接壤，共有陆地边境线4000多千米。

一、地理资源概况[①]

（一）自然概貌

地貌分析。云南属山地高原地形，山地面积33.11万平方千米，占全省总面积的84%；高原面积3.9万平方千米，占全省总面积的10%；盆地面积2.4万平方千米，占全省总面积的6.0%。地形以元江谷地和云岭山脉南段宽谷为界，分为东西两大地形区。东部为滇东、滇中高原，是云贵高原的组成部分；西部高山峡谷相间，相对高差超过1000米。全省海拔高低

---

① 资料来源：云南省人民政府门户网站（yn.gov.cn）。

相差很大，最高点海拔 6740 米，最低点海拔 76.4 米，海拔相差 6000 多米。

地形特征。全省地势西北高、东南低，自北向南呈阶梯状逐级下降，从北到南的每千米水平直线距离，海拔平均降低 6 米。北部是青藏高原南延部分，海拔 3000—4000 米，有高黎贡山、怒山、云岭等巨大山系和怒江、澜沧江、金沙江等大河自北向南相间排列；南部为横断山脉，山地海拔不到 3000 米，主要有哀牢山、无量山、邦马山等，地势向南和西南缓降，河谷逐渐宽广；在南部、西南部边境，地势渐趋和缓，山势较矮、宽谷盆地较多，海拔 800—1000 米，个别热带、亚热带地区下降至 500 米以下。

水系分布。云南省河川纵横，湖泊众多。全省境内径流面积在 100 平方千米以上的河流有 908 条，分属长江（金沙江）、珠江（南盘江）、元江（红河）、澜沧江（湄公河）、怒江（萨尔温江）、大盈江（伊洛瓦底江）六大水系。红河和南盘江均发源于云南境内，其余为过境河流。除金沙江、南盘江外，均为跨国河流，这些河流分别流入南海和印度洋。多数河流具有落差大、水流湍急、水流量变化大的特点。全省有高原湖泊 40 多个，断陷型湖泊居多，主要分布在元江谷地和东云岭山地以南，多数在高原区内。湖泊水域面积约 1100 平方千米，占全省总面积的 0.28%，总蓄水量约 1480.19 亿立方米。湖泊中滇池面积最大，为 306.3 平方千米；洱海次之，面积约 250 平方千米。抚仙湖深度居全省第一，最深处为 151.5 米；泸沽湖次之，最深处为 73.2 米。

气候状况。云南基本属于亚热带高原季风型气候，立体气候特点显著，类型众多，年温差小、日温差大，干湿季节分明，气温随地势高低垂直变化异常明显。滇西北属寒带型气候，长冬无夏，春秋较短；滇东、滇中属温带型气候，四季如春，遇雨成冬；滇南、滇西南属低热河谷区，有一部分在北回归线以南，进入热带范围，长夏无冬，一雨成秋。在一个省区内，同时具有寒、温、热（包括亚热带）三带气候，一般海拔高度每上升 100

米，温度平均递减 0.6℃—0.7℃，有"一山分四季，十里不同天"之说，景象别具特色。全省平均气温，最热（7 月）月均气温在 19℃—22℃之间，最冷（1 月）月均气温在 6℃—8℃之间，年温差一般只有 10℃—12℃。全省降水在季节上和地域上的分配极不均匀。干湿季节分明，湿季（雨季）为 5—10 月，集中了 85% 的降雨量；干季（旱季）为 11 月至次年 4 月，降水量只占全年的 15%。降水的地域分布差异大，最多的地方年降水量可达 2200—2700 毫米，最少的仅有 584 毫米。全省无霜期长，南部边境全年无霜，偏南地区无霜期为 300—330 天，中部地区约为 250 天，比较寒冷的滇西北和滇东北地区长达 210—220 天。

（二）资源状况

土壤资源。云南因气候、生物、地质、地形等相互作用，形成多种多样的土壤类型，土壤垂直分布特点明显。经初步划分，全省有 16 个土壤类型，占全国的 1/4。其中红壤面积占全省土地面积的 50%，是省内分布最广、最重要的土壤资源，故云南有"红土高原""红土地"之称。云南稻田土壤细分有 50 多种，其中大的类型有 10 多种。成土母质多为冲积物和湖积物，部分为红壤性和紫色性水稻土。大部分土壤呈中性和微酸性，有机质在 1.5%—3.0% 之间，氮磷养分含量比旱地高。山区旱地土壤约占全省的 64%，主要为红土和黄土。坝区旱地土壤约占 17%，主要为红土。旱地土壤分布比较分散，施肥水平不高，加之水土流失，土壤有机质普遍较水田低。

动物资源。云南动物种类数为全国之冠，素有"动物王国"之称。脊椎动物达 1737 种，占全国的 58.9%。其中鸟类 793 种，占 63.7%；兽类 300 种，占 51.1%；鱼类 366 种，占 45.7%；爬行类 143 种，占 37.6%；两栖类 102 种，占 46.4%。全国见于名录的 2.5 万种昆虫类中云南有 1 万余种。云南珍稀保护动物较多，许多动物在国内仅分布在云南。珍禽异兽如蜂猴、滇金丝猴、野象、野牛、长臂猿、印支虎、犀鸟、白尾梢虹雉等 46 种，均属国家一类保护动物；熊猴、猕猴、灰叶猴、穿山甲、麝、小熊猫、绿孔雀、蟒蛇等154种,属国家二类保护动物;此外,还有大量小型珍稀动物种类。

植物资源。云南是全国植物种类最多的省份,被誉为"植物王国"。热带、亚热带、温带、寒温带等植物类型都有分布,古老的、衍生的、外来的植物种类和类群很多。在全国3万种高等植物中,云南占60%以上,列入国家一、二、三级重点保护和发展的树种有150多种。全省森林面积为2392.65万公顷,森林覆盖率为65.0%,森林蓄积量为20.20亿立方米。云南树种繁多,类型多样、优良、速生、珍贵树种多,药用植物、香料植物、观赏植物等品种在全省范围内均有分布,故云南还有"药物宝库""香料之乡""天然花园"之称。

能源资源。云南能源资源得天独厚,尤以水能、煤炭资源储量较大,开发条件优越;地热能、太阳能、风能、生物能也有较好的开发前景。云南河流众多,全省水资源总量1530亿立方米;水能资源蕴藏量达1.04亿千瓦,居全国第3位,水能资源主要集中于滇西北的金沙江、澜沧江、怒江三大水系;可开发装机容量0.9亿千瓦,居全国第2位。煤炭资源主要分布在滇东北,全省已探明储量240亿吨,居全国第9位,煤种也较齐全,烟煤、无烟煤、褐煤都有。地热资源以滇西腾冲地区的分布最为集中,全省有露出地面的天然温热泉约700处,居全国之冠,年出水量3.6亿立方米,水温最低的为25℃,高的在100℃以上(腾冲市的温热泉,水温多在60℃以上,高者达105℃)。太阳能资源也较丰富,仅次于西藏、青海、内蒙古等省区,全省年日照时数在1000—2800小时之间,年太阳总辐射量每平方厘米在90—150千卡之间。省内多数地区的日照时数为2100—2300小时,年太阳总辐射量每平方厘米为120—130千卡。

矿产资源。云南地质资源种类繁多,成矿条件优越,矿产资源极为丰富,尤以有色金属及磷矿著称,被誉为"有色金属王国",是得天独厚的矿产资源宝地。云南矿产资源的特点,一是矿种全,现已发现的矿产有143种,已探明储量的有86种。二是分布广,金属矿遍及108个县(市),

煤矿在 116 个县（市）发现，其他非金属矿产各县都有。三是共生、伴生矿多，利用价值高，全省共生、伴生矿床约占矿床总量的 31%。云南有 61 个矿种的保有储量居全国前 10 位，其中铅、锌、锡、磷、铜、银等 25 种矿产含量分别居全国前 3 位。

旅游资源。云南以独特的高原风光，热带、亚热带的边疆风物和多彩多姿的民族风情，闻名于海内外。云南旅游资源十分丰富，已经建成一批以高山峡谷、现代冰川、高原湖泊、石林、喀斯特洞穴、火山地热、原始森林、花卉、文物古迹、传统园林及少数民族风情等为特色的旅游景区。云南共有 A 级旅游景区 367 家，其中 5A 级 8 家，4A 级 105 家，3A 级 157 家，2A 级 74 家，1A 级 23 家。其中被列为国家级风景名胜区的有石林、大理、西双版纳、三江并流、昆明滇池、丽江玉龙雪山、腾冲地热火山、瑞丽江—大盈江、宜良九乡、建水、普者黑、泸西阿庐 12 处，被列为省级风景名胜区的有陆良彩色沙林、禄劝轿子雪山等 53 处。有昆明、大理、丽江、建水、巍山、会泽、通海 7 座国家级历史文化名城，有腾冲、威信、保山、石屏、广南、漾濞、孟连、香格里拉、剑川 9 座省级历史文化名城，11 个中国历史文化名镇和 11 个中国历史文化名村，还有 15 个省级历史文化名镇，27 个省级历史文化名村，1 片中国历史文化街区和 20 片省级历史文化街区。丽江古城被列入世界文化遗产名录，三江并流、石林被列入世界自然遗产名录。

二、生态环境状况[①]

云南生态环境保护工作坚持以习近平生态文明思想和习近平总书记考察云南重要讲话精神为指导，紧紧围绕争当全国生态文明建设排头兵和筑牢国家西南生态安全屏障，打好污染防治攻坚战，深入实施蓝天、碧水、净土"三大攻坚战"，全力推进九大高原湖泊保护治理等"8 个标志性战

---

① 资源整理于《2021 年云南省环境状况公报》。

役"，扎实开展生态环境保护督察、持续抓好自然生态保护，加强生态环境监管执法，不断深化生态文明体制改革，生态环境保护各项工作取得积极成效。以下以2021年各项生态环境状况指标进行阐述。

空气质量状况。全省环境空气质量总体良好，16个州（市）政府所在地城市年度环境空气质量均符合国家《环境空气质量标准》（GB 3095—2012）二级标准。全省16个地级城市环境空气质量指标年平均值连续5年达到《环境空气质量标准》（GB3095—2012）二级标准；从优良天数来看，全省平均优良天数比例为98.6%，较2020年下降了0.2个百分点，其中，香格里拉、丽江优良天数达到100%；污染天主要出现在景洪、芒市、泸水、曲靖、蒙自等地区，污染天气发生的时段主要出现在3月至5月，其次是8月。129个县（区、市）城市环境空气质量总体保持良好。按年均值及相应百分位数进行评价，6项污染物评价结果均符合《环境空气质量标准》二级标准要求。按日均值评价，剑川、嵩明等29个城市优良天数比例为100%，巧家优良天数比例最低，为86.1%；全省县（区、市）级城市平均优良天数比例为98.6%，较2020年下降0.4个百分点。2021年与2020年相比，降水pH年平均值由6.33变为6.43，酸雨频率由1.9%下降至0.8%，降水酸度及酸雨频率保持稳定。

水环境状况。全省主要河流国控省控断面符合国家《地表水环境质量标准》（GB3838—2002）Ⅲ类及以上标准、水质优良的占87.7%，较2020年提高1.3个百分点；劣于Ⅴ类标准、水质重度污染的断面占2.8%，较2020年下降1.0个百分点，全省主要河流水质保持稳定。49个出境、跨界河流监测断面中，46个符合Ⅱ类标准，水质优；3个符合Ⅲ类标准，水质良好。其中六大水系干流出境、跨界主要断面水质均符合Ⅰ—Ⅱ类标准。全省湖泊、水库水质总体良好，优良率为82.2%；劣于Ⅴ类标准、水质重度污染的占比6.7%。九大高原湖泊中，滇池草海水质类别由Ⅳ类好转为Ⅲ类，水质良好；滇池外海水质类别为Ⅴ类，水质中度污染。阳宗海水质类别为Ⅲ类，水质良好。洱海水质类别由Ⅲ类好转为Ⅱ类，水质优。抚仙湖水质类别为Ⅰ类，水质优。星云湖水质类别为Ⅴ类，水质中度污染。杞麓湖水质为劣Ⅴ类，水质重度污染。程海水质类别Ⅳ类，水质轻度污染。泸沽湖水质类别Ⅰ类，水质优。异龙湖水质类别由Ⅴ类降为劣Ⅴ类。全省47个州（市）级饮用水水源地中39个水质达到或优于地表水Ⅲ类标准，达标率为83%。191个县级城镇集中式饮用水水源地中，175个达到或优于Ⅲ类标准，占91.6%。

声环境状况。城市声环境质量总体为好。其中，全省城市道路交通声环境质量总体为好；区域声环境总体为较好；全省各类功能区昼、夜平均达标率96.9%，较2020年提高3.3个百分点。

辐射环境状况。全省环境γ辐射空气吸收剂量率处于天然本底涨落范围内；土壤中天然放射性核素活度浓度处于本底水平，人工放射性核素活度浓度未见异常；六大水系及九大高原湖泊中天然放射性核素活度浓度处于本底水平，人工放射性核素活度浓度未见异常。环境电离辐射水平处于本底涨落范围内。全省辐射环境质量保持稳定，重点辐射污染源周围辐射环境水平安全、正常。

自然生态环境状况。2021年，云南省自然生态环境状况总体为优，与2020年相比处于基本稳定状态，全省植被覆盖度总体较好、生态系统相对稳定、生物多样性较丰富、土地胁迫和污染负荷较轻微。全省129个县（市、区），59个生态环境状况等级为优，占全省县（区、市）数的45.74%；其余70个生态环境状况等级为良，占全省县（区、市）数的54.26%。

第二节　贵州省环境资源概况

贵州省简称"黔"或"贵"，位于中国西南的东南部，地理坐标为东经103°36′—109°35′、北纬24°37′—29°13′，东毗湖南、南邻广西、西连云南、北接四川和重庆。全省东西长约595千米，南北相距约509千米，辖区总面积为 176167 平方千米，占全国土地面积的 1.8%。

一、地理资源概况

（一）自然概貌[①]

地理环境。贵州位于云贵高原，境内地势西高东低，自中部向北、东、南三面倾斜，平均海拔 1100 米。贵州高原山地居多，素有"八山一水一分田"之说，地貌可概括分为高原山地、丘陵和盆地三种基本类型，其中92.5%的面积为山地和丘陵。境内山脉众多，北部有大娄山，自西向东北斜贯北境；中南部苗岭横亘，东北境有武陵山，西部高耸乌蒙山。而黔东南州的黎平县地坪乡水口河出省界处，海拔 147.8 米，为境内最低点。贵州岩溶地貌发育非常典型，喀斯特（出露）面积 109084 平方千米，占全省土地总面积的 61.9%，构成一种特殊的岩溶生态系统。

土壤状况。贵州土壤面积共 159100 平方千米，占全省土地总面积的90.4%，土壤的地带性属中亚热带常绿阔叶林红壤—黄壤地带。中部及东部广大地区为湿润性常绿阔叶林带，以黄壤为主；西南部为偏干性常绿阔叶林带，以红壤为主；西北部为常绿阔叶林带，多为黄棕壤。此外，还有石灰土和紫色土、粗骨土、水稻土、棕壤、潮土、泥炭土、沼泽土、石炭石质土、山地草甸土、红黏土、新积土等土类。

气候状况。贵州气候属亚热带温湿季风气候区，有冬无严寒、夏无酷暑，降水丰富、雨热同季等特点。全省年平均气温在 15℃，通常最冷月（1月）平均气温 3℃—6℃；最热月（7月）平均气温 22℃—25℃，为典型夏凉地区。降水较多，雨季明显，阴天多，日照少，境内各地阴天日数一般超过 150 天，常年相对湿度在 70%以上。受大气环流及地形等影响，贵州气候呈多样性，"一山分四季，十里不同天"。气候不稳定，灾害性天气种类较多，干旱、秋风、冷冻、冰雹等频度大。

---

① 资料整理于贵州省人民政府网站（guizhou. gov. cn）。

植被状况。贵州植被具有明显的亚热带性质，组成种类繁多，区系成分复杂。全省维管束植物（不含苔藓植物）共有 269 科、1655 属、6255 种（变种）。由于特殊的地理位置，贵州植被类型多样，既有中国亚热带型的地带性植被常绿阔叶林，又有近热带性质的沟谷季雨林、山地季雨林；既有寒温性亚高山针叶林，又有暖性同地针叶林；既有大面积次生的落叶阔叶林，又有分布极为局限的珍贵落叶林。

河流状况。贵州河流处于长江和珠江两大水系的上游交错地带，是长江、珠江上游地区的重要生态屏障。全省水系顺地势由西部、中部向北、东、南三面分流。苗岭是长江和珠江两流域的分水岭，以北属长江流域，流域面积 115747 平方千米，占全省土地面积的 65.7%；以南属珠江流域，流域面积 60420 平方千米，占全省土地面积的 34.3%。河流数量较多，长度在 10 千米以上的河流有 984 条，河流的山区性特征明显，大多河流上游河谷开阔，水流平缓，水量小；中游河谷束放相间，水流湍急；下游河谷深切狭窄，水量大，水力资源丰富。

（二）资源状况①

能源资源。贵州能源资源主要由水能资源和煤炭资源组成，具有煤电结合、水火互济的优势。全省水资源总量达 749.16 亿立方米，水能资源蕴藏量为 1874.5 万千瓦，居全国第 6 位，横贯全省的乌江是水能"富矿"，南盘江、北盘江、清水江等都蕴藏着丰富的水能资源。贵州有十分丰富的煤层气（瓦斯）资源，埋深小于 2000 米的煤层气达 3.15 万亿立方米，居全国第 2 位。贵州页岩气资源较为丰富，地质资源量 13.54 万亿立方米，可采资源量 1.95 万亿立方米，位列全国第 3。

矿产资源。贵州是矿产资源大省，矿种多、储量大、分布广，且成矿地质和组合条件好，易于开发。已发现矿种（含亚矿种）127 种，发现矿床、矿点 3000 余处。探明有资源储量的矿产 74 种，矿区 3233 处，其中能

---

① 资源整理于多彩贵州网——贵州频道（gog.cn）。

源矿产 772 处，金属矿产 924 处，非金属矿产 1537 处，有 49 种矿产资源储量排名全国前 10 位。煤、磷、铝土、锑、金、锰、重晶石、稀土、水泥原料、砖瓦原料以及各种用途的石灰岩、砂岩和白云岩等矿产资源优势明显。其中，重晶石保有资源储量居全国第 1 位；稀土矿保有资源储量居全国第 2 位；磷矿居全国第 3 位，锰矿保有资源储量居全国第 2 位；铝土矿、锑矿保有资源储量居全国第 4 位。

生物资源。贵州多类型的土壤、独特的山地环境与光、热、水等条件结合，繁衍出种类繁多的生物资源。全省有维管束植物 9982 种（包括亚种、变种，下同），其中可食用的 700 多种，绿化、美化以及能抗污染、改善环境的 2000 多种；列入国家 I 级保护的珍稀植物有冷杉、银杉、珙桐、贵州苏铁等 16 种。野生动物资源丰富，有脊椎动物 1053 种，其中，兽类 141 种，鸟类 509 种，爬行类 104 种，两栖类 74 种，鱼类 225 种；列入国家一级保护的珍稀动物有黔金丝猴、黑叶猴、黑颈鹤等 15 种。贵州是中国四大中药材产区之一，全省有药用植物 4419 种、药用动物 301 种，享誉国内外的"地道药材"有 50 种，已开发利用的中草药资源有 350 余种，天麻、杜仲、黄连、吴茱萸、石斛是贵州五大名药。

旅游资源。贵州旅游资源富集，分布广、类型多，全省拥有"中国南方喀斯特"贵州荔波世界自然遗产地和"赤水丹霞"世界自然遗产 2 处；侗族大歌世界非物质文化遗产 1 项，生态博物馆 5 所；国家 A 级旅游景区 99 个（其中 5A 级景区 3 个），国家级风景名胜区 18 个，国家级自然保护区 9 个，国家森林公园 21 个，国家地质公园 9 个，中国优秀旅游城市 7 个，民族文化旅游村寨 1.8 万个。

二、生态环境状况①

贵州省深入贯彻落实习近平总书记视察贵州重要讲话精神，坚定落实

---

① 资料整理于《2021 年贵州省生态环境状况公报》。

党中央推进生态文明建设的决策部署，大力实施大生态战略行动，强力推进污染防治攻坚，着力抓好突出生态环境问题整改，全力巩固优良生态环境质量，全省生态环境质量总体良好，人民群众生态环境获得感不断增强。以 2021 年为例，全省生态环境质量总体良好稳定，以下进行具体指标的分析。

水环境质量。贵州全省主要河流总体水质综合评价为"优"。纳入监测的 114 条河流 222 个监测断面中：Ⅰ类到Ⅲ类水质断面 217 个，占 97.7%；Ⅳ类水质断面 2 个，占 0.9%；Ⅴ类水质断面 1 个，占 0.5%；劣于Ⅴ类水质断面 2 个，占 0.9%。全省纳入监测的 24 个湖（库）共布设监测点位 25 个。其中，达到Ⅲ类及以上水质类别的监测点 23 个，占 92.0%；1 个监测点位为Ⅳ类水质，占 4.0%；1 个监测点位为Ⅴ类水质，占 4.0%。全省纳入监测的出境断面 23 个，全部达到Ⅲ类及以上水质，纳入监测入境断面 4 个，全部达到Ⅲ类及以上水质。饮用水水源地水质状况，贵阳市、遵义市、六盘水市、安顺市、毕节市、铜仁市及凯里市、都匀市、兴义市 9 个中心城市共 25 个集中式饮用水水源地水质达标率为 100%。74 个县城共 145 个县级集中式饮用水水源地水质达标率均为 100%。

环境空气质量。全省 9 个中心城市环境空气质量均达到《环境空气质量标准》（GB3095—2012）二级标准。全省 9 个中心城市 AQI 优良天数比例平均为 98.4%，同比下降 0.8 个百分点。全省 88 个县（市、区、特区）环境空气质量均达到（GB3095—2012）二级标准。全省 88 个县（市、区、特区）AQI 优良天数比例平均为 98.6%，同比下降 0.6 个百分点。全省 9 个中心城市降水 pH 年均值范围为 6.38—7.39，酸雨频率为 0，同比持平。

声环境质量。全省 9 个中心城市区域噪声平均等效声级范围为 52.1—55.3dB（A）。城市区域声环境质量"好"的城市无，与 2020 年持平；遵义市、六盘水市、安顺市、毕节市、铜仁市、凯里市、都匀市、兴义市等 8 个中心城市区域声环境质量"较好"，比 2020 年增加 1 个城市；贵阳市区域声环境质量"一般"，区域声环境质量"较差"或"差"的城市无。

辐射环境质量。全省环境电离辐射水平处于本底涨落范围内。空气中天然放射性活度浓度处于本底水平，人工放射性核素活度浓度未见异常。省内两大流域和八大水系中天然放射性核素活度浓度处于本底水平，人工放射性核素活度浓度未见异常。土壤中天然放射性核素活度浓度处于本底水平，人工放射性核素活度浓度未见异常。全省环境电磁辐射国控监测点、省控监测点的电磁辐射水平低于《电磁环境控制限值》（GB8702—2014）中规定的公众曝露控制限值。

第三节　四川省环境资源概况

四川简称川或蜀，位于中国西南部，地处长江上游，地理坐标为东经97°21′—108°33′、北纬26°03′—34°19′，东西跨度1061.6千米，南北跨度916.5千米。与重庆、贵州、云南、西藏、青海、甘肃和陕西等7省（自治区、直辖市）接壤，辖区总面积48.6万平方千米，占全国面积的5.1%。

一、地理资源概况

（一）自然概貌[①]

地形地貌。四川省地跨青藏高原、横断山脉、云贵高原、秦巴山地、四川盆地几大地貌单元，地势西高东低，由西北向东南倾斜。四川地形复杂多样，以龙门山—大凉山一线为界，东部为四川盆地及盆缘山地，西部为川西高山高原及川西南山地。以山地为主要特色，地貌按平原、台地、丘陵、山地分为4类，分别占全省行政区域面积的5.93%、3.52%、11.03%、79.52%。四川省平均海拔2598米，全省平均海拔最高的市（州）是甘孜藏族自治州，为4192米；最低的是遂宁市，为362米。全省最高点位于甘孜藏族自治州康定市贡嘎山乡贡嘎山主峰，海拔7526米；最

[①] 资料整理于四川省人民政府网站（sc.gov.cn）。

低点位于广安市邻水县御临镇文武村，海拔 188 米。

河湖资源。全省境内有大小河流近 1400 条，号称"千河之省"。全省水资源总量共约 3489.7 亿立方米，其中多年平均天然河川径流量 2547.5 亿立方米，占水资源总量的 73%。境内有湖泊 1000 余个、冰川 200 余条，在川西北和川西南分布有一定面积的沼泽，湖泊总蓄水量约 15 亿立方米，加上沼泽蓄水量共约 35 亿立方米。省内主要河流有岷江、金沙江、长江、沱江、嘉陵江、渠江、雅砻江、青衣江等。

土壤类型。四川地域辽阔，土壤类型丰富，垂直分布明显。据第二次土壤普查，全省土壤类型共有 25 个土类、66 个亚类、137 个土属、380 个土种，土类和亚类数分别占全国总数的 43.48% 和 32.60%。平原和丘陵主要为水稻土、冲积土、紫色土等，是全省农作物主要产区；高原、山地依海拔高度分布不同土壤，其中多数有利于作物的生长。四川大部分地方为紫色土，主要分布于四川盆地内海拔 800 米以下的低山和丘陵上，土壤发育浅、肥力高，面积约 16 万平方千米。盆地四周的山地、盆地内沿江两岸及川西平原的阶地和丘陵上，分布着黄壤，一般海拔 1000～1200 米，黄壤自然肥力较高，但黏性重、酸性强。在盆地的山地中，分布有黄棕壤与黄褐土。川西南山地河谷遍布红壤及黄红壤，海拔 1100～1800 米，红壤酸至微酸性，黏性重、瘦硬，严重缺磷，土壤肥力低。川西北高山分布着大量的森林土、草甸土。暗棕壤分布在山原中上部，海拔 2800～3000 米，弱酸至酸性。棕壤分布在海拔 2000～2700 米处，酸或弱酸性，自然肥力高。褐土分布在海拔 1000～2500 米处，以黄土母质发育而成。沼泽土主要分布在若尔盖地区，表层为草根层，下部为矿物质潜育层，有机质含量 5%～25%，氮和磷的含量也高。

气候状况。季风气候明显，雨热同季；区域间差异显著，东部冬暖、春旱、夏热、秋雨、多云雾、少日照、生长季长，西部则寒冷、冬长、基本无夏、日照充足、降水集中、干雨季分明；气候垂直变化大，气候类型多；伴随气象灾害种类多，发生频率高，范围大，主要是干旱，其次是暴雨、洪涝和低温等。

根据水热条件和光照条件差异,全省分为三大气候区。四川盆地中亚热带湿润气候区。热量条件好,全年温暖湿润,年均气温16℃—18℃、积温4000℃—6000℃,气温日较差小、年较差大;冬暖夏热,无霜期230—340天。盆地云量多,晴天少,年日照时间较短,仅1000—1400小时,比同纬度的长江流域下游地区少600—800小时。雨量充沛,年降雨量1000—1200毫米,50%以上集中在夏季,多夜雨。

川西南山地亚热带半湿润气候区。全年气温较高,年均温12℃—20℃,日较差大,年较差小,早寒午暖,四季不明显。云量少,晴天多,日照时间长,年日照时间为2000—2600小时。降水量较少,干湿季分明,全年有7个月为旱季,年降水量900—1200毫米,90%集中在5—10月。河谷地区受焚风影响形成典型的干热河谷气候,山地形成显著的立体气候。

川西北高山高原高寒气候区。海拔高差大,气候立体变化明显,从河谷到山脊依次出现亚热带、暖温带、中温带、寒温带、亚寒带、寒带和永冻带。总体以寒温带气候为主,河谷干暖,山地冷湿,冬寒夏凉,水热不足,年均温4℃—12℃,年降水量500—900毫米。天气晴朗,日照充足,年日照1600—2600小时。

(二)资源状况[①]

能源资源。四川省能源资源主要以水能、煤炭和天然气为主,水能资源约占75%,煤炭资源约占23.5%,天然气及石油资源约占1.5%。全省水能资源理论蕴藏量1.43亿千瓦,占全国的21.2%。全省水能资源集中分布于川西南山地的大渡河、金沙江、雅砻江三大水系。四川煤炭种类比较齐全,有无烟煤、贫煤、瘦煤、烟煤、褐煤、泥炭。全省煤炭资源保有量122.7亿吨,主要分布在川南,位于泸州市和宜宾市的川南煤田赋存了全省70%以上的探明储量。油、气资源以天然气为主,石油资源储量小。四

---

① 资料整理于《四川年鉴(2021)》。

川盆地的天然气资源丰富，是国内主要的含油气盆地之一；已发现天然气资源储量 7 万余亿立方米，约占全国天然气资源总量的 19%，主要分布在川南片区、川西北片区、川中片区、川东北片区。四川生物能源较丰富，每年有可开发利用的人畜粪便 3148.53 万吨、薪柴 1189.03 万吨、秸秆 4212.24 万吨、沼气约 10 亿立方米。此外，太阳能、风能、地热资源也较为丰富。

生物资源。四川生物资源丰富，保存有许多珍稀、古老的动植物种类，是中国乃至世界重要的生物基因宝库。全省有脊椎动物近 1300 种，约占全国总数的 45%，兽类和鸟类约占全国的 53%，其中，兽类 217 种、鸟类 625 种、爬行类 84 种、两栖类 90 种、鱼类 230 种。国家重点保护野生动物 145 种，占全国的 39.6%，居全国之冠。据第四次全国大熊猫调查，四川省野生大熊猫种群数量 1387 只，占全国野生大熊猫总数的 74.4%，其种群数量居全国第一位。四川雉类资源丰富，雉科鸟类 20 种，占全国雉科总数的 40%，素有雉类乐园之称。其中，有许多珍稀濒危雉类，如国家一类保护动物雉鹑、四川山鹧鸪和绿尾虹雉等。全省动物中可供经济利用的种类占 50% 以上，其中，毛皮、革、羽用动物 200 余种，药用动物 340 余种。

全省高等植物有 1 万余种，占全国总数的 1/3，仅次于云南。其中，苔藓植物 500 余种，维管束植物 230 余科、1620 余属，蕨类植物 708 种，裸子植物 100 余种（含变种），被子植物 8500 余种，松、杉、柏类植物 87 种，居全国之首。被列入国家珍稀濒危保护植物 84 种，占全国的 21.6%。各类野生经济植物 5500 余种，其中，药用植物 4600 余种，所产中药材占全国药材总产量的 1/3，是全国最大的中药材基地；芳香及芳香类植物 300 余种，是全国最大的芳香油产地；野生果类植物 100 余种，其中以猕猴桃资源最为丰富，居全国之首；野生菌类资源 1291 种，占全国的 95%。

矿产资源。四川地质构造类型多样，地层发育完整、岩浆活动频繁，成矿条件有利，矿产资源丰富，矿产种类比较齐全；是国内矿藏资源蕴藏量极为丰富的省份，矿产资源供应能力较强，是西部乃至全国的矿物原材料生产加工大省。拥有世界级的钒钛、锂、稀土等重要矿产资源，钒钛原料产量占全国的 65%；钛储量占全国的 93%，列全球第一；钒储量占全国的 63%，列全球第 3。查明资源储量的矿种 92 种、亚矿种 123 种，33 种矿产排位进入全国同类矿产查明资源储量的前 3 位。天然气、钒、钛、二氧化碳气、锂矿（Li_2O）等共 14 种矿产在全国查明资源储量中排第 1 位。铁矿、铂族金属、稀土矿（稀土氧化物）等 10 种矿产在全国查明资源储量中排第 2 位。

旅游资源。四川旅游资源丰富，拥有世界遗产 5 处，其中，九寨沟、黄龙、大熊猫栖息地世界自然遗产 3 处，峨眉山—乐山大佛世界文化与自然遗产 1 处，青城山—都江堰世界文化遗产 1 处。被列入世界"人与生物圈保护网络"的保护区有 4 处，有"中国旅游胜地 40 佳"5 处。有中国优秀旅游城市 21 座，国家历史文化名城 8 座。至 2020 年年末，全省有 5A 级旅游景区 15 家，自然保护区有 166 个，湿地公园 54 个，国家级风景名胜区 15 处，省级风景名胜区 79 处，森林公园 137 处。四川地质遗迹类型多样，已发现地质遗迹 220 余处，有世界级地质公园 3 处、国家级地质公园 19 处。四川是全国红色旅游资源大省之一，点多面广、类型丰富，有红色旅游重要景区（点）120 余个，拥有全国红色旅游经典景区 9 处。

二、生态环境状况[①]

四川全省各地各部门深入贯彻习近平生态文明思想，高度重视生态环境保护工作，推进社会经济高质量发展和生态环境高水平保护，全力打好污染防治攻坚战，切实解决生态环境突出问题，全省生态环境质量持续改善，生态文明建设取得新进展。2021 年全省圆满完成国家下达的生态环境保护约束性指标目标任务，具体生态状况指标如下。

大气环境。全省 21 个市（州）政府所在地城市环境空气质量按《环

① 资料整理于《2021 年四川省生态环境状况公报》。

境空气质量标准》（GB3095-2012）评价，平均优良天数率为89.5%，重污染天数平均为0.7天。三大重点区域空气评价，成都平原地区8个市环境空气质量总优良率为87.1%，其中，优为35.7%，良为51.4%；川南地区4个市环境空气质量总优良率为81.8%，其中，优为31.6%，良为50.2%；川东北地区5个市环境空气质量总优良率为92.1%，其中，优为50.3%，良为41.8%；10个农村区域中，7个市农村区域环境空气质量较好，全省优良率为93.5%，其中，优为52.2%，良为41.3%。全省酸雨状况保持不变，21个市（州）城市的降水pH年均值范围为5.25—7.58，酸雨发生频率为4.5%，同比下降2.4个百分点。酸雨主要集中在泸州和绵阳，为轻酸雨区。

水环境。全省地表水水质总体优。343个地表水监测断面中，Ⅰ类到Ⅲ类水质断面325个，占94.8%；Ⅳ类水质断面18个，占5.2%；无Ⅴ类、劣Ⅴ类水质断面。33个入川断面中，Ⅰ类到Ⅲ类水质断面32个，占97.0%；Ⅳ类水质断面1个，占3.0%。11个共界断面中，Ⅰ类到Ⅲ类水质断面11个，占100%。32个出川断面中，Ⅰ类到Ⅲ类水质断面28个，占87.5%；Ⅳ类水质断面4个，占12.5%。全省共监测14个湖库，泸沽湖为Ⅰ类，水质优；邛海、二滩水库、黑龙潭水库、紫坪铺水库、三岔湖、双溪水库、沉抗水库、升钟水库、白龙湖、葫芦口水库为Ⅱ类水质，水质优；瀑布沟、老鹰水库、鲁班水库为Ⅲ类水质，水质良好。全省21个市（州）政府所在地城市48个集中式饮用水水源地断面（点位）所测项目全部达标，达标率为100%。21个市（州）140个县（市、区）政府所在地的220个城市集中式饮用水水源地223个监测断面（点位）所测项目全部达标，达标率为100%。开展监测的82个地下水国控点位中，Ⅰ类到Ⅲ类水质监测点占64.6%，Ⅳ类水质点位占比28.1%，Ⅴ类水质点位占比7.3%。

声环境。21个市（州）开展了城市区域声环境质量监测，昼间平均等效声级为54.3dB（A）。阿坝、雅安、资阳等14个市（州）城市昼间区域声环境质量状况较好，占66.7%；绵阳、广元、巴中等7个市属于一般，占 33.3%。21 个市（州）城市道路交通声环境昼间质量状况总体为好。昼间长度加权平均等效声级为 68.0dB（A），同比下降 0.4dB（A）。甘孜、眉山、遂宁等 12 个市（州）城市昼间道路交通声环境质量状况好，占 57.1%；成都、资阳、自贡等 7 个市较好，占 33.3%；巴中和攀枝花一般，占 9.5%。城市功能区声环境质量昼间、夜间达标率有所上升。

辐射环境。2021 年，全省环境电离辐射水平处于本底涨落范围内。实时连续空气吸收剂量率和累积剂量处于当地天然本底涨落范围内。空气中天然放射性核素活度浓度处于本底水平，人工放射性核素活度浓度未见异常。金沙江等流域中天然放射性核素活度浓度处于本底水平，人工放射性核素活度浓度未见异常。土壤中天然放射性核素活度浓度处于本底水平，人工放射性核素活度浓度未见异常。

第四节　云南、贵州、四川环境资源小结

云南、贵州、四川三省地质复杂、气候多样、资源丰富、生态良好，特别是水能资源、生物资源、矿产资源、旅游资源较为突出。但是，在环境资源良性发展的同时，也存在一些威胁和发展难题。

一、生态环境脆弱性威胁

我国西南地区是国家重要的生态涵养区，同时也是生态环境脆弱地区。早在 2008 年《全国生态功能区划》中，我国西南地区就被认定为重要水源涵养区，土壤保持极其重要区域以及生物多样性保护极重要区域。同时认定西南地区具有土壤侵蚀敏感性、石漠化敏感性、酸雨敏感性等生态敏感性特征。在 2015 年的《全国生态功能区划》（修编版）中，西南地区同样被认定为国家重要的生态涵养区和生态系统敏感性地区，并对一些特定区域的生态重要性进行了强化，将滇西和滇南地区等地作为我国水源涵养的较重要区域，川西高原作为土壤保持的较重要区域，认定西南喀斯特地区

是水土流失极敏感区域，并指出西南石漠化敏感区总面积为 51.6 万平方千米，主要分布在西南岩溶地区。极敏感区与高度敏感区交织分布，面积为 2.3 万平方千米，集中分布在贵州省西部、南部区域，包括毕节地区、六盘水、安顺西部、黔西南州以及遵义、铜仁地区等，广西百色、崇左、南宁交界处，云南东部文山、红河、曲靖以及昭通等地。川西南峡谷山地、大渡河下游及金沙江下游等地区也有成片分布。

　　与此相对应，对于西南地区的生态环境脆弱性，不少学者在 21 世纪初就已撰写了大量论文进行论述。提出喀斯特石漠化是中国西南最严重的生态地质环境问题，正在吞噬着中国西南喀斯特地区民众的生存空间，已经构成灾害和贫困之源。① 根据西南地区各区域生态与环境脆弱特征，确定西南生态脆弱区的类型有 5 种，即中度胁迫中度生态脆弱区、重度胁迫高度生态脆弱区、低度胁迫高度生态脆弱区、重度胁迫中度生态脆弱区、中度胁迫高度生态脆弱区。② 也有学者从云南和贵州的具体实证出发，对两省的地质、气候、经济等因素进行统计分析并做出综合评价，从而为缓解云贵两省生态环境脆弱程度的进一步恶化提出合理化建议。③ 进入新时代，在深入推进生态文明建设的背景下，西南地区的生态脆弱性，依然是许多学者研究的重要内容。如有学者采用遥感和 GIS 技术，建立评价模型，识别出全国生态脆弱区分布范围，结果显示西南湿润地区是我国生态极敏感区。④ 可见，虽然当前西南地区生态环境状况总体良好，但是其生态环境脆弱性是研究西南地区生态环境立法过程中必须考虑的重要问题，区域生态环境

　　① 王世杰. 喀斯特石漠化——中国西南最严重的生态地质环境问题 [J]. 矿物岩石地球化学通报，2003（2）：120-126.
　　② 黄成敏，艾南山，姚建，罗文锋. 西南生态脆弱区类型及其特征分析 [J]. 长江流域资源与环境，2003（5）：467-472.
　　③ 赵珂，饶懿，王丽丽，刘玉. 西南地区生态脆弱性评价研究——以云南、贵州为例 [J]. 地质灾害与环境保护，2004（2）：38-42.
　　④ 刘军会，邹长新，高吉喜，马苏，王文杰，吴坤，刘洋. 中国生态环境脆弱区范围界定 [J]. 生物多样性，2015（6）：725-732.

立法必须在遵守上位法的前提下，结合区域自然资源和生态环境实际，加大立法保护力度，对生态环境的重要作用和脆弱性作出积极而有力的回应。

二、自然资源的保护利用不足

与西南地区自然资源的丰富性相对应的是西南地区对自然资源的保护和利用仍然需要加强。一方面是生物多样性保护的威胁。西南地区气候极为复杂多样，分别有寒温性、温性、暖温性、暖热性和热性等气候类型，有"一山分四季，十里不同天"的立体气候特点，同时又受到青藏高原的影响，形成了复杂多样的自然地理环境。独特的地理环境和气候条件，使得西南地区资源丰富，生态良好，动、植物种类也异常丰富，享有"植物王国""动物王国"的美誉。[①] 生物多样性是在漫长地球生命历史中，由自然进化孕育产生。维持和保护生物多样性就是保护现有人类以及后代生存的基础，良好的生物多样性状况可以保障人类社会的长期发展、促进人类社会可持续发展。然而，生物多样性也是极其容易受到威胁的，随着人口的迅速增长，人类经济活动的不断加剧，作为人类生存最为重要的基础的生物多样性受到了严重威胁。[②] 中国科学院昆明动物研究所副所长毛炳宇曾指出，我国西南地区动物多样性主要呈现三方面特点：一是动物地理区系复杂。二是动物多样性丰富。三是特有和受威胁物种多。就当前西南地区的生物多样性保护而言，还有许多需要考虑的因素，首先，西南地区自然保护区面积占全国保护区的总面积还较低，如云南全省共有自然保护区166个，总面积287.08万公顷，占全省土地总面积的7.3%。其次，西南地区生物多样性受着人类经济活动、工业污染排放、滥用资源等方面的影响。最后，云贵川的地理环境和特色的人文环境也给保护生物多样性带来了

---

① 贾静，张树兴. 云南生物多样性的特点与保护现状 [J]. 绿色中国，2006（13）：50-54.

② 马克平，钱迎倩，王晨. 生物多样性研究的现状与发展趋势 [J]. 科技导报，1995（1）：27-30.

困难。

另一方面是能源等资源开发利用不足。如云南能源资源丰富，全省水资源总量居全国第 3 位，水能资源蕴藏量居全国第 3 位，煤炭资源居全国第 7 位，地热资源居全国之冠，太阳能资源也极其丰富，然而云南省在水能资源、煤炭资源等方面还存在保护和利用不足的问题，且地热能、太阳能、风能、生物能等能源虽有较好的开发前景，但是开发利用率还较低。贵州和四川的情况也大抵如此。贵州水资源总量居全国第 6 位，全省煤炭资源总量居全国第 5 位，煤层气（瓦斯）资源居全国第 2 位，页岩气资源位列全国第 3，但是能源资源的保护利用状况同建设成中国重要的能源基地仍有一定差距。其次，贵州水力资源丰富，但是当前还存在水资源开发利用程度低、水资源调配能力弱、水土保持生态建设任务重等问题。四川省能源资源主要以水能、煤炭和天然气为主，水能资源约占 75%，煤炭资源约占 23.5%，天然气及石油资源约占 1.5%。全省水能资源理论蕴藏量 1.43 亿千瓦，占全国的 21.2%。实践中仍然需要进一步加强水能资源的保护和利用，同时进一步开发利用太阳能、风能、地热能等资源。综合而言，三个省份自然资源保护利用还有短板和弱项，坚持生态优先、绿色发展，仍然需要加大各项工作力度。

三、生态环境状况持续提升难题

与西南地区生态环境状况良好相比，是生态环境状况仍有提升空间、生态环境区域内的不平衡以及不稳定等问题。首先是生态环境状况仍有待提升，以 2021 年的数据进行分析，云南省主要河流国控省控断面仍有劣于 V 类标准、水质重度污染的断面占比 2.8%，全省湖泊、水库水质劣于 V 类标准、水质重度污染的占比还有 6.7%。贵州全省主要河流总体水质综合评价为"优"，但纳入监测断面中，仍有 V 类水质断面占比 0.5%，劣于 V 类水质断面占比 0.9%。全省纳入监测湖（库）监测点位，V 类水质占比 4.0%。以上数据从一个侧面说明，生态环境状况良好并非没有可提升空间，实现人民群众对美好生活的向往，生态文明建设只有进行时，没有完成时。其次是生态环境的不均衡问题。三省各地生态环境状况的不均衡仍然很明显，以声环境质量为例。2021年，贵州全省9个中心城市中，遵义市、六盘水市、安顺市、毕节市、铜仁市、凯里市、都匀市、兴义市8个中心城市区域声环境质量"较好"，而贵阳市区域声环境质量"一般"。四川省各城市之间也同样存在指标不均衡问题，如阿坝、雅安、资阳等14个市（州）城市昼间区域声环境质量状况较好，占比达66.7%；绵阳、广元、巴中等7个市属于一般，占33.3%。甘孜、眉山、遂宁等12个市（州）城市昼间道路交通声环境质量状况好，占57.1%；成都、资阳、自贡等7个市较好，占33.3%；巴中和攀枝花一般，占9.5%。最后是生态环境各项指标不稳定问题。生态环境状况指标并非持续向好向上，也会出现变差回落等问题。2021年，云南省16个城市环境空气质量基本稳定，空气质量指标年平均值连续5年达到国家二级标准，然而，平均优良天数比例为98.6%，较2020年下降了0.2个百分点。129个县（区、市）城市环境空气质量总体保持良好，但是平均优良天数比例为98.6%，较2020年也下降0.4个百分点。贵州省2021年空气质量也发生了回落的情况。贵州省全省9个中心城市环境空气质量均达到国家标准二级标准，但市优良天数比例平均为98.4%，也同比下降0.8个百分点。全省88个县（市、区、特区）AQI优良天数比例平均为98.6%，同比也下降0.6个百分点。

以上充分说明，在全社会对环境保护和生态文明建设的认识不断深化，生态环境状况持续好转的同时，生态环境稳中向好的基础还不稳固。生态环境状况的持久、稳定改善，仍然需要下大力气，久久为功，必须严要求、提标准，进一步发挥生态环境立法的保驾护航作用。

第四章

云南省生态环境立法实践

第一节 云南省生态环境立法的进程及体系构成

一、云南省生态环境立法的主要进程

从改革开放 1978 年至今，云南生态环境立法可以分为三个阶段，分别是 1978 年至 2000 年间立法工作起步，2001 年至 2011 年间立法稳步发展以及 2012 年至今立法工作快速进步阶段。三个阶段无论是从立法的数量、立法内容还是立法的方式等方面，都呈现出不同的实践特点。

1978 年到 2000 年间，云南生态环境立法工作起步，立法数量相对不多，处于云南生态环境地方性法规体系的形成阶段。立法的主要内容则集中在林业保护、风景区保护、野生动物保护、矿产资源管理等方面，其中以林业保护的生态立法量最大。

2001 年至 2011 年，立法稳步发展，云南省根据国家法律法规，开展了积极有效的生态环境立法工作，立法数量持续增长，立法的领域不断扩展，立法和修法同步推进，立法质量得以提高。特点之一是以传统生态环境保护领域立法为主，不断扩展立法保护对象。生态环境立法依然以保护林业、矿产、水资源、风景名胜区、历史文化名城为主体，同时立法领域向着非传统的生态环境领域以及一些特定对象扩展，比如对鸡足山、玉龙雪山、

古树茶、沧源崖画等方面的管理和保护。二是基于对城镇环境的重视，开始加强对城镇环境的立法工作，省级层面制订了风景名胜区及名城名镇名村名街的地方性保护条例，民族自治地方如大理白族自治州、德宏傣族景颇族自治州、怒江傈僳族自治州及西盟佤族自治县等，均通过了城市管理方面的条例。

2012年至今，立法工作快速进步。云南坚定绿水青山就是金山银山的理念，加大生态环境立法力度，使立法数量极大增加，立法内容更加完善，通过立法助力生态环境保护。一方面是立法数量极大增加。新出台大量生态环境保护地方性法规，同时修法工作也加速推进；民族自治地方单行条例的制定在近10年时间里加速发展，每年都有超过5项的生态环境自治立法获得批准。另一方面是立法向深度和广度拓展。加强生态环境立法统筹，通过了《云南省生物多样性保护条例》《云南省创建生态文明建设排头兵促进条例》等，进一步落实习近平生态文明思想，加强全省在生物多样性保护和创建生态文明建设排头兵方面的工作，持续深化云南生态文明建设。持续加强自然资源领域的立法，积极推进重点领域、特定资源类立法。如省级层面制订了滇池保护和阳宗海保护的条例，对龙陵黄龙玉资源和澄江化石地世界自然遗产以条例的方式给予规定。设区的市中保山制定和顺保护条例，临沧和普洱通过了古树茶的保护条例等。单行条例对民族自治地方特有的生态环境进行立法保护方面尤为明显，如红河哈尼族彝族自治州对红河哈尼梯田的立法保护，大理白族自治州立法对洱海海西的保护，怒江傈僳族自治州针对特色畜禽资源的保护与利用加强立法，澜沧拉祜族自治县对其境内的景迈山进行法律保护，贡山独龙族怒族自治县对独龙江进行保护管理等。城乡环境管理一体推进，更加注重城乡管理、城乡环境统筹发展。如2012年通过了《云南省城乡规划条例》，为云南省城乡规划提供了法规指引。之后，昆明市制订了城市市容和环境卫生管理条例和城乡规划条例，昭通、玉溪、丽江、临沧等地都颁布了城市管理、城镇绿化、城市清洁、城乡清洁的管理条例。民族自治地方如红河哈尼族彝族自治州、迪庆藏族自治州、河口瑶族自治县、峨山彝族自治县、维西傈僳族自治县、屏边苗族自治县等地方都通过了城市管理条例。文山壮族苗族自治州、德宏傣族景颇族自治州、怒江傈僳族自治州、大理白族自治州、西双版纳傣族自治州、南涧彝族自治县、景谷傣族彝族自治县、孟连傣族拉祜族佤族自治县等都通过了关于乡村规划、乡村清洁、城乡规划建设方面的管理条例。

二、云南省生态环境立法的体系构成

根据云南省人大统计数据，截至 2021 年 8 月，省人大及其常委会制定现行有效地方性法规涉及生态环境保护的有 61 件，批准州市地方性法规涉及生态环境保护方面的 49 件，批准民族自治地方单行条例涉及生态环境保护方面的 119 件。可以发现，云南生态环境保护地方性法规体系已经形成，构建起具有鲜明地方特色和民族特色的环境保护地方性法规体系。

（一）省级层面的地方性法规

省级层面的生态环境保护地方性法规以"一核多极"的形态，实现对云南省生态环境保护各领域的全面覆盖。在 61 件涉及生态环境保护的省级地方性法规中，处于核心的是《云南省环境保护条例》，其他地方性法规还有诸如《云南省农业环境保护条例》《云南省矿产资源管理条例》《云南省林地管理条例》《云南省风景名胜区条例》《云南省森林条例》《云南省湿地保护条例》《云南省陆生野生动物保护条例》《云南省国家公园管理条例》《云南省生物多样性保护条例》《云南省土地管理条例》《云南省大气污染防治条例》《云南省创建生态文明建设排头兵促进条例》等呈现出对云南省生态环境保护某一领域的多极化管理状态。

《云南省环境保护条例》最初于 1992 年 11 月 25 日审议通过，经 1997 年及 2004 年两次修订，该条例目前正在修订过程中。现行《云南省环境保护条例》仍然为 2004 年修订的版本。共有总则、环境管理机构和职责、环境监督管理、保护和改善环境、防治环境污染和其他公害、法律责任、附则 7 章 63 条。主要规定了保护环境的职责和义务，自然资源开发利用的原则及内容，环境保护各项制度，法律责任等。作为云南省环境保护基本法规，对环境保护法治发挥重要作用。

除了《云南省环境保护条例》以外，云南省还有几十件生态环境保护方面的省级地方性法规。其中《云南省农业环境保护条例》制定于 1997年，共 25 条。从农业环境保护的范围、农业环境保护管理体制和执法主体、设立农业环境监察员、发展生态农业和开发无公害农产品以及法律责任等方面的规定，达到加强和改善云南农业生态环境保护，防治农业环境污染，促进农业生产的可持续发展的目的。

《云南省矿产资源管理条例》同样制定于 1997 年，为了加强云南省矿产资源勘查、开发的管理，保护和合理利用矿产资源，保护矿山环境，促进矿业发展，共规定了总则，矿产资源勘查，矿产资源开采，矿权的转让、出租、抵押，矿产储量审批和登记管理，法律责任，附则共 7 章 46 条。

《云南省林地管理条例》于 2010 年 7 月 30 日审议通过，2010 年 10 月 1 日起施行。条例共有 6 章 44 条，分别是总则、林地权属管理、林地使用权流转、林地保护与利用、法律责任和附则。规定了林地权属登记、林权争议的解决机制以及关于农村居民住房建设占用林地等问题。为正确处理好保护与利用的关系，规定了使用林地的单位和个人，应当保护生态，合理利用林地，以及鼓励公民、法人或者其他组织开发、利用林地，保护生态环境，促进林产业发展等条款。

《云南省风景名胜区条例》于 2011 年 9 月 30 日通过，2012 年 1 月 1 日起实施。该条例适用于云南省行政区域内各级各类风景名胜区。为严格保护、统一管理、合理开发和永续利用风景名胜资源，加快风景名胜区的建设，规定了风景名胜区是指风景名胜资源较为集中、由若干景区构成、环境优美、具有一定规模、经县级以上人民政府审定命名并划定范围、供游览、观赏或者进行科学文化活动的地区。从风景名胜区设立、规划和建设，保护和利用，监督和管理，法律责任等内容进行了规定，共有 6 章 52 条。

《云南省森林条例》于 2002 年 11 月 29 日通过，并于 2012 年及 2018 年经过两次修正。目前条例共有总则，森林经营管理，森林培育，森林保护，森林采伐和利用，木材、林产品运输管理，法律责任，附则 8 章 48 条。以保护、培育和合理利用森林资源，促进林业发展，改善生态环境为目的，对云南省行政区域内从事森林资源的保护、培育、经营管理、科学研究和开发利用等活动进行规范。

《云南省湿地保护条例》制定于 2013 年，2014 年 1 月 1 日起施行。该条例作为一部党的十八大以后制定出台的条例，是云南省加强生态文明建设的具体体现和重要举措。条例共有总则、规划和认定、保护和利用、监督和管理、法律责任和附则 6 章 41 条，进一步明确了管理体制和机制，确立了湿地的规划和认定制度，设定了湿地资源利用行政许可制度，细化了法律责任。通过突出严格保护，规范开发利用行为，为加强对湿地的保护，恢复和发挥湿地功能，促进湿地资源的可持续利用起到重要作用。

《云南省陆生野生动物保护条例》于 1996 年通过，经 2012 年及 2014 年两次修正。该条例不分章，共有 26 条，涉及立法目的、适用范围、相关概念、职能职责、行为规定、法律责任等内容，达到保护、发展以及合理利用野生动物，维护生态平衡的目的。

《云南省国家公园管理条例》是为了规范国家公园管理、保护、利用而制定的条例。自 1996 年起，云南省率先在全国开展了国家公园模式的探索，2007 年建立了普达措国家公园，2008 年，国家林业局批准云南省作为我国唯一的国家公园建设试点省，2013 年省人大常委会将云南省国家公园立法列入立法规划，条例最终于 2015 年通过。该条例共 6 章 34 条，分别为总则，设立与规划，保护与管理，利用与服务，法律责任，附则。条例的制定实施为云南省做好国家公园规划、保护、管理、利用工作，推进生态文明建设，产生重要而积极的作用。

《云南省生物多样性保护条例》以保护生物多样性，保障生态安全，实现人与自然和谐共生为目的，是全国首部保护生物多样性的地方性法规。

条例于 2018 年 9 月 21 日经云南省第十三届人大常务委员会第五次会议审议通过，2019 年 1 月 1 日起施行。条例共 7 章 40 条，分别是总则，监督管理，物种和基因多样性保护，生态系统多样性保护，公众参与和惠益共享，法律责任及附则。

《云南省土地管理条例》于 1999 年通过，经 2012 年、2014 年、2015 年、2018 年 4 次修正。共有总则，土地的所有权和使用权，土地利用总体规划，耕地保护，建设用地，监督检查，法律责任和附则 8 章，共 42 条。条例适用于云南省行政区域内使用、管理土地的单位和个人，为加强土地管理，制止乱占耕地和滥用土地，维护土地的社会主义公有制，保护土地所有者和使用者的合法权益提供法治保障。

《云南省大气污染防治条例》于 2018 年通过，2019 年 1 月 1 日施行。条例共有 6 章 52 条，第一章总则，第二章大气污染防治的监督管理，第三章大气污染防治措施，第四章重点区域大气污染联合防治和重污染天气应对，第五章法律责任，第六章附则。条例规定大气污染防治应当坚持保护优先、规划先行；源头治理、综合施策；公众参与、社会监督、损害担责的原则。明确了社会共治的理念和各级政府、部门的监管职责；从多个方面强化大气污染防治的控制措施；进一步完善了云南省大气污染防治监管体系，为防治大气污染，保持大气环境质量优良提供法治保障。

《云南省创建生态文明建设排头兵促进条例》于 2020 年 5 月 12 日云南省第十三届人大第三次会议通过，2020 年 7 月 1 日起施行。条例包括总则，规划与建设，保护与治理，促进绿色发展，促进社会参与，保障与监督，法律责任，附则共 8 章 66 条。条例是云南推进生态文明建设的综合性、统领性、倡导性、促进性的地方性法规，旨在推进生态文明建设，筑牢国家西南生态安全屏障和维护生物安全和生态安全，践行绿水青山就是金山银山的理念，推动绿色循环低碳发展，实现人与自然和谐共生及满足人民日益增长的优美生态环境需要，努力把云南建设成为全国生态文明建设排头兵、中国最美丽省份。

（二）市级地方性法规

地方层面的市级地方性法规，并非对市域生态环境保护各领域做全面的规定，而是在遵守已有省级地方性法规的基础上，对市域城市、河道、排污排水排气，文物古迹、革命遗址、风景区等几个方面的重点内容进行规定。

对城市环境的保护方面，《昆明市城市市容和环境卫生管理条例》共有6章，分别是总则，城市市容管理，环境卫生管理，环境卫生设施建设管理，其他规定以及附则。以坚持统一领导、分级负责、属地管理、社会监督与公众参与相结合的原则，力求实现加强城市市容和环境卫生管理，创建整洁、优美、文明的城市环境，保障公民身体健康，促进社会主义物质文明和精神文明建设的目的。

在文化古迹的保护方面，《曲靖市会泽历史文化名城保护条例》针对会泽历史文化名城保护面临管理机制有待加强和完善、各类破坏情况日益严重、保护宣传教育不足等问题，通过总则，保护规划，保护范围和对象，保护措施，保护利用，法律责任，附则等7章39条，构建起对名城保护的体系化法律框架。《保山市龙陵松山战役战场遗址保护条例》以20个条款，对属于全国重点文物保护单位松山战役旧址中的一部分，松山战役战场遗址予以保护。规范在松山战役战场遗址保护范围和建设控制地带内从事保护、管理、建设、生产、生活、考察、游览、祭奠等活动。

在风景名胜区保护方面，《昆明市轿子山国家级自然保护区条例》以28条内容，规定了立法目的，适用范围，保护区范围，保护对象，保护原则，保护机构及其职能，禁止性条款，生态补偿机制，法律责任等内容。《保山市和顺古镇保护条例》规定了32个条款，同样对立法目的，适用范围，保护原则，保护职能，禁止性事项和法律责任等内容进行了规定。值得注意的是，该条例规定保护范围划分为核心保护区、建设控制区、风貌协调区，实行分区保护；规定了腾冲市人民政府应当开展和顺古镇保护的宣传教育活动，每年10月30日为和顺古镇保护宣传日，以及建立和顺古镇保护名录制度，定期普查登记并向社会公布。这些条款把精细化保护管理、公众参与社会共建等现代环境保护理念融入法规中。

（三）民族地方单行条例

云南省 8 个民族自治州，29 个民族自治县都制订了大量的关于生态环境保护的单行条例，目前现行的共有 119 件，占比达到云南涉及生态环境保护条例总量的 50% 以上，在整个云南省生态环境地方性法规体系中具有非常重要的作用。

1. 民族自治州生态环境单行条例

楚雄彝族自治州制定的单行条例主要有林业管理条例、小型水利条例、恐龙化石保护条例、龙川江保护条例、青山嘴水库管理条例、元谋土林保护条例、城乡特色风貌建设条例等。

红河哈尼族彝族自治州制定的单行条例有矿产资源管理条例、林业管理条例、建水历史文化名城保护管理条例、个旧金湖管理条例、蒙自五里冲水库保护管理条例、水资源管理条例、哈尼梯田保护管理条例、历史风貌街区和风貌建筑保护条例、建水燕子洞风景区保护管理条例、异龙湖保护管理条例等。

文山壮族苗族自治州制定的单行条例有林业管理条例、水资源管理条例、广南历史文化名城保护条例、矿产资源管理条例、村庄规划建设管理条例、普者黑景区保护管理条例、广南坝美旅游区管理条例、文山国家级自然保护区管理条例、森林和野生动物类型自然保护区管理条例等。

西双版纳傣族自治州制定的单行条例有森林资源保护条例、城镇市容和环境卫生管理条例、野生动物保护条例、环境保护条例、民族传统建筑保护条例、古树茶保护条例、天然橡胶管理条例、澜沧江流域保护条例、自然保护区管理条例等。

大理白族自治州制定的单行条例有大理风景名胜区管理条例、鸡足山管理区条例、大理历史文化名城保护条例、旅游条例、湿地保护条例、洱海海西保护条例、水资源保护管理条例、乡村清洁条例、洱海保护管理条例、苍山保护管理条例等。

德宏傣族景颇族自治州制定的单行条例有饮水用水源保护条例、乡村清洁条例、城市建设管理条例、旅游条例、村庄规划建设管理条例等。

怒江傈僳族自治州制定的单行条例有林业管理条例、水资源保护与开发条例、矿产资源管理条例、特色畜禽资源保护与利用条例、城乡环境卫生管理条例等。

迪庆藏族自治州制定的单行条例有独克宗古城保护条例、草原管理条例、香格里拉普达措国家公园保护管理条例、水资源保护管理条例、白马雪山国家级自然保护区管理条例等。

2. 民族自治县生态环境单行条例

通过对国家法律法规数据库的整理研究，云南各民族自治县充分发挥自治立法权，根据自治地方实际情况，对自然资源保护、文化资源保护、城市建设、风景名胜区保护与管理等方面，制定了大量单行条例，主要情况见表2。

表1　云南民族自治地方生态环境单行条例列表

自治县	单行条例
石林彝族自治县	《云南省石林彝族自治县石林喀斯特世界自然遗产地保护条例》
禄劝彝族苗族自治县	《云南省禄劝彝族苗族自治县文化遗产保护条例》
峨山彝族自治县	《云南省峨山彝族自治县城市管理条例》
新平彝族傣族自治县	《云南省新平彝族傣族自治县矿产资源开发利用和矿山地质环境保护条例》 《云南省新平彝族傣族自治县水资源条例》 《云南省新平彝族傣族自治县城乡规划建设管理条例》

续表

自治县	单行条例
元江哈尼族彝族傣族自治县	《云南省元江哈尼族彝族傣族自治县水工程和河道管理条例》 《云南省元江哈尼族彝族傣族自治县文化遗产保护条例》
屏边苗族自治县	《云南省屏边苗族自治县城市管理条例》
金平苗族瑶族傣族自治县	《云南省金平苗族瑶族傣族自治县那兰水库保护管理条例》 《云南省金平苗族瑶族傣族自治县城镇管理条例》 《云南省金平苗族瑶族傣族自治县马鞍底蝴蝶谷保护管理条例》
河口瑶族自治县	《云南省河口瑶族自治县城市管理条例》
宁洱哈尼族彝族自治县	《云南省宁洱哈尼族彝族自治县林业管理条例》
墨江哈尼族自治县	《云南省墨江哈尼族自治县水资源保护管理条例》 《云南省墨江哈尼族自治县文化遗产保护条例》
景东彝族自治县	《云南省景东彝族自治县林业管理条例》 《云南省景东彝族自治县城镇建设管理条例》 《云南省景东彝族自治县环境保护条例》 《云南省景东彝族自治县水资源条例》 《云南省景东彝族自治县文化遗产保护条例》 《云南省景东彝族自治县无量山哀牢山保护管理条例》
景谷傣族彝族自治县	《云南省景谷傣族彝族自治县林业管理条例》 《云南省景谷傣族彝族自治县环境污染防治条例》 《云南省景谷傣族彝族自治县水资源管理条例》 《云南省景谷傣族彝族自治县城乡规划建设管理条例》
镇沅彝族哈尼族拉祜族自治县	《云南省镇沅彝族哈尼族拉祜族自治县林业管理条例》 《云南省镇沅彝族哈尼族拉祜族自治县水资源条例》 《云南省镇沅彝族哈尼族拉祜族自治县城镇规划建设管理条例》
江城哈尼族彝族自治县	《云南省江城哈尼族彝族自治县水资源条例》

续表

自治县	单行条例
孟连傣族拉祜族佤族自治县	《云南省孟连傣族拉祜族佤族自治县娜允傣族历史文化名镇保护管理条例》 《云南省孟连傣族拉祜族佤族自治县林业发展条例》 《云南省孟连傣族拉祜族佤族自治县城乡规划建设管理条例》
澜沧拉祜族自治县	《云南省澜沧拉祜族自治县林业发展条例》 《云南省澜沧拉祜族自治县矿产资源管理条例》 《云南省澜沧拉祜族自治县环境污染防治条例》 《云南省澜沧拉祜族自治县古茶树保护条例》 《云南省澜沧拉祜族自治县景迈山保护条例》 《云南省澜沧拉祜族自治县水资源保护管理条例》
西盟佤族自治县	《云南省西盟佤族自治县矿产资源管理条例》 《云南省西盟佤族自治县林业管理条例》 《云南省西盟佤族自治县勐梭龙潭保护区管理条例》 《云南省西盟佤族自治县城镇建设管理条例》 《云南省西盟佤族自治县文化遗产保护条例》
漾濞彝族自治县	《云南省漾濞彝族自治县林业管理条例》 《云南省漾濞彝族自治县石门关风景名胜区管理条例》 《云南省漾濞彝族自治县历史文化名城保护管理条例》 《云南省漾濞彝族自治县城乡规划建设管理条例》
南涧彝族自治县	《云南省南涧彝族自治县林业管理条例》 《云南省南涧彝族自治县城乡规划建设管理条例》
巍山彝族回族自治县	《云南省巍山彝族回族自治县林业管理条例》 《云南省巍山彝族回族自治县红河源保护管理条例》 《云南省巍山彝族回族自治县历史文化名城保护管理条例》

续表

自治县	单行条例
玉龙纳西族自治县	《云南省玉龙纳西族自治县玉龙雪山保护管理条例》 《云南省玉龙纳西族自治县水资源保护管理条例》 《云南省玉龙纳西族自治县矿产资源保护管理条例》 《云南省玉龙纳西族自治县林业管理条例》 《云南省玉龙纳西族自治县拉市海高原湿地保护管理条例》
宁蒗彝族自治县	《云南省宁蒗彝族自治县林业管理条例》
贡山独龙族怒族自治县	《云南省贡山独龙族怒族自治县独龙江保护管理条例》
兰坪白族普米族自治县	《云南省兰坪白族普米族自治县丰坪水库保护管理条例》 《云南省兰坪白族普米族自治县文化遗产保护条例》
维西傈僳族自治县	《云南省维西傈僳族自治县水资源管理条例》 《云南省维西傈僳族自治县城市管理条例》
双江拉祜族佤族布朗族傣族自治县	《云南省双江拉祜族佤族布朗族傣族自治县古茶树保护管理条例》 《云南省双江拉祜族佤族布朗族傣族自治县南勐河流域保护管理条例》
耿马傣族佤族自治县	《云南省耿马傣族佤族自治县森林保护和管理条例》
沧源佤族自治县	《云南省沧源佤族自治县林业管理条例》 《云南省沧源佤族自治县沧源崖画保护条例》

（四）民族地方自治条例

目前，云南省民族自治地方共制定自治条例37件，每件自治条例都有关于生态环境保护的条款及内容，因此笔者认为，也应该将民族自治地方自治条例列入云南生态环境地方性法规体系中。

如《云南省楚雄彝族自治州自治条例》规定："自治州的自治机关依法保护森林，制定林业发展规划，加强植树造林，提高森林覆盖率。""自治州的自治机关依法保护、开发和管理水资源，防治水土流失和水污染，推行计划用水、节约用水，加强对水利工程的管理和保护。""自治州的自治机关依法保护和管理矿产资源，矿产资源的开发实行有偿使用。开采矿产资源必须保护生态环境，坚持谁开采、谁治理的原则。"

《云南省大理白族自治州自治条例》规定："自治州的自治机关贯彻十分珍惜、合理利用土地和保护耕地的基本国策。全面规划，严格管理，保护和开发土地资源。加强基本农田保护，禁止乱占耕地和滥用土地。严格审批和控制城乡建设用地。""自治州的自治机关充分发挥水资源的多种功能，开发利用水面资源，发展渔业规模化生产及特色水产品养殖。严禁炸鱼、毒鱼、电鱼等破坏水产资源的行为。"

《云南省迪庆藏族自治州自治条例》规定："自治州的自治机关加强生态环境的保护与建设，设立生态保护与建设示范区，有效保护自治州境内金沙江、澜沧江流域的生态环境，实现人口、资源和环境的协调发展。""任何组织和个人在自治州开发资源和进行建设时，应当采取有效措施，维护原生态植被，保护和改善当地的生活环境和生态环境，防治污染和其他公害。"

《云南省西双版纳傣族自治州自治条例》把"自治州的生态建设"专门设置为一章，对自治机关建设生态州、保护生态环境和促进循环经济进行了原则性规定，同时，对发展生态农业，加强对森林资源的保护管理，严格保护热带雨林生态系统，加强对野生动物植物的保护，防止水土流失，建立生态补偿机制等内容进行了规定。

（五）规范性文件

规范性文件在特定行政区域或是管理范围内具有普遍约束力，广义而言，规范性文件也属于法律的范畴。云南省针对生态环境保护，也制定了许多规范性文件，对有效防治污染、加强资源保护和生态系统修复发挥了重要作用。

针对生物多样性保护，云南省出台了一系列规范性文件。主要有：《云南生物多样性保护工程规划（2007—2020 年）》《滇西北生物多样性保护规划纲要（2008—2020 年）》《云南省生物物种资源保护与利用规划纲要（2011—2020 年）》《云南省极小种群物种拯救保护规划纲要（2010—2020 年）》《云南省实施生物多样性保护重大工程方案（2016—2020 年）》《云南省生物多样性保护优先区域规划（2017—2030 年）》《云南省生物多样性保护战略与行动计划（2012—2030 年）》等。

党的十八大以来，全省生态环境保护和生态文明建设有力推进，在出台相关地方性法规的同时，地方规范性文件的制定也随即跟进。制定出台《中共云南省委、云南省人民政府关于争当全国生态文明建设排头兵的决定》《中共云南省委、云南省人民政府关于努力成为生态文明建设排头兵的实施意见》《中共云南省委、云南省人民政府关于贯彻落实生态文明体制改革总体方案的实施意见》《中共云南省委、云南省人民政府关于全面加强生态环境保护坚决打好污染防治攻坚战的实施意见》《中共云南省委办公厅 云南省人民政府办公厅关于努力将云南建设成为中国最美丽省份的指导意见》等重要配套文件制度。

从规范省内各级党委、政府和各有关环境保护部门的职责任务出发，2016 年 8 月，中共云南省委办公厅、云南省人民政府办公厅出台《各级党委、政府及有关部门环境保护工作责任规定》（试行），该规定细化了各级党委、政府及有关部门的责任，构建起了考核和问责等机制。为加强全省环境保护督察工作，2020 年 12 月，中共云南省委办公厅、云南省人民政府办公厅发布《云南省生态环境保护督察实施办法》，该办法规定了云南省生态环境保护督察制度框架、程序规范、权限责任、结果运用等内容，对依法推动环境保护督察向纵深发展有重要意义。

第二节　云南省生态环境保护综合性法规评析

云南省通过完善生态环境保护省级地方性法规、州市地方性法规、单行条例等方式，不断织牢了生态环境保护的制度笼子，充分发挥地方性法规对国家法律的细化、补充作用，保护云南绿水青山的法治保障作用更加凸显，以下对两部云南省生态环境保护综合性法规进行具体评析。

一、《云南省创建生态文明建设排头兵促进条例》及实施细则

2015 年 1 月，习近平总书记到云南考察，要求云南努力成为我国民族团结进步示范区、生态文明建设排头兵、面向南亚东南亚辐射中心，为云南的发展明确了新的定位、赋予了新的使命。为进一步以立法的方式保障生态文明排头兵建设，制定出台一部全省生态文明建设领域全面、综合、系统的地方性法规迫在眉睫。2019 年，《云南省创建生态文明建设排头兵促进条例》（以下简称《条例》）制定工作被列入省人大常委会的年度立法计划，省政府把开展《条例》立法作为生态文明制度建设的一项主要任务来抓。在起草过程中，省人大环资委、法制委、常委会法工委、省发展改革委、省司法厅通力协作，先后开展了资料收集、文献查阅、草案起草、实地调研和咨询论证等大量工作。各州（市）县、省内外各有关科研院所、大专院校、专家学者和社会公众也为《条例》草案的修改提出了许多意见和建议。《条例》从起草到审议通过，历时一年多，2020 年 5 月 12 日经云南省第十三届人大第三次会议通过，自 2020 年 7 月 1 日起施行。

《条例》共有总则、规划与建设、保护与治理、促进绿色发展、促进社会参与、保障与监督、法律责任、附则 8 个章节，共 66 条。其中"总则"章共有 7 条，分别规定了《条例》制定的目的、适用范围、生态文明建设排头兵的定义、生态文明建设的原则等内容。"规划和建设"章共有 6 条，主要规定了各级政府的职责任务等。"保护和治理"章共有 19 条，围绕生态环境的保护和治理两个方面，进行了具体的规定。"促进绿色发展"章共有 14 条，围绕绿色发展，以法律的形式规定了发展各环节必须遵循的绿色原则。"促进社会参与"章共有 4 条，主要规定了全社会参与生态文明建设的机制及相关义务。"保障与监督"章共有 11 条，通过多种维度保

障和多种方式监督，保障生态文明建设扎实推进。"法律责任"章共有 3 条，规定了违反条例规定所应承担的法律责任。"附则"章有 2 条，规定了制定实施细则的要求以及条例的生效时间。

作为全省生态文明建设的综合性法规，该条例的内容重点突出了以下三个方面的特点：一是全面性，目前国家没有开展生态文明建设的统一立法，但涉及生态文明建设工作的专项立法很多。条例没有过多重复相关法律法规的具体规定，而是力求实现对云南省生态文明建设各项工作的全覆盖，重点突出相关工作的整体推进和相互协调，在充分发挥立法引领保障作用的同时，较好地衔接了现行法律法规，并为今后的单项立法留出了空间。二是延续性，在明确"努力成为生态文明建设排头兵"的战略定位之后，云南省已经出台了《中共云南省委 云南省人民政府关于努力成为生态文明建设排头兵的实施意见》《云南省生态文明建设排头兵规划（2016—2020 年）》等大量具体政策措施。条例在结合省委、省政府最新要求的基础上，重在将这些政策措施法治化，实现立法对政策的上升和延续。三是促进性，条例充分体现"促进条例"的特点，定位为指导性、引领性法规，不是规范某一单项领域的实施性立法，内容上多为宣言性、倡导性、原则性的条款，以达到统筹和引领对生态文明建设的立法目的。

《条例》实施以来，云南省切实抓好《条例》的学习和宣传活动，无论是政府部门还是社会群众，对《条例》的认知度都较高，一定程度上促进了全社会的自觉遵法行为。《条例》贯彻实施总体进展良好，各项制度能够得到有效执行，各级政府及各有关部门能够履行《条例》规定的生态环境保护职责和义务，促进经济绿色转型、绿色发展。生态文明建设社会参与度不断增强，共建共治共享的生态环境保护大格局逐渐形成。

另外，为进一步贯彻落实《条例》，并执行《条例》第 65 条"省人民政府应当根据本条例制定实施细则"的相关规定，云南省启动了《云南省创建生态文明建设排头兵促进条例实施细则》的制定工作，通过确定牵头部门，专家参与，并通过走访调研，征求意见、风险评估等工作步骤，

2021 年 7 月 12 日，《条例细则》经省人民政府第 115 次常务会议审议通过，并于 2021 年 8 月 12 日云南省人民政府印发。《条例细则》共有 24 条，围绕云南生态文明排头兵建设，对规划管控、保护与治理、推进绿色发展、促进社会参与、加强保障与监督等方面工作进一步细化、实化，为云南省努力成为生态文明建设排头兵提供有力支撑和保障。

二、《云南省环境保护条例》

基于对云南省环境保护的需要，1992 年 11 月 25 日，云南省第七届人民代表大会常务委员会第二十七次会议了通过《云南省环境保护条例》，之后，该条例于 1997 年 12 月 3 日以及 2004 年 6 月 29 日的二次修正，于 2004 年 7 月 1 日起施行。

该条例共有 7 章 63 条，其中第一章"总则"为第 1 至 10 条，规定了立法目的、环境的定义、适用范围、保护环境的职责和义务等。第二章"环境管理机构和职责"为第 11 至 15 条，分别具体规定了云南省人民政府环境保护行政主管部门，自治州、市、县人民政府和地区行政公署的环境行政主管部门，乡、镇人民政府，各级公安、渔政等管理部门，县级以上人民政府的土地、矿产、林业、农业、水利行政主管部门以及各企业、事业单位的环境保护职责。第三章"环境监督管理"为第 17 至 24 条，规定了各级人民政府的环境保护目标责任制和责任追究制度，人大监督制度，城市功能区划布局，地方环境标准制定，环境监测制度，定期发布环境状况公报，设立环境监理员，开展现场检查等内容。第四章"保护和改善环境"为第 25 至 32 条，规定了自然资源开发利用的"谁开发谁保护，谁破坏谁恢复，谁利用谁补偿"原则，污染物排放限制治理等内容，同时对较为特殊的自然资源进行了重点规定，如第 28 条规定了对九大高原湖泊重点水体的保护。第 29 条规定加强饮用水源保护，第 30 条规定保护农业生态环境，第 31 条规定了对生物多样性的保护和合理利用等。第五章"防治环境污染和其他公害"为第 33 至 52 条，规定了必须建立健全环境保护责任制度，对污染物实行集中控制和治理，实行排污许可证制度，环境影响评价制度，"三同时"制度，排污费的征收和管理，加强城镇噪声和振动的管理，防治放射性环境污染，禁止污染转移制度等规定。第六章"法律责任"为第53至61条，规定了违反该条例所要承担的法律责任。第七章"附则"为第62至63条，规定了条例的解释和实施等问题。可以看出，《云南环境保护条例》对于保护云南生态环境起到了非常重要的作用，从总的原则到各部门的职责和具体工作，再到自然资源的各项管理制度，最后到法律责任，构建起了以地方性法规保护生态环境的基本屏障。

该条例自实施以来，对云南省强化污染防治，改善生态环境等方面提供了法律支撑，对于统筹经济社会发展，保障人民群众的环境权，促进云南省生态文明排头兵建设方面发挥了重要作用。但是，此条例于2004年以后还未修订，实施时间已有10余年，在此期间，我国生态文明建设步伐加快，该条例已经具有了明显的滞后性，新思想新制度新做法没有在法规中得到体现。比如，对生态补偿制度、生态红线制度、按日计罚制度没有进行规定；环境监测制度、环境影响评价制度、"三同时"制度等仍需要完善。

但值得高兴的是，《云南省环境保护条例》目前正在修订过程中，2019年《云南省环境保护条例》（修订草案征求意见稿）印发，征求社会意见。在征求意见稿中，条例分7章79条。从分章来看，为了更好地保护生态环境，促进生态环境保护全民参与全民共享，增加了"信息公开与公众参与"一章，同时将现行条例中的第二章和第三章合并为"监督管理"一章内容。从具体条文看，增加了许多新的原则、新的制度、新的内容，比如增加了推进生态文明建设的立法目的，确立了"保护优先、预防为主、综合治理、公众参与、损害担责"的原则，增加了加强环境保护宣传教育，支持环境保护科学技术、信息化建设，制定行政功能区划，建立环境资源承载能力监测预警机制，加强先进监测手段的应用等方面的规定。另外，就制度方面，对环境保护税征收管理、环境信用评价制度、跨区域联合防治协调机制、环境与健康风险评估制度、生态环境损害赔偿制度等一系列制度设计进行了详细规定。可以想见，《云南省环境保护条例》新修订出台后，将为云南省生态环境保护提供更加强有力的法律保障。

第三节　云南省生态环境立法成绩、经验及不足

云南历来重视生态环境保护和生态环境保护立法，特别是在党的十八大以来，以习近平同志为核心的党中央高度重视生态文明建设，把"生态文明"写入宪法，确立了习近平生态文明思想，为生态文明建设提供了理论指导和行动指引。云南牢记习近平总书记殷殷嘱托，切实把生态文明建设摆在全局工作的突出位置，坚定不移走绿色发展道路，将生态环境保护立法作为一项极其重要的工作，生态环境保护法规体系不断完善，生态环境立法经验得到不断总结，生态环境保护成效明显。

一、云南省生态环境立法主要成绩

云南省坚持立法引领推动改革的思路，坚持立法先行，注重发挥法律在生态文明建设中的引领和推动作用，把生态环境保护法治建设提高到前所未有的高度。省级层面的生态环境保护地方性法规不断完善，全省16个州（市）根据自身立法权限对环境保护等方面事项制定地方性法规，8个自治州和29个自治县则依法行使民族自治地方立法权，制定适用于本地区的自治条例和单行条例，以保护地方生态环境。总体而言，云南生态环境立法无论是从生态环境立法数量、立法涵盖内容，还是从立法的典型性等方面，都取得了较大的成绩。

从生态环境立法数量上看。涉及生态环境保护的现行省级地方性法规有61件、州市地方性法规49件、民族自治地方单行条例119件，分别占比省级地方性法规、州市地方性法规和单行条例的27%、37%和64%，可以表明，云南生态环境立法数量较大，且占比较重。另外，2018年以来，

省级地方性法规、州市地方性法规、民族自治地方单行条例分别有 23 件、25 件和 7 件。

从生态环境立法的涵盖内容看。省人大及其常委会针对生态环境保护制定修改了大量的地方性法规，各州（市）和各民族自治地区也对辖区内生态环境保护制定了大量的地方性法规和单行条例。这些地方性法规和单行条例涵盖了空气、水、土壤、森林、湿地、湖泊、生物多样性保护等诸多方面，涉及自然资源保护、环境污染防治、绿色产业发展等，基本实现了与国家法律、行政法规相配套，具有云南生态文明建设和生态环境保护特色，为保护云南的蓝天碧水净土、建设中国最美丽省份、努力成为生态文明建设排头兵提供了有力法治保障。[①]

从生态环境立法典型性方面看。2018 年审议通过《云南省生物多样性保护条例》，这是我国生物多样性保护的第一部地方性法规，对健全我国生物多样性保护法规体系具有积极促进作用。2019 年审议通过的《云南省气候资源保护和开发利用条例》，是云南省第一部规范气候资源的保护和开发利用的地方性法规。2020 年全省全面完成九大高原湖泊"一湖一条例"制定修订工作，助推实现"九湖清、云南兴"，为将云南九大高原湖泊保护提供了最严厉的法治保障。修订后的九大高原湖泊保护条例进一步体现了"保护优先、不欠新账、多还旧账"的原则，管理机构及职责更加明确，保护措施和监督管理更加严格。相关部门根据新修订的法规，多举措加大高原湖泊保护治理力度，形成了协同共抓九大高原湖泊保护治理的良好局面，保护治理工作取得初步成效，湖泊水体质量总体稳中向好。2020 年审议通过的《云南省创建生态文明建设排头兵促进条例》，是云南省生态文明建设领域首部全面、综合、系统的地方性法规，为将云南建设成为全国生态文明建设排头兵、中国最美丽省份提供法治保障。2021 年审议通过《云南省人民代表大会常务委员会关于加强赤水河流域共同保护的

---

① 杜仲莹，颜宁. 法治建设护航云南生物多样性保护 [N]. 昆明日报，2021-09-18.

决定》以及《云南省赤水河流域保护条例》，该地方性法规是我国首个地方流域共同立法，开启了云南、贵州、四川三省共同保护赤水河流域工作的新局面。

二、云南省生态环境立法取得的经验

云南始终坚持以习近平新时代中国特色社会主义思想为指导，特别是习近平生态文明思想及习近平法治思想指导生态环境立法工作，把习近平总书记考察云南重要讲话精神落实到具体措施中。在云南省全部立法项目中，生态环境保护方面的立法占到三分之一，高质量的特色生态环境保护立法为云南努力建设全国生态文明建设排头兵奠定了坚实的基础，经过多年的不断努力，可以说云南生态环境立法取得了较多的经验。

（一）提高政治站位，坚持党对生态文明立法工作的统一领导

一是全面贯彻落实省委《关于加强党委领导地方立法工作的意见》。云南省立法工作认真落实省委省政府决策部署，围绕促进高质量跨越式发展、加快推进生态文明建设排头兵建设有关工作，将党的路线方针政策贯彻落实到生态文明立法全过程和各方面，不断增强坚持党的领导的思想自觉和行动自觉。从立法计划的编制，到具体立法项目的实施，以及立法草案的起草等，都做到自觉同习近平生态文明思想对标对表，同党中央决策部署对标对表，同党的基本理论、基本路线、基本方略对标对表，用立法助推省委贯彻落实党中央大政方针的决策部署落实到位。二是严格落实立法工作向省委请示报告制度。省人大严格落实包括生态环境立法在内的立法工作向省委请示报告制度，具体而言，凡属于生态环境立法重大事项，立法涉及的重大体制、重大政策调整以及立法中的重大问题，省人大常委会均严格按要求就及时向省委进行请示报告。近年来，省人大常委会立法工作计划和省政府立法工作计划都严格按程序向省委请示汇报，由省委常委会议审议通过才印发执行。在开展生态环境保护立法项目，特别是如创建生态文明建设排头兵促进条例等重要法规的立法活动中，省人大常委会

及有关部门按时限要求、报批程序及时向省委进行请示报告，按省委的要求及时修改完善并按法定程序开展各项工作，确保了立法工作的正确政治方向。

（二）紧扣"三个定位"，立法工作迈出新步伐

云南省立法工作紧扣习近平总书记2015年考察云南时提出的三个发展定位，把加强民族团结进步示范区、生态文明建设排头兵、面向南亚东南亚辐射中心建设法治保障放在突出位置，不断提高立法质量和效率，以良法促进发展、保障善治。尤其是在加强生态文明建设排头兵法治保障方面，云南省迈出了坚实的步伐。聚焦生态文明建设排头兵建设，制定出台《云南省创建生态文明建设排头兵促进条例》《云南省气候资源保护和开发利用条例》等地方性法规，制定、修改了湿地保护条例、抚仙湖保护条例、滇池保护条例、水土保持条例、国家公园管理条例、林木种子条例、澄江化石地世界自然遗产保护条例等法规。《云南省人民代表大会常务委员会关于加强检察机关公益诉讼工作的决定》有效施行，对于加强生态环境资源保护起到了重要的推动作用。批准制定和修订大理州洱海保护管理条例等一批单行条例。

（三）不断完善立法工作体制机制

第一，新形势下的地方立法模式的创新。基于泸沽湖保护条例跨区域协同立法的实践探索，和四川、贵州人大常委会联动，积极探索以共同立法的方式制定赤水河流域保护条例。指导曲靖市与广西、贵州相关州市共同研究协同立法，制定好跨行政区域的万峰湖保护条例，推动河流湖泊保护的共治共管。

第二，不断健全立法机制体制。积极完善五级人大代表参与法规审议的机制。相关法规草案除了征求各有关部门、管理相对人、专家学者、基层立法联系点和社会各方面意见外，充分发挥五级人大代表在立法中的作用。认真落实《关于统筹协调省、州（市）、自治县立法工作的意见》，强化省、州（市）、自治县立法工作的统筹协调，避免重复立法、浪费有限

的立法资源，全面提升云南省立法工作的整体效能。按照《关于健全协调机制改进立法工作的若干规定》，加强了与政府有关部门的沟通联系，相互协调配合推进立法工作。深入推进"早介入、紧跟进、抓重点、先审查"的工作制度。对州市地方性法规、民族自治地方单行条例坚持提前介入，深入实地调研和加强沟通，把问题解决在州市审议通过及报批前。

第三，根据《省人大常委会党组关于加强州市立法工作的意见》，明确省人大常委会指导和帮助自治州、设区的市和自治县依法行使立法权的职责，制定《关于增强地方立法特色加强重点领域立法提高立法质量的意见》，保障和推进云南省生态环境保护地方立法工作健康有序开展。[①]

（四）改进工作方法，提高立法质量

探索立法工作规律。先后制定、修改了地方性法规审议时限规定、立法技术规范、各委员会审议地方性法规工作程序规定、地方性法规立项办法、立法评估办法、地方性法规清理办法、规范性文件备案审查程序规定等规范性文件，推进立法工作各个环节的规范化、制度化。认真编制立法规划。在立法选项上严格把关，列入年度立法计划的项目，坚持必要性突出、针对性较强、成熟度较高、意见较统一的原则，精简立法项目数量。完善工作机制。如建立工作协调机制，定期召开立法协调会，对立法的进度以及立法进程中遇到的重大情况进行沟通协调。加强责任落实，分解细化立法计划，严格责任部门、责任人，明确时间表、任务书。加强立法调研，把调研工作安排在法规草案起草、一审、二审、立法后等重要时间节点和工作环节，以问题为导向，进行常规调研和重点调研相结合的方式，提高立法质量，检验法规实施效果。[②]

三、云南省生态环境立法的不足

总体而言，云南地方生态环境立法着力构建完备的地方性法规体系，

---

① 瞿姝宁. 推进科学立法 护航改革发展 [N]. 云南日报, 2017-11-07.
② 吴怡. 为善治奠定良法根基 [N]. 云南法制报, 2019-07-31.

为生态环境保护保驾护航，取得了许多成绩，然而，还存在立法不均衡和立法质量不高的问题。

立法不均衡方面。无论是省级、州市级立法，还是民族地方立法，仍以自然资源保护和污染防治立法为主，循环经济、能源资源等方面的立法还较少；各州市和民族地方立法也不均衡，有的州市和民族地方立法项目较多，涵盖范围较广；有的州市和民族地方则存在立法项目较少，较多环保领域立法还未纳入等问题。

立法质量不高方面。一方面是有的地方生态环境保护条例修订更新不及时、缺乏整体生态系统立法意识等。另一方面是云南在立法技术和立法质量方面还比较低。比如立法不协调、不一致，立法的针对性、可操作性还不够强；有些法律法规过于笼统，原则性大于技术性，内容不够精细完备等，导致实施效果有待进一步提升。因此还应进一步加强立法工作的科学性、民主性、合法性，进一步解决立法中的协调性、效率性、体制机制性等问题。

第五章

贵州省生态环境立法实践

党的十八大以来，生态环境的保护和修复工作被提升到了前所未有的高度，贵州省委、省政府高度重视生态文明建设，对生态文明建设进行了全面部署，统筹推进。在生态文明理念的实践中同步推动新型工业化、信息化、城镇化和农业现代化，实现了生态文明理念下的"加速发展、加快转型、推动跨越"，生态优先、绿色发展正在成为多彩贵州的主旋律。用最严格制度最严密法治保护生态环境，紧紧围绕全省工作大局和流域、区域生态环境安全，突出生态领域立法，扎实推进立法工作，为全省生态文明建设提供了法治保障。

第一节 贵州省生态环境立法体系构成

贵州省的生态环境立法经历了从改革开放之初的经济不发达、资源压力较小、生态环境立法较少，到新时代经济不断发展、生态立法保护意识逐步提升、生态环境立法显著增加的跨越。从 20 世纪 80 年代初至 2021 年，贵州省根据地方发展和立法需求，不断推进生态环境地方性法规的立改废等工作。从填补生态立法空白，再到生态环境立法数量大幅增加，立法内容不断细化，范围不断扩大，已实现重视立法数量到重视立法质量的转变。根据贵州省人大统计数据，截至 2021 年 7 月，全省共制定出台了涉及生态环境保护的地方性法规 128 件，占全省现行有效法规总数的 28.6%，其中，省本级 53 件，设区的市 28 件，民族自治地方单行条例 47 件，贵州省构建起了生态环境保护的法规体系。

一、省级地方性法规

省级地方性法规在生态环境保护方面呈现出有核心法规、重点法规和各领域覆盖的形态。就核心法规而言，《贵州省生态环境保护条例》以及《贵州省生态文明建设促进条例》处于贵州省生态环境保护省级地方性法规的核心地位。重点法规方面，比如突出水环境保护的《贵州省水资源保护条例》《贵州省夜郎湖水资源环境保护条例》《贵州省红枫湖百花湖水资源环境保护条例》《贵州省湿地保护条例》《贵州省赤水河流域保护条例》等。其他省级地方性法规还有保护自然资源、风景名胜区等多个方面，比如《贵州省土地管理条例》《贵州省矿产资源条例》《贵州省林地管理条例》《贵州省古树名木大树保护条例》《贵州省古茶树保护条例》《贵州省气候资源开发利用和保护条例》《贵州省固体废物污染环境防治条例》《贵州省风景名胜区条例》《贵州省森林公园管理条例》等，在生态环境保护方面发挥了重要作用，具体情况见表 3。

《贵州省生态环境保护条例》前称为《贵州省环境保护条例》，2009 年 3 月 26 日通过，于 2019 年修订并实施，2009 年《贵州省环境保护条例》废止。《贵州省生态环境保护条例》共 7 章 67 条，其中，第一章"总则"部分有 8 条，规定了立法目的、立法适用范围、职责和义务等。第二章"监督管理"从第 9 至 27 条，具体规定了目标责任制和考核评价制度，生态环境管理信息化建设，规定了各级人民政府的环境保护目标责任制和责任追究制度，人大监督制度，城市功能区划布局，地方环境标准制定，环境监测制度，定期发布环境状况公报，设立环境监理员，开展现场检查等内容。第三章"保护和改善生态环境"从第 28 至 36 条，确定生态保护红线、生态环境质量底线、资源利用上线，制定实施生态环境准入清单，构建生态环境分区管控体系等内容。对农村环境做了规定，如第 36 条规定了县级以上人民政府是加强农村环境监督管理能力建设，推进农村环境综合整治的主体。主要任务是加强农村水环境治理和农村饮用水水源保护，实施农村生态清洁小流域建设。第 31 条还规定了对生物多样性的保护和合理利用等。第四章"防治环境污染"从第 37 至 47 条，规定了排放污染物的企业事业单位和其他生产经营者应当履行的义务，规定了建设项目中防治污染的设施应当与主体工程同时设计、同时施工、同时投产使用的"三同时"制度，加强生态环境风险管理等。第五章"信息公开和公众参与"从第 48 至 61 条，规定了县级以上人民政府生态环境主管部门和其他负有生态环境保护监督管理职责的部门应当主动公开的政府生态环境信息内容，重点排污单位应当公开的生态环境信息内容。第六章"法律责任"从第 62 至 66 条，规定了按日连续处罚，各级人民政府及其生态环境主管部门和其他负有生态环境保护监督管理职责的部门违法行为处罚类别。第七章"附则"为第 67 条，规定了条例实施时间和旧条例的废止。①

　　与《贵州省生态环境保护条例》相伴的还有类似生态环境保护方面的省级地方性法规。例如，《贵州省水资源保护条例》2016 年 11 月 24 日通过，2017 年 1 月 1 日起施行，2021 年 11 月 26 日修正。该条例共 8 章 41条，从水资源保护的范围，管理体制和管理主体，在主体方面具体明确，规定县级以上人民政府发展改革、生态环境、住房和城乡建设、工业和信息化、交通运输、自然资源、农业农村、林业等有关部门按照职责分工，负责本行政区域内水资源保护、节约、开发和利用的有关工作。同时规定保护规划的内容和职责，以及取用水、地表水和地下水的管理，水生态保护与修复等内容，并明确了法律责任。

　　《贵州省湿地保护条例》制定于 2015 年，自 2016 年 1 月 1 日起施行。该条例对加强湿地保护，维护湿地生态系统功能和生物多样性，促进湿地

---

① 贵州省生态环境保护条例 ［N］. 贵州日报，2019-06-04.

资源可持续利用方面起到了积极作用。条例共 5 章 35 条，具体规定了湿地规划、保护利用、监督管理、法律责任等内容。

《贵州省古树名木大树保护条例》制定于 2019 年，共 6 章 52 条，对加强古树名木大树保护，促进生态文明建设起到了积极作用。对保护对象做了界定，例如，名木是指依法认定的稀有、珍贵树木和具有历史、文化价值以及重要纪念意义的树木。同时，在认定、养护上也做了明确具体规定。

《贵州省风景名胜区条例》于 2007 年 9 月 24 日通过，2020 年修正。该条例适用于贵州省行政区域内各级各类风景名胜区。目的是加强对风景名胜区的管理，有效保护和合理利用风景名胜资源，规定了规划、保护、建设、管理、特许经营、法律责任等内容，共 8 章 61 条。

《贵州省森林条例》于 2000 年 3 月 24 日通过，并于 2018 年修正。目前条例共有总则，植树造林，森林保护，森林经营管理，法律责任，附则 6 章 39 条。以培育、保护和合理利用森林资源，建设良好的生态环境为目的，对贵州省行政区域内从事森林资源的保护、经营管理、开发利用等活动进行规范。

《贵州省土地管理条例》于 2000 年 9 月 22 日通过，2018 年修正。共有总则，土地的所有权和使用权，土地利用总体规划，耕地保护，建设用地，监督检查，法律责任和附则 8 章 48 条。条例适用于贵州省行政区域内使用、管理土地的单位和个人，为加强土地管理，制止乱占耕地和滥用土地，维护土地的社会主义公有制，保护土地所有者和使用者的合法权益提供法治保障。

《贵州省大气污染防治条例》于 2016 年 7 月 29 日通过，2018 年修正。为防治大气污染，保护和改善大气环境质量，保障公众健康，推进生态文明建设而制定，共有 8 章 74 条。其中，第一章总则，第二章监督管理，第三章污染物总量控制，第四章燃煤大气污染防治，第五章机动车和非道路用动力机械大气污染防治，第六章扬尘大气污染防治，第七章其他大气污染防治，第八章法律责任。条例规定大气污染防治应当坚持保护优先、规划先行，源头治理、综合施策，公众参与、社会监督、损害担责的原则。明确了社会共治的理念和各级政府，部门的监管职责，从多个方面强化大气污染防治的控制措施，进一步完善了贵州省大气污染防治监管体系，为防治大气污染，保持大气环境质量优良提供法治保障。

《贵州省生态文明建设促进条例》于2014年5月17日通过，2018年修订。包括总则，规划与建设，保护与治理，保障措施，信息公开与公众参与，监督机制，法律责任共7章70条。条例是贵州省推进生态文明建设的综合性、统领性、倡导性、促进性的地方性法规，旨在推进生态文明建设，筑牢国家西南生态安全屏障和维护生物安全和生态安全，践行绿水青山就是金山银山的理念，推动绿色循环低碳发展，实现人与自然和谐共生及满足人民日益增长的优美生态环境需要。

表1　贵州省主要生态环境保护地方性法规

1.《贵州省爱国卫生工作条例》	11.《贵州省实施〈中华人民共和国水法〉办法》
2.《贵州省绿化条例》	12.《贵州省渔业条例》
3.《贵州省基本农田保护条例》	13.《贵州省地质环境管理条例》
4.《贵州省森林条例》	14.《贵州省生活饮用水卫生监督管理条例》
5.《贵州省矿产资源管理条例》	15.《贵州省风景名胜区条例》
6.《贵州省土地管理条例》	16.《贵州省气象灾害防御条例》
7.《贵州省夜郎湖水资源环境保护条例》	17.《贵州省森林公园管理条例》
8.《贵州省防洪条例》	18.《贵州省气象条例》
9.《贵州省林地管理条例》	19.《贵州省红枫湖百花湖水资源环境保护条例》
10.《贵州省城市市容和环境卫生管理条例》	20.《贵州省森林林木林地流转条例》

续表

21.《贵州省土地整治条例》	38.《贵州省水利工程管理条例》
22.《贵州省安顺屯堡文化遗产保护条例》	39.《贵州省大气污染防治条例》
23.《贵州省赤水河流域保护条例》	40.《贵州省水资源保护条例》
24.《贵州省防震减灾条例》	41.《贵州省古茶树保护条例》
25.《贵州省旅游条例》	42.《贵州省传统村落保护和发展条例》
26.《贵州省非物质文化遗产保护条例》	43.《贵州省环境噪声污染防治条例》
27.《贵州省水土保持条例》	44.《贵州省人工影响天气条例》
28.《贵州省气候资源开发利用和保护条例》	45.《贵州省水污染防治条例》
29.《贵州省矿产资源监督检查条例》	46.《贵州省林木种苗条例》
30.《贵州省节约能源条例》	47.《贵州省国有林场条例》
31.《贵州省森林防火条例》	48.《贵州省河道条例》
32.《贵州省义务植树条例》	49.《贵州省生态环境保护条例》
33.《贵州省新型墙体材料促进条例》	50.《贵州省古树名木大树保护条例》
34.《贵州省生态文明建设促进条例》	51.《贵州省节约用水条例》
35.《贵州省黔中水利枢纽工程管理条例》	52.《贵州省固体废物污染环境防治条例》
36.《贵州省民用建筑节能条例》	53.《贵州省人民代表大会常务委员会关于加强赤水河流域共同保护的决定》
37.《贵州省湿地保护条例》	

二、市级地方性法规

贵州省6个地级市和3个自治州都制定了针对生态环境保护的地方性法规，以下以6个地级市地方性法规为重点进行论述。贵州省的6个地级市分别是贵阳市、六盘水市、遵义市、安顺市、铜仁市、毕节市，其中贵阳市是条例最多的地级市，共有相关法规12件，主要规范内容涉及自然资源的保护、大气噪声等污染的防治、城乡规划以及古镇保护等。其他5个地级市分别制定了2件到5件不等的生态环境保护地方性法规，主要涉及水源、河流保护，城镇绿化、城乡规划，风景名胜区保护等。总体而言，在上位法规定的基础上表现出内容更为具体、适用范围有具体要求的特征。

表2 贵州市级主要生态环境地方性法规

市	地方性法规
贵阳市 12件	《贵阳市青岩古镇保护条例》 《贵阳市阿哈水库水资源环境保护条例》 《贵阳市南明河保护管理办法》 《贵阳市大气污染防治办法》 《贵阳市建设生态文明城市条例》 《贵阳市湿地公园保护管理规定》 《贵阳市水污染防治规定》 《贵阳市绿化条例》 《贵阳市环境噪声污染防治规定》 《贵阳市城市市容和环境卫生管理办法》 《贵阳市城乡规划条例》 《贵阳市生态公益林补偿办法》
六盘水市 3件	《六盘水市城市山体保护条例》 《六盘水市集中式饮用水水源保护条例》 《六盘水市水城河保护条例》
遵义市 4件	《遵义市历史文化名城保护条例》 《遵义市凤凰山国家森林公园保护条例》 《遵义市湘江保护条例》 《遵义市海龙屯保护条例》

续表

市	地方性法规
安顺市 2 件	《安顺市城镇绿化条例》 《安顺市虹山湖公园管理条例》
铜仁市 2 件	《铜仁市锦江流域保护条例》 《铜仁市梵净山保护条例》
毕节市 5 件	《毕节市城市园林绿化条例》 《毕节市织金古城保护条例》 《毕节市城乡规划条例》 《毕节市百里杜鹃风景名胜区条例》 《毕节市饮用水水源保护条例》

《贵阳市城市市容和环境卫生管理办法》是对城市环境保护的具体规定，2005 年 8 月 31 日通过，2020 年修订。《办法》共有 6 章，分别是总则、城市市容管理、城市环境卫生管理、环境卫生设施管理、法律责任及附则。其中第 10 条列举了禁止的行为，主要包括：不按要求及时修复、拆除残缺、脱落、存在安全隐患的户外广告、设施；在树木、护栏、路牌等设施上晾晒衣物；擅自涂写、张贴广告。规定了每年 10 月 26 日为本市"环卫工人节"。

《贵阳市阿哈水库水资源环境保护条例》于 2008 年 11 月 5 日通过，2020 年修订。条例出台目的是加强对阿哈水库水资源环境保护，防止水质污染，保障饮用水安全，条例共 5 章 32 条。在法律责任章中明确具体了哪些行为需要承担什么样的责任，尤其在罚款金额上，分档明确清晰。

《遵义市历史文化名城保护条例》2021 年 8 月 27 日通过，共 6 章 53 条。作为一个历史文化名城，加强保护理所当然。条例旨在加强遵义历史文化名城的保护，传承红色基因，讲好遵义故事，弘扬遵义会议精神，赓续优秀传统文化，践行社会主义核心价值观。条例规定历史文化名城实行保护名录制度，将红色文化遗产、土司文化遗产、地域特色文化遗产作为保护重点，并明确了具体内容。

《贵阳市青岩古镇保护条例》2019年4月26日通过，共5章45条。规定了规划保护条款，加强了青岩古镇的保护，起到传承优秀历史文化遗产的作用。规定了核心保护范围内的禁止行为，对于规范公众行为起到了指引作用。

《毕节市城市园林绿化条例》2020年4月30日通过，共5章40条。其中第30条规定了禁止破坏城市园林绿化及其绿化设施的具体行为，起到了指引作用。保护和管理的主体规定了县级以上人民政府应当加强对城市园林绿化专项规划、城市绿线划定及其实施情况的监督检查。条例规定城市园林绿化的建设和管理，保护和改善生态环境，对于建设宜居、宜游、宜业的山水园林城市起到关键作用。

三、单行条例

贵州是一个多民族共居的省份，其中世居民族有汉族、苗族、布依族、侗族、土家族、彝族、仡佬族、水族、回族、白族、瑶族、壮族、畲族、毛南族、满族、蒙古族、仫佬族、羌族18个民族。贵州省3个自治州、11个自治县都制定了大量的关于生态环境保护的单行条例，在整个贵州省生态环境地方性法规体系中具有非常重要的作用。

表3　贵州民族地方主要生态环境单行条例

民族自治地方	单行条例
黔西南布依族 苗族自治州	《黔西南布依族苗族自治州草地生态畜牧业发展条例》 《黔西南布依族苗族自治州城乡规划建设管理条例》 《黔西南布依族苗族自治州天然林保护条例》

续表

民族自治地方	单行条例
黔东南苗族 侗族自治州	《黔东南苗族侗族自治州施秉喀斯特世界自然遗产保护条例》 《黔东南苗族侗族自治州生态环境保护条例》 《黔东南苗族侗族自治州城乡规划建设管理条例》 《黔东南苗族侗族自治州镇远历史文化名城保护条例》 《黔东南苗族侗族自治州里禾水库水资源保护条例》
黔南布依族 苗族自治州	《黔南布依族苗族自治州樟江流域保护条例》 《黔南布依族苗族自治州古树名木保护条例》 《黔南布依族苗族自治州剑江河流域保护条例》 《黔南布依族苗族自治州岩溶资源保护条例》 《黔南布依族苗族自治州荔波樟江风景名胜区管理条例》
道真仡佬族 苗族自治县	《道真仡佬族苗族自治县城镇绿化管理条例》
务川仡佬族 苗族自治县	《务川仡佬族苗族自治县龙潭古寨保护条例》 《务川仡佬族苗族自治县洪渡河生态环境保护条例》 《务川仡佬族苗族自治县城镇环境管理条例》
镇宁布依族苗族自治县	《镇宁布依族苗族自治县水资源管理条例》
关岭布依族 苗族自治县	《关岭布依族苗族自治县关岭牛保护和发展条例》 《关岭布依族苗族自治县古生物化石资源保护条例》 《关岭布依族苗族自治县森林资源保护管理条例》
紫云苗族布依族自治县	《紫云苗族布依族自治县城镇建设管理条例》 《紫云苗族布依族自治县格凸河穿洞风景名胜区管理条例》
威宁彝族回族 苗族自治县	《威宁彝族回族苗族自治县水资源保护管理条例》 《威宁彝族回族苗族自治县草海保护条例》
玉屏侗族自治县	《玉屏侗族自治县乡村生活垃圾和生活污水治理条例》 《玉屏侗族自治县城乡规划建设管理条例》

续表

民族自治地方	单行条例
印江土家族 苗族自治县	《印江土家族苗族自治县印江河保护条例》 《印江土家族苗族自治县城镇管理条例》
沿河土家族自治县	《沿河土家族自治县古茶树保护条例》 《沿河土家族自治县乌江沿岸生态环境保护条例》 《沿河土家族自治县城镇管理条例》
松桃苗族自治县	《松桃苗族自治县松江流域保护条例》 《松桃苗族自治县城镇管理条例》
三都水族自治县	《三都水族自治县城镇管理条例》 《三都水族自治县水库保护管理条例》

贵州省民族自治地方单行条例立法较集中在黔东南苗族侗族自治州、黔南布依族苗族自治州、黔西南布依族苗族自治州。在生态环境立法方面，单行条例更具有针对性，地域流域等是其重要考虑的内容，单行条例立法情况列举如下。

《黔西南布依族苗族自治州天然林保护条例》2001年3月30日通过，条例共25条，具体规定了保护区划分与管理，保护措施、处罚措施等。

《黔南布依族苗族自治州岩溶资源保护条例》2007年2月11日通过。条例共18条，对岩溶资源保护范围和保护对象，保护措施、处罚措施等有具体规定，对于科研和民用等也做了详细规定。

《黔南布依族苗族自治州荔波樟江风景名胜区管理条例》2001年4月29日通过。条例对景区范围作了划定，对管理机构的职责做了规定，禁止性行为、行为处罚的规定较为详细具体。

《务川仡佬族苗族自治县洪渡河生态环境保护条例》2008年1月6日通过，2019年修正，将洪渡河生态环境范围规定为包括大气、水、河流、土地、矿藏、森林、草原、野生动物、自然遗迹、人文遗迹等。条例对生态环境范围的限定利于当地生态保护的指向性，更易于生态环境保护工作的开展。

《关岭布依族苗族自治县古生物化石资源保护条例》2002年3月29日通过，2021年修订。条例规定了古生物化石的资源保护主体、禁止性行为、发掘、收藏、资源利用、法律责任等，还扩充了古生物化石在区域内的界定。

《印江土家族苗族自治县印江河流域保护条例》2021年3月10日通过。根据条例规定，印江河流域内的乡镇人民政府、街道办事处应当加强印江河流域生态环境保护的日常巡查，制止违法行为，负责其辖区内河段的日常管理、保洁，协助做好河道清淤、堤防护岸维修养护等工作。从责任内容看，河道治理维护是条例制定的目标，为自治地方提供工作依据。

《三都水族自治县水库保护管理条例》2014年2月13日通过，共6章29条。分为总则、保护、管理、开发利用、法律责任、附则。在保护部分列举了禁止性行为。例如，禁止擅自砍伐林木；铲草皮积肥、垦荒种植农作物；新建、扩建污染水体的项目；擅自采石、采矿、采砂、打井、葬坟；侵占水库用地及附属设施；擅自在渠道或者管道上决口、阻水、挖洞。

第二节　主要做法及特色立法

贵州省生态环境保护立法是地方立法的主要工作，也是全面落实习近平生态文明思想和习近平法治思想的必然要求，对于构建民族和谐、生态和谐，促进地方环境友好型社会具有重要意义。如前所述，贵州省制定批准了大量生态环境保护的地方性法规条例，与此同时，在生态文明建设立法实践中，贵州省也开展了一系列探索和实践，积累了有益的经验和做法。

第一，将法治思维和法治方式贯穿生态环境立法活动始终。生态环境立法的目的就是通过法治的方式保护生态环境，因此，生态环境立法过程中的法治思维和法治方式尤为重要。贵州省坚持依靠法治，调整和平衡由生态问题带来的各种利益关系，切实有效地保护自然，促进可持续发展。比如，《贵州省风景名胜区条例》的制定，就充分体现了在法治轨道上推进生态文明建设的要求。该条例为解决风景名胜区管理机构管理权限障碍造成的管理"乏力""无序"的难题，在总结全省风景名胜区管理机构行使管理职能成功实践的基础上，根据《行政处罚法》《风景名胜区条例》的规定，授予风景名胜区管理机构行政管理主体资格和统一负责风景名胜区管理工作的行政管理职能。通过立法授权，解决了管理机构不具备行政管理主体资格、无法行使管理职能的难题，理顺了风景名胜区资源保护与经济发展之间的关系，对于有效保护和合理利用风景名胜资源，促进经济和社会的可持续发展起到了强有力的推动作用。

第二，注重对生态环境保护制度框架的全局谋划。"山水林田湖草沙冰"生态环境是一个有机结合的系统，因此，生态环境立法也不能各自割裂，要强化系统治理。贵州省从全局和战略的高度深入推进生态文明建设法治工作，解决多年来生态文明建设立法存在的"各自为政""头痛医头、脚痛医脚"的问题，制定了《贵州省生态文明建设促进条例》，这是贵州省生态文明建设的"基本法"，在生态文明建设法规体系中具有统领性、纲领性和指导性地位，对其他有关生态环境保护地方性法规的制定与执行具有重要的促进作用。该条例全面贯彻落实中央、省委关于生态文明建设的部署，是贵州省加强生态文明建设的重要战略举措，对于凝聚生态文明建设共识、规范生态文明建设行为、统一生态文明建设行动、引领推动生态文明建设工作，具有十分重要的意义。该条例在诸多方面体现了其开创性和地方特色：规定了生态文明建设的方针和原则、战略目标和基本制度，确立了政府、企业、公众在生态文明建设方面的基本权利和义务；体现了生态文明建设的理念和要求，突出了加强生态建设、调整产业结构、发展循环经济的发展思路，提出了绿色、文明的生产方式和生活方式、消费模式，努力实现"五位一体"建设。通过立法，生态保护红线制度、生态补偿机制、环境信用机制、生态环境保护约束性指标完成情况一票否决制度和第一责任人自然资源资产离任审计制度、环境污染第三方治理制度等生态文明建设若干重要制度得以确立。

第三，敢于大胆探索，先行先试。为解决重点难点问题，着力保护生态环境，勇于创新，敢于突破，也是贵州省生态环境立法的主要做法和显著特点。以对赤水河的保护立法为例，为保护赤水河流域独特的自然、生态和人文环境，防止长江流域水污染，2011年7月贵州省人大常委会制定了《贵州省赤水河流域保护条例》。条例立足省情和赤水河流域实际，坚持保护优先、合理开发利用的原则，以预防和减少环境污染和生态破坏为重点，以实现能源资源合理开发利用，促进流域经济社会又好又快、更好更快发展为目标，对赤水河流域保护的原则、管理体制、流域规划与产业发展、生态建设与环境保护、资源保护与开发利用、文化传承与保护等作出了较为详细的规定。这是贵州省人大常委会第一部针对一条河流制定的综合性保护法规，对全省通过立法建立流域管理与区域管理相结合的流域管理模式进行了一次有益的探索，也是对"一河一条例"立法模式的一次具体实践。在此之后，贵州省与云南省、四川省签订了《川滇黔三省交界区域环境联合执法协议》，共同开展赤水河流域生态环境保护的会商和联动执法行动；"生态赤水河—贵州环保行"专项视察活动连续开展；全流域跨省区河流生态保护协调机制和工作机制逐步成熟。同时，该条例的先行先试做法也为之后云贵川三省开展赤水河流域共同立法奠定了基础，提供了可供参考的蓝本。

第四，立足省情实际，突出贵州特色。生态基础脆弱、资源约束趋紧、环境污染严重、生态系统退化，是贵州加强生态文明建设面临的严峻形势，也是制约贵州经济社会发展的短板。贵州省人大常委会坚持"针对问题立法，立法解决问题"的思路，力求使制定出的地方性法规体现本省特点、反映本省实际，做到明确具体、切实管用。比如，在制定《贵州省红枫湖百花湖水资源环境保护条例》《贵阳市阿哈水库水资源环境保护条例》的过程中，为加强"两湖一库"管理，保障贵阳市饮用水水源安全，针对贵阳市"两湖一库"管理机构执法难、管理难的问题，规定了贵阳市"两湖一库"管理局在其管理范围内可以行使部分行政许可权和行政处罚权，为依法治理水环境、维护水生态设立了符合实际、切实可行的执法措施。从条例的实施情况来看，两件法规施行后，管理部门依法履行职责，严格管理，"两湖一库"水环境有了明显改变。两项法规的制定和实施，对于规范和完善两湖水资源环境保护管理和污染防治工作，遏制两湖水质恶化，保障人民生活饮用水水源安全，促进贵阳市社会发展起到了积极的作用。另外，找准"小切口"，直击立法需求，解决地方实际问题，也凸显了贵州特色。例如，铜仁为加强对新晋世界自然遗产梵净山的保护和管理，及时出台《梵净山保护条例》；贵阳市为了保护历史文化遗产，规范和加强青岩古镇的保护，制定了《贵阳市青岩古镇保护条例》；另外还有黔南布依族苗族自治州为射电望远镜环境保护立法、毕节市为国家 5A 级旅游景区百里杜鹃林立法、威宁自治县为国家级自然保护区草海立法等均是聚焦专门问题进行的小切口立法。各地方充分利用立法权，通过生态环境立法的方式，守护和建设天蓝、地绿、水净的绿色家园。

第五，坚持立法为民，解决环境民生问题。坚持立法为民是贵州省生态环境立法的又一主要做法，生态环境立法的目的是要让生态环境永续良好发展，人和自然和谐共生，人民群众能享受到更加美好的生态环境。比如，贵州省针对人民群众对美好生活的新向往和新追求，切实解决人民群众反映强烈的生态资源和环境治理问题，相继制定了水资源保护条例、大气污染防治条例、固体废物污染环境治理条例等。通过贯彻以人民为中心的思想，自觉把为民立法作为价值取向；坚持统筹协调，充分发挥人大的主导作用；坚持精细化立法理念，努力提高针对性和可操作性，在全面推进依法治国的背景下，在生态文明建设的框架内，围绕中心工作，结合地方实际，积极探索和建立地方生态文明建设法规规范体系。

第六，注重提升立法工作质量。必须通过提高立法质量，发挥立法的引领和推动作用。贵州省各级立法机关坚持将科学立法、民主立法作为提高立法质量、增强引领和推动作用的根本途径，扎实推进立法工作。只有做实、做细立项、起草、调研、审议等立法工作的必经程序，才能保证法规的质量提升。以严把"立项关"为例，自 2003 年以来，贵州省人大常委会一直坚持面向全社会广泛征集立法项目建议和意见。统计 2013—2017 年立法规划项目，立法项目建议中有 10 件来自普通公民，占建议项目总数的13%。其中，公民提出的《贵州省再生资源回收利用管理条例》（草案）和《贵州省征收居民生活垃圾费用管理条例》（草案）两个立法项目建议被省人大常委会采纳。同时，为了鼓励和保护公众参与立法的积极性，贵州省人大常委会还引入表彰奖励机制，对提出的立法项目建议被列入立法规划或计划的公众予以表彰。这些做法，对于拓展公众有序参与立法的途径，不断增强立法工作的公开性和透明度起到了较为积极的作用。

第三节　成效与不足

随着我国对生态环境保护不断重视，地方生态环境法治保障也有了较大发展，贵州省根据经济社会发展实际，生态环境保护治理开发不断向前推进，涉及生态环境领域的立法作用取得成效，立法特色明显。

一、主要成效

第一，制定法规条例弥补生态环境保护立法空白。长期以来，贵州省不断加强生态环境保护立法，为守好生态底线提供了法治保障。省人大常委会在立法中，注重构建与生态文明建设相适应的地方生态环境法规体系，多件法规走在全国省级立法前列，填补了相关领域的立法空白。首先，围绕水、气、声、渣等突出生态环境问题，相继制定了水污染防治条例、大气污染防治条例、环境噪声污染防治条例和固体废物污染环境防治条例等一系列法规，助力打好污染防治攻坚战。其次，统筹山水林田湖草系统治理，制定水土保持条例、义务植树条例、湿地保护条例、林木种苗条例、国有林场条例等促进大规模国土绿化行动的法规，实现"治污"与"增绿"两手抓、双促进。最后，协调处理民族文化、风俗传统、环境保护的关系，制定非物质文化遗产保护条例、传统村落保护条例、屯堡文化保护条例；①紧抓特殊自然资源保护出台了古茶树保护条例、茶产业发展条例；促进节能和资源综合利用，出台了节约能源条例、节约用水条例和民用建筑节能条例等。贯彻执行新环保法，重新制定《贵州省生态环境保护条例》。可以说，贵州省根据国家相关生态环境保护法律法规，从落实、细化着手，制定了相对完善、内容丰富的生态环境法规体系，涵盖了市域城市环境、县域城市环境、河道；文物古迹、风景区；大气、水、河流、土地、矿藏、森林、草原、野生动物、自然遗迹、人文遗迹等生态环境立法的各个方面，生态环保法规制度的"四梁八柱"已基本建立。

第二，生态环境保护制度不断确立。关于生态文明制度建设，贵州省一直是先行先试的探路者。如前所述，2014 年的《贵州省生态文明建设促进条例》在国家没有专门上位法，其他省区没有同位法的前提下，以改革首创的精神，确立了生态保护红线制度、生态补偿机制、环境信用机制、自然资源资产离任审计制度等。2017 年的《古茶树保护条例》，对全省范围内的古茶树保护、管理、研究、利用等活动进行了强制规范，明确了保护范围、责任主体及相关法律责任，填补了贵州古茶树保护的法律空白，也成为全国首部省级层面关于古茶树保护的地方性法规。再如，2011 年，贵州省率先出台了全国第一部流域管理地方性法规《贵州省赤水河流域保护条例》，以此催生了河长制、生态补偿、生态保护红线、第三方治理等12 项生态文明改革制度措施，推进赤水河环境质量持续改善，成为贵州生态文明建设先行先试典范。2021 年 5 月底，贵州与云南、四川两省人大常委会分别审议并全票表决通过了关于加强赤水河流域共同保护的决定，同时审议通过了修订后的赤水河流域保护条例。三省以"决定" + "条例"

---

① 孙永春. 多彩贵州拒绝污染　地方立法护航生态文明［J］. 中国人大，2019（18）：48-49.

的立法模式共同保护赤水河流域，是深入贯彻习近平生态文明思想的重大举措，是贯彻落实习近平总书记长江保护重要指示精神的具体行动，是在全国人大指导下地方创新立法模式推动流域协调发展的开创之举，将对推动省际间跨区域生态环境保护从"分河而治"到"共同治理"，构建赤水河流域绿色发展新格局起到十分重要的作用。

第三，绿色效益不断凸显。由于立法项目在保护生态环境的同时，也注重改善生态效益，因此，有关生态环境保护方面的立法实施以来，贵州省生态环境得到了很大程度的改善，生态治理效果明显，同时实现了经济的良性循环，生态与经济发展相协调。以民族地方生态环境立法为例，《黔东南苗族侗族自治州月亮山梯田保护条例》不仅促进了月亮山梯田的保护，还使得村民的经济收入提升。《黔南布依族苗族自治州天然林保护条例》实现森林覆盖率的提升和贫困率下降的双重效果。《威宁彝族回族苗族自治县草海保护条例》进一步加强了草海的保护，形成了良好的湿地生态系统，也取得了较好的经济效益和生态效益。《沿河土家族自治县乌江沿岸生态环境保护条例》以及《务川仡佬族苗族自治县洪渡河生态环境保护条例》等条例实施以来，对流域内生态环境保护起到了重要作用，调节了沿岸的生态问题，还促进了旅游业发展。

第四，法治保障生态环境起到重要作用。全省层面的法规进一步补充完善，对其他生态环保单项法规起到统领作用，切实将贵州省生态文明建设纳入法治化轨道。各地结合本地实际制定和完善本区域内生态环境保护法规，围绕生态环境保护重点、热点和政策性、法规性问题，考虑了地域生态环境的特性，对所辖区域内生态环境保护的范围实施管理，进一步增强立法的可操作性。因此，用最严格的制度最严密的法治守护绿水青山，贵州的生态答卷，成绩斐然。通过持续加强生态环境立法，健全生态环境法治各项措施，贵州省森林覆盖率达60%以上。全省主要河流总体水质综合评价为"优"，集中式饮用水水源地水质达标率保持100%；9个中心城市环境空气质量优良天数比例平均为98.4%，全省88个县（市、区、特

区）环境空气质量优良天数比例平均为 **98.6%**。^①

二、存在不足

第一，立法领域覆盖尚有不足。贵州省地方生态立法重点集中在生态环境破坏或者说公众较为关心的领域，某些领域因未发现严重问题而尚未引起足够重视。从区域看，对经济相对发达地区的生态需求比较关注，对于农村等经济发展较弱地区的关注度不高；同时城乡生态环境立法的差距依然存在。从立法领域看，贵州省重视森林、固体废物、水资源方面的立法，但未足够引起重视的光污染、噪声污染等领域的立法有不足之处；同时乡村振兴、土壤污染防治、乌江流域生态环境保护、环境影响评价等领域法律法规的立法工作需要进一步推进。基于此，需要进一步补齐生态环境保护立法短板及弱项，充分发挥立法对生态文明建设的引领推动和保障作用，构建更加完备的符合贵州实际的生态文明建设法规体系，以法律"红线"守护生态"绿线"，为生态文明建设保驾护航。

第二，地方特色生态文化作用发挥不足。贵州省生态环境立法应当吸纳当地特色生态文化的相关内容，然而，当前贵州生态环境立法在地方生态文化的运用方面还稍显不足。应进一步发挥文化在法治中的适用，以传统文化促进生态文明建设，将贵州优秀传统生态文化贯穿于生态文明建设各领域和全过程。

第三，公众参与度还不高。当前地方生态立法主要依靠权力机关推动和落实，公众主要通过立法机关设置的座谈会、专家论证会、听证会及征求意见等方式参与其中，这类群体数量有限，范围比较集中，使得一部分公众对生态环境治理的诉求不能得以表达。具体表现在，立法机关对公众参与的引导不充分，公众参与立法的积极性不够，部分公众参与意识和参与能力不强。

---

① 资料来源于《贵州省 2021 年生态环境状况公报》。

第四，实践经验总结还不足。贵州生态环境立法取得了显著成效，然而对法规条文的制定修改、具体内容总结得多，主要做法和主要成效及启示的总结还不够。对某一项法规条例的宣传阐述较多，对生态环境保护法规体系的介绍及论述较少。因此，有必要加强对生态环境立法的体系性分析和经验性总结。同时，贵州省在生态文明建设经验总结方面还存在差距。贵州省应适时总结经验，跟踪生态文明建设落实情况，开展评估工作，建立第三方评估机制，形成客观真实的评估报告。总结提炼提升值得推广的建设经验，在推广稳定有效的经验之前，可以采取试点方式，适时在贵州省内生态文明建设较成熟地区推广。在此基础上不断优化成功经验用于其他地区生态文明建设，在建设和经验推广的过程中创新生态文明建设工作思路、方法。适时调整不可行、不完善、不匹配的政策，各级政府主管部门要针对发现的问题提出有效建议。

第五，宣传力度仍需加强。生态环境法规制度的宣传还不够，应创新宣传方式方法，采用不同表现形式开展宣传，例如生态文明漫画墙、艺术作品等；同时，引导公民、法人、其他组织积极参与到学习宣传中去，组建宣传专门化队伍，积极开展各级各类的生态环境法治宣传工作，使生态环境保护意识深入人心，生态文明理念进一步深化。

第六章

四川省生态环境立法实践

第一节 四川省生态环境立法简述

四川省第一部地方性法规于 1980 年 8 月审议通过，自此以后，四川省始终高度重视地方立法工作，特别是始终紧密结合本省具体情况和实际需要，以地方立法保护当地生态环境。与此同时，四川省生态环境地方性立法也在不断完善，实现了"从零到有"再到"良法善治"的不断发展，地方生态环境立法成效明显，为生态环境保护和生态文明建设提供了坚实的法律支撑和制度保障。

一、总体情况

（一）省级地方性法规

就省级地方性法规的制定情况而言，四川省人大及其常委会共制定过 295 件地方性法规，截至目前仍有效的 200 余件地方性法规中，生态环境类的省级地方性法规共有 40 余件。

其中，对国家生态环境立法的省级实施办法有：《四川省〈中华人民共和国土地管理法〉实施办法》《四川省〈中华人民共和国野生动物保护法〉实施办法》《四川省〈中华人民共和国水法〉实施办法》《四川省〈中华人民共和国水土保持法〉实施办法》《四川省〈中华人民共和国节约能源法〉实施办法》《四川省〈中华人民共和国大气污染防治法〉实施办法》《四川省〈中华人民共和国气象法〉实施办法》《四川省〈中华人民共和国草原法〉实施办法》《四川省〈中华人民共和国防洪法〉实施办法》《四川省〈中华人民共和国环境影响评价法〉实施办法》《四川省〈中华人民共和国防沙治沙法〉实施办法》等。

以《四川省环境保护条例》为基础，对自然资源保护类的地方性法规有：《四川省矿产资源管理条例》《四川省野生植物保护条例》《四川省天然林保护条例》《四川省湿地保护条例》《四川省自然保护区管理条例》等。污染防治类省级地方性法规包括：《四川省辐射污染防治条例》《四川省固体废物污染环境防治条例》等。另外，四川省也较为重视河湖流域的省级地方性立法，主要有：《四川省沱江流域水环境保护条例》《四川省嘉陵江流域生态环境保护条例》《四川省河（湖）长制条例》《四川省赤水河流域保护条例》《四川省人民代表大会常务委员会关于加强赤水河流域共同保护的决定》等。

（二）州市级地方性法规

在州市级地方性法规方面，2015 年《中华人民共和国立法法》修改后，赋予了设区的市在环境保护等领域的地方立法权。四川省按照国家立法法相关规定，积极稳妥、依法有序地开展此项工作。以是否具有成熟的立法条件为前提，严格把关，逐步批准新增各州市在相关领域的地方立法权。当前，全省所有设区的州市都具备了环境保护等领域的地方立法权，成立了相应的工作机构，配备了相应的工作人员，通过不断完善工作机制、积累工作经验，已制定涉及生态环境保护治理方面的州市级地方性法规 50 余件，为地方生态环境保护和经济绿色发展奠定了基础。具体情况见下表6。

表 1　四川省市级生态环境地方性法规

州市	地方性法规
成都市	《成都市美丽宜居公园城市建设条例》《成都市大气污染防治条例》《成都市古树名木保护管理规定》《成都市三岔湖水环境保护条例》《成都市兴隆湖区域生态保护条例》《成都市园林绿化条例》《成都市城市景观风貌保护条例》《成都市龙泉山城市森林公园保护条例》《成都市市容和环境卫生管理条例》《成都市〈中华人民共和国河道管理条例〉实施办法》《成都市饮用水水源保护条例》《成都市环城生态区保护条例》《成都市水资源管理条例》
自贡市	《自贡市集中式饮用水水源地保护条例》
攀枝花市	《攀枝花市环境噪声污染防治条例》《攀枝花市城市市容和环境卫生管理条例》《攀枝花市城市绿化条例》
泸州市	《泸州市中心城区山体保护条例》《泸州市市容和环境卫生管理条例》
德阳市	《德阳市华强沟水库饮用水水源保护条例》
绵阳市	《绵阳市水污染防治条例》《绵阳市城市市容和环境卫生管理条例》
广元市	《广元市城市市容和环境卫生管理条例》《广元市饮用水水源地保护条例》《广元市白龙湖亭子湖保护条例》
遂宁市	《遂宁市观音湖保护条例》
内江市	《内江市城市市容和环境卫生管理条例》《内江市城市园林绿化条例》《内江市甜城湖保护条例》
乐山市	《乐山市扬尘污染防治条例》《乐山市集中式饮用水水源保护管理条例》《乐山市中心城区绿心保护条例》
南充市	《南充市城市园林绿化条例》《南充市城镇环境卫生管理条例》《南充市乡村污水处理条例》
眉山市	《眉山市农村人居环境治理条例》《眉山市市容和环境卫生管理条例》《眉山市集中式饮用水水源地保护条例》
宜宾市	《宜宾市农村生活环境保护管理条例》《宜宾市翠屏山保护条例》
广安市	《广安市集中式饮用水安全管理条例》《广安市城乡污水处理条例》《广安市西溪河岸线保护条例》《广安市市容环境卫生条例》《广安市城市绿化条例》

续表

州市	地方性法规
达市州	《达州市集中式饮用水水源保护管理条例》《达州市莲花湖湿地保护条例》《达州市市容和环境卫生管理条例》
雅安市	《雅安市青衣江流域水环境保护条例》《雅安市村级河（湖）长制条例》《雅安市农村生活垃圾分类处理若干规定》
巴中市	《巴中市扬尘污染防治条例》《巴中市城市饮用水水源保护条例》《巴中市石窟保护条例》《巴中市城乡污水处理条例》
资阳市	《资阳市中心城区山体保护条例》《资阳市大气污染防治条例》《资阳市中心城区市容和环境卫生管理条例》《资阳市安岳石刻保护条例》

从以上列表可以看出，各州市生态环境领域的地方性法规主要集中于以下几个方面。首先，饮用水水源地等水资源的保护。比如，成都市对三岔湖水环境、兴隆湖区域生态保护、饮用水水源保护、水资源管理等；自贡、德阳、乐山、眉山、广安、达州、巴中等市都制定了饮用水水源保护条例；绵阳市水污染防治管理，广元市白龙湖亭子湖保护，遂宁市观音湖保护，内江市甜城湖保护均属于对水体的保护规定。其次，市容市貌和环境卫生的管理。比如，成都、攀枝花、泸州、绵阳、广元、内江、南充、眉山、广安、达州、资阳等市都有城市市容和环境卫生管理条例。最后，关于绿化方面的条例。比如，成都市园林绿化条例、攀枝花市城市绿化条例、内江市城市园林绿化条例、乐山市中心城区绿化保护条例、南充市城市园林绿化条例、广安市城市绿化条例等。

从各州市生态环境领域地方性法规的数量来看，还是存在着不均衡的问题。显而易见，成都市相关立法是最多的，占比约为所有州市相关立法总数的五分之一，其他州市相关立法为3—5件。自贡、德阳、遂宁几个市，相关立法数量则相对较少。

（三）民族自治地方立法

四川省共有3个自治州和4个自治县，分别是阿坝藏族羌族自治州、甘孜藏族自治州、凉山彝族自治州、北川羌族自治县、峨边彝族自治县、马边彝族自治县以及木里藏族自治县。四川民族自治地方立法坚持既遵守法律原则又兼具民族特色，力求以自治立法保障少数民族基本权利，促进民族地方经济社会发展和各民族团结进步。在生态环境自治立法方面，各民族自治地方注重发挥自治立法权，结合民族地区的民族特色、生态环境和生态文化等因素，制定了一批既有民族地方特色，又能促进民族地方环境保护和经济社会发展的单行条例。

阿坝藏族羌族自治州在自然资源、风景名胜区、野生动植物、野生中药材、野生菌类植物等方面都有自治立法。如《阿坝藏族羌族自治州生态环境保护条例》《阿坝藏族羌族自治州矿产资源管理条例》《阿坝藏族羌族自治州水资源管理条例》《阿坝藏族羌族自治州湿地保护条例》《阿坝藏族羌族自治州风景名胜区条例》《阿坝藏族羌族自治州野生动物植物保护条例》《阿坝藏族羌族自治州野生中药材、菌类植物资源保护管理条例》。甘孜藏族自治州的生态环境自治立法同样集中于自然资源领域，比如《甘孜藏族自治州矿产资源管理条例》《甘孜藏族自治州草原管理条例》《甘孜藏族自治州生态环境保护条例》。凉山彝族自治州的生态环境自治立法则除了自然资源领域外，还有历史文化名城和风景名胜区保护立法。主要表现在对会理历史文化名城、泸沽湖风景名胜区、邛海保护等方面的保护条例。

除了3个自治州以外，研究4个自治县生态环境自治立法，自然资源仍然是立法的主要保护内容。比如，北川羌族自治县对矿产资源管理以及苔子茶古茶树的保护；峨边彝族自治县和马边彝族自治县关于水资源管理以及矿产资源管理的条例；木里藏族自治县则有实施《四川省〈中华人民共和国草原法〉实施办法》的变通规定、实施《四川省〈中华人民共和国野生动物保护法〉实施办法》的补充规定等。除此之外，风景名胜区保护和人居环境整治也是自治立法的相关内容，比如，峨边彝族自治县和马边彝族自治县都制定了人居环境综合治理条例，峨边彝族自治县制定了对黑竹沟风景区保护的单行条例。

二、主要做法及成效

（一）不断加强党对生态环境立法的领导

四川省始终坚持党对立法工作的领导，定期研究及部署地方立法工作，确保地方立法能够坚持正确的政治方向。特别是进入新时代，全面依法治省工作深入推进，党对全省地方立法工作的领导制度得以不断健全完善，生态环境地方立法成效明显，全省法治建设进一步提升。在制度建设方面，先后出台了《四川省依法治省纲要》《中共四川省委关于进一步加强人大工作和建设的意见》《中共四川省委关于加强党领导立法工作的实施意见》，加强党领导立法顶层设计，为党领导生态环境领域立法提供遵循。在机构设置和具体工作开展方面，省委依法治省工作机构成立，专责统筹协调全省法治工作，定期听取人大工作汇报。同时，各级人大坚持重大事项专题报告制度，并坚决贯彻落实同级党委的决定。通过以上工作措施，将党的领导贯彻到生态环境立法项目的确立、论证、审议等全过程和各方面。

（二）充分发挥人大主导生态环境立法的作用

四川省人大积极发挥自身在立法工作中的主导作用，通过主导法规立项、调研、起草、审议等环节，以持续提升生态环境立法的质量和效率。一方面，加强年度立法计划的有效执行。只要是列入当年立法计划的生态环境立法项目，无特殊情况必须完成，定期督促相关机关及部门在规定时间内报送法规项目，并按程序按要求将法规案提交常委会审议。同时，在每年年末统计立法计划的执行情况，对于未能完成当年提请审议的，需要说明原因，并加强立法计划的有效执行。另一方面，进一步强化人大牵头，组织协调作用。与相关政府部门、人大相关专委会等，共同参与立法工作，形成良好立法工作格局。

（三）加强生态环境保护重点领域立法

聚焦人民群众重点关注，加强对城乡人居环境等生态文明建设、环境资源保护等重点领域立法。比如，针对全省城市及乡村都还存在的诸如随意堆放垃圾、随意乱贴广告、随意摆放摊位等影响城乡容貌秩序和环境卫生的问题，四川省于2011年制定了全国首部城乡环境综合治理条例——《四川省城乡环境综合治理条例》，通过设立责任区制度，专章规定"容貌秩序""环境卫生""设施建设"，并严格考核监督和法律责任，使四川省城乡环境治理向着全域化、常态化、法治化方向迈进。另外，为更好地规范城镇排水和污水处理活动，进一步保护和提升城镇人居环境，对《四川省城镇排水与污水处理条例》进行了修订，明确污泥处置要求，详尽规定城市排水内容，完善了污水处理费收费标准等。

（四）坚持科学立法、民主立法、依法立法

加强依法立法。认真贯彻实施立法法，出台《四川省人民代表大会及其常务委员会立法条例》，修正《四川省人民代表大会常务委员会议事规则》，进一步规范立法议事活动，提高审议质量。加强科学立法。通过建立立法工作联系点，组建立法咨询专家库，建立立法评估协作基地，加强立法"回头看"等方面的工作，提高立法科学化水平。加强民主立法。持续通过新闻媒体向社会公开征集地方立法选题和立法建议，建立立法听证制度，广泛听取各方意见，特别是听取管理相对人的意见。进一步发挥人大代表等人员作用，深入基层调查研究，征求群众意见，提高法规的针对性和可操作性。

（五）突出生态环境立法地方特色

精细化立法是地方立法的发展方向，坚持地方性法规不抵触、有特色、可操作是地方性立法的原则及遵循。四川省在生态环境地方性立法方面，注重结合地方实际，凸显地方特色，出台了一些可圈可点的地方性立法项目，也取得了较好的实施效果。比如，2004年起施行的《四川省阆中古城保护条例》以保护阆中古城风貌为目的，以立法规制古城保护区内的规划、保护、建设、管理等活动。条例实施以来，该立法项目不仅达到了保护古城真实性和完整性的目的，同时，也极大提高了阆中古城的知名度，使阆中古城逐渐成为四川省著名的景区，旅游人数和旅游综合收入逐年攀升。为加强都江堰水利工程的管理和保护，充分发挥水利工程的综合效益，1997 年四川省通过了《四川省都江堰水利工程管理条例》，该条例作为全国第一个为单一水利工程立法的地方性法规，具有其显著的地方特色，该条例先后经过两次修订，与时俱进地为都江堰水利工程的安全运行和保护利用提供了法治保障。

（六）有序推进民族自治立法和市州地方立法

四川省推进生态环境领域立法，在推进省级地方性法规制定的同时，也有序推进民族自治立法和州市地方立法，着力构建更加完备的生态环境法规制度体系。首先，有序推进民族自治立法。7 个民族自治地方充分行使民族自治地方立法权，施行了一大批符合四川民族自治地方实际情况和体现民族特色的生态环境法规。比如，《凉山彝族自治州水资源管理条例》，遵循《水法》的基本原则，也规定了"征收的水资源费、水土保持设施补偿费、渔业资源补救费、河道（堤防）工程维护管理费除上缴国家部分外全额留自治州"等具有变通权的规定。其次，有序推进设区的市和州地方立法。按照《四川省人民代表大会及其常务委员会立法条例》规定，省人大新增指导处，加强对设区的市州立法工作的指导；规定了市州地方性法规草案报审制度，提高州市地方性法规的质量。基于此，各市州根据本地经济社会发展实际，制定了一批有针对性的地方性法规，其中生态环境保护方面的法规数量占较大比重。

第二节　四川省"三州"民族地区
生态环境立法实证研究

四川省有 56 个民族，其中少数民族 55 个，包括 14 个世居少数民族，即彝族、藏族、羌族、苗族、回族、蒙古族、傈僳族、满族、纳西族、土家族、白族、布依族、傣族、壮族。四川省民族自治地方面积 30.5 万平方千米，占四川省总面积的 62.8%。四川民族地区毗邻滇、黔、甘、陕、藏、青六省（区），位于青藏高原与四川盆地的衔接区域，是多条大江大河的水源地和重要的生态屏障区，自古四川就有"民族走廊""中华水塔"之称。① 四川民族地区无论是生态功能、生态地位，还是民族地区稳定，都至关重要，是生态文明建设的重要组成。生态环境优劣对民族地区民众生产生活的影响巨大，"民族地区对生态环境的高度依存性，决定了民族地区生态保护立法的必要性和紧迫性"。②

四川是中国第二大藏族聚居区、第一大彝族聚居区，少数民族主要居住在甘孜藏族自治州、阿坝藏族羌族自治州、凉山彝族自治州（以下简称"三州"），阿坝藏族羌族自治州是我国唯一的羌族人民聚居的自治州。生态环境立法，是四川民族地区生态文明建设的重要前提。如同学者指出，环境立法是民族地区对农村环境执法的前提和基础。③

本节内容基于对立法文本分析和实地调研相结合，对四川"三州"民族地区生态环境立法的情况进行专门评析。文本分析主要是通过北大法宝查阅了从 20 世纪 90 年代以来至今的、时间跨度 25 年的、有关四川民族自治地方生态环境的大量立法文本。实地则是通过对阿坝藏族羌族自治州、凉山彝族自治州等地的调研。

一、生态环境立法概况

总体看，"三州"立法总体情况为：阿坝州自治立法内容侧重于自治州范围内自然资源的保护。甘孜州自治立法的内容同时侧重于自然资源管理和社会管理。凉山州自治立法侧重于单个地区或领域的管理。

2015 年 3 月，十二届全国人大三次会议修改立法法，赋予所有设区的

---

① 四川年鉴（2021）. http://scdfz.sc.gov.cn/scdqs/scsq/content_12039 四川省情网，更新时间 2021 年 12 月.

② 陈云霞. 民族地区生态保护立法的理念与路径选择 [J]. 西南民族大学学报（人文社科版），2018（1）：92—97.

③ 宋才发，宋强. 民族地区生态环境保护的法治探讨 [J]. 民族学刊，2018（5）：64-70+117-120.

市、自治州地方立法权。2018年3月，十三届全国人大一次会议通过宪法修正案，进一步确认了设区的市、自治州具有地方立法权的宪法地位。根据《立法法》赋予设区的市、自治州地方立法权的重大变革。在设区的市地方性法规方面，只有两个立法文件：《甘孜藏族自治州森林草原防灭火条例》《凉山彝族自治州森林草原防灭火条例》。一个是甘孜州的，一个是凉山州的，阿坝州没有。

表2　设区的市地方性法规

地方	地方性法规
甘孜州	《甘孜藏族自治州森林草原防灭火条例》
凉山州	《凉山彝族自治州森林草原防灭火条例》
阿坝州	\

在自治条例和单行条例方面，阿坝州现行有效的、有关生态环境保护的自治条例和单行条例有9个，甘孜州现行有效的、有关生态环境保护的自治条例和单行条例有7个，凉山州现行有效的、有关生态环境保护的自治条例和单行条例有6个。

表3　自治条例和单行条例数量

地方	生态环境保护现行有效数量
甘孜州	7
凉山州	6
阿坝州	9

阿坝州的自治条例和单行条例主要涉及：风景名胜区，矿产资源管理，森林草原防灭火，生态环境保护，湿地保护，水资源管理，野生动植物保

护，实施《四川省城乡环境综合治理条例》的补充规定，野生中药材、菌类植物资源保护管理等。

甘孜州的自治条例和单行条例主要涉及：草原管理，防震减灾，集体人工商品林管理，矿产资源管理，气象、生态环境保护，实施《四川省河道采砂管理条例》的补充规定。

凉山州的自治条例和单行条例主要涉及：东西河飞机播种林区保护管理，矿产资源管理，泸沽湖风景名胜区保护，邛海保护，水资源管理，渔业管理。

表4　"三州"自治条例和单行条例情况

地方	主要内容
甘孜州	草原管理，防震减灾，集体人工商品林管理，矿产资源管理，气象、生态环境保护，实施《四川省河道采砂管理条例》的补充规定
凉山州	东西河飞机播种林区保护管理，矿产资源管理，泸沽湖风景名胜区保护，邛海保护，水资源管理，渔业管理
阿坝州	风景名胜区，矿产资源管理，森林草原防灭火，生态环境保护，湿地保护，水资源管理，野生动植物保护，实施《四川省城乡环境综合治理条例》的补充规定，野生中药材、菌类植物资源保护管理

在地方规范性文件方面，阿坝州现行有效的、有关生态环境保护的地方规范性文件有14个，甘孜州现行有效的、有关生态环境保护的地方规范性文件有4个，凉山州现行有效的、有关生态环境保护的地方规范性文件有13个。

表 5 地方规范性文件数量

地方	生态环境保护现行有效数量
甘孜州	4
凉山州	13
阿坝州	14

甘孜州的地方规范性文件有关生态环境保护主要涉及：加强工程建设领域生态保护和植被恢复工作，实行最严格水资源管理制度，印发《甘孜藏族自治州天葬事务管理办法》（试行），批转州林业局关于认真执行"十一五"期间年森林采伐限额切实加强森林资源管理工作的意见。

凉山州的地方规范性文件有关生态环境保护主要涉及：贯彻落实《四川省城乡环境综合治理条例》的实施意见，加强矿山地质环境恢复治理保证金征收管理工作，认真实施天然草原退牧还草工程，印发《凉山州地质灾害防治工作奖励与问责办法》（试行），印发《凉山州森林防火责任追究暂行办法》，印发凉山州大气污染防治行动计划实施细则，印发凉山州实行最严格水资源管理制度考核办法，转发《四川省人民政府办公厅关于进一步加强森林草原防火工作的意见》，做好新一轮退耕还林工作，加强东西河飞播林区森林资源保护管理，认真贯彻落实新《森林防火条例》，实行最严格水资源管理制度、实施邛海及西昌城区周边植被恢复工程等。

阿坝州的地方规范性文件有关生态环境保护主要涉及：积极应对新一轮极端天气进一步做好防汛减灾工作，全面建立保护发展森林资源目标责任制，做好当前森林草原防火工作，马尔康市等 13 县（市）新一轮《草原生态保护补助奖励政策实施方案（2016—2020 年）》的批复，加快林业产业发展的意见，加强水电资源开发管理维护生态环境安全有关问题，进一步加强农村环境保护工作，加强饮用水水源保护工作，深化城乡环境综合治理工作，印发《阿坝藏族羌族自治州探矿权采矿权管理办法》，印发《阿坝藏族羌族自治州资源管理暂行办法》，印发《阿坝藏族羌族自治州资源管理办法》，印发水电、矿产、旅游资源管理实施意见，做好山洪泥石流灾后恢复工作。

表6　地方规范性文件情况

地方	生态保护的主要内容
甘孜州	加强工程建设领域生态保护和植被恢复工作，实行最严格水资源管理制度，印发《甘孜藏族自治州天葬事务管理办法》（试行），批转州林业局关于认真执行"十一五"期间年森林采伐限额切实加强森林资源管理工作的意见等
凉山州	贯彻落实《四川省城乡环境综合治理条例》的实施意见，加强矿山地质环境恢复治理保证金征收管理工作，认真实施天然草原退牧还草工程，印发《凉山州地质灾害防治工作奖励与问责办法》（试行），印发《凉山州森林防火责任追究暂行办法》，印发凉山州大气污染防治行动计划实施细则，印发凉山州实行最严格水资源管理制度考核办法，转发《四川省人民政府办公厅关于进一步加强森林草原防火工作的意见》，做好新一轮退耕还林工作，加强东西河飞播林区森林资源保护管理，认真贯彻落实新《森林防火条例》，实行最严格水资源管理制度，实施邛海及西昌城区周边植被恢复工程等
阿坝州	积极应对新一轮极端天气进一步做好防汛减灾工作，全面建立保护发展森林资源目标责任制，做好当前森林草原防火工作，马尔康市等13县（市）新一轮《草原生态保护补助奖励政策实施方案（2016—2020年）》的批复，加快林业产业发展的意见，加强水电资源开发管理维护生态环境安全有关问题，进一步加强农村环境保护工作，加强饮用水水源保护工作，深化城乡环境综合治理工作，印发《阿坝藏族羌族自治州探矿权采矿权管理办法》，印发《阿坝藏族羌族自治州资源管理暂行办法》，印发《阿坝藏族羌族自治州资源管理办法》，印发水电、矿产、旅游资源管理实施意见，做好山洪泥石流灾后恢复工作等

总的来说，"三州"的立法各有偏重，也各有特色。

在自治条例、单行条例层面，甘孜州、阿坝州、凉山州直接体现民族特色的生态环境立法不多。少数民族独特的习惯法和社会风俗可能对生态环境立法和执法有促进和辅助作用，在立法文本上的直接体现较少，多数是对上位法的继承和复制，民族地方立法特色在立法文本上体现不足。此外，缺乏生态补偿机制相关法律制度，缺乏对违反生态立法的责任规定，法律空白领域较多。民族地区发展较为滞后，更需要经济发展，因而，经济发展和生态环境保护之间的矛盾会凸显。民族地区，地理环境独特，生态环境立法更需要发挥特色，因地制宜。究其原因，一方面，囿于少数民族地区地处偏远、信息鸿沟在实际中的反应。另一方面，民族地区特色立法的理念和策略需要加强。此外，还应当加强民族地区之间的立法交流，取长补短，相互借鉴学习。

二、生态环境立法的主要制度

（一）护林防火

甘孜州和凉山州均以设区的市地方性法规的形式发布了《甘孜藏族自治州森林草原防灭火条例》《凉山彝族自治州森林草原防灭火条例》，阿坝州以地方性规范文件的形式发布了《阿坝州人民政府办公室关于做好当前森林草原防火工作的通知》，以自治条例和单行条例的形式发布了《阿坝藏族羌族自治州森林草原防灭火条例》，将护林防火纳入法律监管。

表 7　护林防火情况

地方	设区的市地方性法规	自治条例和单行条例	地方性规范文件
甘孜州	《甘孜藏族自治州森林草原防灭火条例》	\	\
凉山州	《凉山彝族自治州森林草原防灭火条例》	\	\
阿坝州	\	《阿坝藏族羌族自治州森林草原防灭火条例》	《阿坝州人民政府办公室关于做好当前森林草原防火工作的通知》

（二）旅游景区管理

凉山州以自治条例和单行条例的形式出台了《凉山彝族自治州泸沽湖风景名胜区保护条例》，对泸沽湖景区进行专门的管理和保护。比较具有特色之处：对原有村落风貌进行保护，保持原有的风土面貌和环境特色，立法文本上体现了对旅游开发的前瞻性考虑和规划，体现了民族地区立法特色。

表 8　旅游景区管理情况

地方及自治条例和单行条例	名称
凉山州	《凉山彝族自治州邛海保护条例》
	《凉山彝族自治州泸沽湖风景名胜区保护条例》

（三）野生动植物保护

阿坝州通过自治条例和单行条例的方式对州内的野生动物和植物资源

进行了保护，但在凉山州和甘孜州，目前尚没有见到野生中药材、菌类植物资源保护的相关立法。立法促进了四川民族地区野生动物植物资源保护，维护了生物多样性。

表 9　野生动植物保护情况

地方及自治条例和单行条例	名称
阿坝州	《阿坝藏族羌族自治州野生动物植物保护条例》
	《阿坝藏族羌族自治州野生中药材、菌类植物资源保护管理条例》

三、生态环境的特色立法

（一）保护生态环境和尊重民族丧葬习惯结合

《甘孜藏族自治州天葬事务管理办法》（试行）于 2016 年 7 月 17 日实施，首次将天葬纳入甘孜州规范管理，把保护生态环境和尊重藏族的丧葬习俗相结合。藏族有"天葬"的习俗，由政府统一规划，设置天葬场，公益性殡葬服务设施，收取维持天葬场的运转的基本费用，并对特定群体进行减免。这项规定较有特色，有利于保护生态环境和尊重民族习惯，但立法等级较低，仅是地方规范性文件。

（二）提升民族地区生态环境质量与乡村振兴结合，法治回应"美丽中国"建设

民族地区发展、生态环境提升是乡村振兴的重要内容。农村生活垃圾处理是生态环境治理中的难点，而民族地区地处偏僻，且多地势险峻，大大增加了生活垃圾处理的难度。2016 年 6 月 2 日起实施的《阿坝州人民政府关于深化城乡环境综合治理工作的实施意见》，①虽然是地方性规范文件，但在美丽中国背景下，"厕所革命"等行动中，发挥法治指引作用，提升生态环境质量。部署整体推进城乡环境治理，特别是，倡议提出了"探索高半山、边远村寨生活垃圾就近无害化处理模式"，这是对民族地区生态环境质量提高的重要举措的法治化表达，是法治回应的有益实践。诸如此类的地方规范性文件，将提升民族地区生态环境质量与乡村振兴的结合。

（三）民族习惯法各具特色

四川少数民族集中在甘孜州、阿坝州、凉山州。四川各个少数民族有不同的风俗习惯和理念信仰，他们在长期的生活实践中形成了与众不同的习俗，通过表达对山林、树林、水、动植物等的崇敬和信仰，而演变成保护生态环境、自然资源的习惯法。四川民族地区多处高寒缺氧、生态脆弱、气候无常地区，自古以来，人们形成了对自然最朴素的敬畏和崇拜。如甘孜藏族自治州、阿坝州藏族羌族自治州的"四季轮牧"有助于草地休养生息、保护野生动植物。在部分游牧地区保持着"不动土"的原则。不能砍伐"神树"习惯，保护了森林资源等。甘孜色达部落的"黄皮律法书"规定封山禁谷、严禁用猎枪猎狗捕杀野生动物，当地的僧俗都要遵守这些禁令。甘孜理塘拉姆地区严禁挖掘药材，且不论在自己或别人地里挖掘，不论是否挖掘到药材，都要罚款。四川的羌族是一个非常古老的民族，有着悠久的历史，对"神林"的崇拜自古就有。"天地之后神林为大"在羌族民间广为流传。羌族特有的生态环境保护节日是"基勒俄聚"，"基勒俄聚"是中华民族的非物质文化遗产。羌族的"封山会"制度目的是保证山林不遭到破坏，提高封山的权威，必要时，羌寨要举行特殊的封山仪式——"吊狗封山"，之后该处山林成为禁地直到开山，很好地保护了

---

① 《阿坝州人民政府关于深化城乡环境综合治理工作的实施意见》，2016 年 6 月 2 日实施。

当地的生态环境。①

（四）部分立法体现了对生态资源保护的前瞻意识

四川民族地区部分立法体现了前瞻意识。民族地区虽然地处偏远，但富含生态资源。阿坝藏族羌族自治州地区内野生中药材、菌类植物资源丰富，但资源不是取之不竭的，加强对生态资源的保护和合理利用，对于实现生态资源的可持续发展非常重要，对于在经济上欠发达的民族地区非常重要。阿坝藏族羌族自治州早在1995年就出台了《阿坝藏族羌族自治州野生中药材、菌类植物资源保护管理条例》，②对州内的野生中药材、菌类植物资源进行立法保护，实现野生中药材、菌类植物资源的可持续发展。类似这样的立法体现了四川民族地区对生态资源保护的前瞻意识。

凉山州早在1997年就发布了《凉山彝族自治州邛海保护条例》，在2004年发布了《凉山彝族自治州泸沽湖风景名胜区保护条例》，对本地的风景区进行了专门的立法保护。四川民族地区的自然风景区生态环境优美，对于四川民族地区的经济发展来说，是得天独厚的优势资源，对本地的风景区进行专门的立法保护，是实现可持续发展的必然要求，也是保护生态环境的必然一环。"绿水青山就是金山银山"的前瞻意识在四川民族地区早期的部分立法显露出来。

（五）立法彰显长江上游生态屏障法治保障，坚持科学立法、协同立法

四川民族地区大多数位于江河上游或重要分水岭，可以说，在很大程度上，四川民族地区承担了保障长江上游生态屏障的重要作用，有的地区虽然不是自治州（县），但也有少数民族居住。近年来，四川注重科学立法，梳理与本课题相关的省级地方性法规予以说明。

---

① 陈兴龙，陈松. 基勒俄聚——羌族生态环境保护节 [J]. 四川民族学院学报，2014（4）：25-29.

② 《阿坝藏族羌族自治州野生中药材、菌类植物资源保护管理条例》，1995年10月19日实施。

《四川省嘉陵江流域生态环境保护条例》（草案征求意见稿）于 2021 年立法听证。在本文完稿时，《四川省嘉陵江流域生态环境保护条例》一共 107 条，于 2022 年实施，规定涉及嘉陵江干流、支流。① 该法规强调了协同立法的重要性，以指导地方实践。该法规设置专章规定"区域协作"，突出建立健全嘉陵江流域生态环境协同保护机制的重要性、操作性。明确"按照统一规划、统一标准、统一监测、统一责任、统一防治措施的要求，共同推进嘉陵江流域保护"。② 《四川省老鹰水库饮用水源保护管理条例》在四川省首次对跨区域饮用水水源进行立法保护。《四川省沱江流域水环境保护条例》为四川省首次单独流域立法。我国首个地方流域共同立法诞生于四川，云南省、贵州省、四川省三省人大常委会分别于 2021 年 5 月，审议通过了关于加强赤水河流域共同保护的决定和三省各自省的赤水河流域保护条例，首次在地方流域以"决定+条例"的方式共同立法。

四、生态环境立法的经验与不足

（一）四川民族地区生态环境立法的经验

1. 民族地区运用立法指引生态环境建设的理念和能力逐步提升

生态文明建设列入"五位一体"总体布局，民族地区生态环境立法的指引作用重要性日益突出，四川民族地区运用立法指引生态环境建设的理念和能力逐渐提升。位于云南省、贵州省、四川省交界的赤水河穿梭于崇山峻岭之间，是长江的重要支流，赤水河流域也是典型的少数民族地区，赤水河流域孕育了侗族、苗族、满族、彝族、回族、布依族、仡佬族等 30 多个少数民族。随着依法治国的不断深入，民族地区生态环境立法的理念

---

① 《四川省嘉陵江流域生态环境保护条例》，2021 年 11 月 25 日，四川省第十三届人民代表大会常务委员会第三十一次会议通过，2022 年 1 月 1 日起施行。

② 《四川省嘉陵江流域生态环境保护条例》第八十七条：省人民政府应当推动与相邻省、直辖市人民政府建立健全嘉陵江流域生态环境协同保护机制，按照统一规划、统一标准、统一监测、统一责任、统一防治措施的要求，共同推进嘉陵江流域保护。

在提升，因地制宜地抓住了协同立法的趋势、锐意创新，催生了全国首个地方流域共同立法。云南、贵州、四川三省共同立法保护赤水河，于2021年7月1日同步实施，是全国首个地方流域共同立法。自党的十八大以来，四川省非常重视民族地区的生态环境立法建设。四川民族地区多为重要的生态功能区和水源涵养地，为保护生态环境在经济发展上做出牺牲，理应得到合理的生态补偿。民族地区自治法规限于立法层级低，同时，民族地区限于经济落后、公共财政捉襟见肘，流域生态补偿在自治县层面难以实施。环境政策在立法之外也发挥很大作用，环境政策在合适的阶段将成为民族地区的生态环境立法。四川民族地区积极推动环境政策，2022年2月，阿坝州汶川县、若尔盖县、红原县、甘孜州白玉县、色达县获批全国生态综合补偿试点县。这5个县均为长江、黄河的重要水源涵养地。未来将在创新森林生态效益补偿制度，推进建立流域上下游生态补偿制度，发展生态优势特色产业，推动生态保护补偿工作制度化等方面积极探索，努力推动生态综合补偿多样化示范建设。生态补偿是公平正义的"环境正义"在民族地区的具体实践。

2. 民族地区习惯法与国家制定法形成"合力"，助力执法司法秩序

国家制定法、民族自治地方的单行条例、自治条例、地方规范性文件等，不能涵盖生产、生活的方方面面。民族地区社会运行中，尤其自然形成的秩序和习俗形成的民族习惯法也构成了民族地区生态环境立法来源的重要补充。四川民族地区生态环境习惯法中深受"万物有灵""天人合一""神山圣水"等天然有益于生态环境保护的生态观，"四季轮作""轮耕""封山会"等习俗，在很大程度上保护了生态环境，而习惯性地出于敬畏自然、恐惧惩罚等"自觉行动"，大大降低了立法成本、执法成本。民族习惯法中的习俗，有的一开始可能是出于对神灵敬畏甚至惧怕的心理，不滥捕野生动物、砍伐森林，以至于在部分地区形成了对神山圣水"封山育林"的习惯，进而起到了促进生物多样性、防止水土流失等有益作用。民族习惯法中对于乱捕猎野生动物的经济制裁和其他惩罚办法等，为立法宣

传、法治普及奠定了基础，无疑提高了法律的威慑力，降低了民族地区的执法、司法成本。这些，有力地改善了以川西北生态示范区建设为代表的生态环境，为四川民族地区保护长江上游生态屏障起到了推动作用。如有学者指出，四川少数民族生态环境习惯法展现了地区民族群体经济理性，在经济理性驱动下做出选择，同时也展现了少数民族地区生态环境资源保护的价值追求。①以上种种，便于民族地区习惯法与国家制定法形成"合力"。

3. 民族习惯法、传统习俗促进法律信仰，提升法律认同

伯尔曼的著名法谚"法律必须被信仰，否则它就形同虚设"，流传在西方社会的民间风俗"移动邻居界碑者，必被诅咒"，体现了民间习惯在土地划分中的有益作用。②著名的苏力教授也曾指出，一个民族的生活可以创造法制，而法学家创造的只不过是法制的理论而已。国家制定法中管制色彩较多、承担义务也相对较多，承担义务在内心尊崇法律信仰的基础上，才会有自觉性、主动性。四川民族地区的习惯法、风俗、传统文化中，普遍存在的自然崇拜，对神山圣水的膜拜，畏惧乱砍滥伐、不杀生等代代相传，这种发自内心的自觉性、主动性，大大提高了对民族地区的法律认同，有力促进了对生态环境的保护、维护了民族地区的生态平衡。"只有生态潜力的增长速度超过经济潜力增长的速度，自然环境—社会系统的平衡才得以维系。"③有学者认为，神山崇拜和禁忌为核心的生态保护法，在当地执行力强，是民族地区生态环境法律的重要组成。④应当继续弘扬民族习惯法、传统习俗中健康有益的成分，促进法律信仰，提升法律认同。

---

① 余贵忠，徐燕飞. 少数民族生态习惯法的经济理性 [J]. 民族学刊，2020 (4)：27-31.

② 廖伯明. 西南少数民习惯法在生态环境保护中的作用 [J]. 黑龙江民族丛刊，2008 (5)：150-154.

③ 黄润源. 论我国生态补偿法律制度的完善 [J]. 上海政法学院学报 (法治论丛)，2010 (6)：56-61.

④ 尹仑. 中国民族生态法律制定研究 [J]. 云南社会科学，2016 (5)：106-111.

（二）四川民族地区生态环境立法的不足

在四川的调研、座谈、访谈中，涉及人大、州政府、司法局、法院、检察院、公安局、中小学、普通民众等。民族地区生态环境立法这些年来，尤其是党的十八大以后，取得了不少成效。但也必须认识到，四川民族地区由于历史和天然形成的原因，仍然存在不足。

1. 民族特色彰显尚不充足

四川省的民族地区少数民族杂居，多处在地势复杂、海拔高、河流落差大，甚至空气稀薄、天气变化无常的险峻之地。复杂多样的地理环境，赋予了四川民族地区广阔富饶的生态环境资源、多元丰富的民族文化、异彩纷呈的民族传统。但是，受限于地处偏远、文化知识相对落后、法治观念、立法技术的输入与应用受到影响等，四川民族地区生态环保立法在总体上，体现出更多的规范主义的管控模式，呈现更多的是以行政机关推动为主、体现民族特色的规范内容不足的立法现象。四川民族地区生态环保立法中民族特色彰显尚不足，存在对国家制定法的复制、对上位法的照搬腾挪等问题，也在一定程度上使法律的实际执行效果受到影响，同时也削弱了四川民族地区法律规范的实效性。这是目前四川民族地区生态环保立法中的难点和需要解决的重点。《中华人民共和国立法法》于2015年修正，第75条规定，赋予民族自治地方自治条例、单行条例的自治地方立法变通权，"自治条例和单行条例可以依照当地民族的特点，对法律和行政法规的规定作出变通规定……"在四川民族地区生态环境法规中，很少有自治地方立法变通权的运用，也是立法中民族特色彰显不足的原因之一。一些有民族特色的立法在四川民族地区自治法规中层级较低，亟待上一级地方性法规的规范。

这不仅仅是四川民族地区立法中存在的问题，也是一种普遍现象。未来需更多运用"立法协商"手段，增强立法的民主性和民族性，促进立法从"规范主义"转向"功能主义"，①并运用自治地方立法变通权进行立法创新。

2. 生态旅游和休闲康养等"多样性""多层次"绿色产业立法保障不足

"绿水青山就是金山银山"，四川民族地区广阔丰富的生态本底，就是最大的"经济财富"。绿色低碳高质量发展是四川民族地区现在、未来可持续发展的趋势。生态旅游和休闲康养等绿色产业的立法保障有待加强。

如上文经验部分所述，凉山州早在1997年就对本地的风景区进行了专门的立法保护，但甘孜州和阿坝州在这方面做的就稍显不足。阿坝州在2014年发布了《阿坝藏族羌族自治州风景名胜区条例》，对阿坝州的风景名胜区做出了立法保护，但时间较晚，也没有对本地区内的具体风景名胜出台专门的立法保护，条例内的规定较为笼统，从侧面上讲也就缺乏一定的针对性。至于甘孜州，对本地风景区的立法保护做得不足，基本没有关于这方面的专门立法。在丁真爆火带来的全国人民到四川民族地区的旅游热到来，掀起一股四川民族地区旅游经济发展的同时，我们必须思考、审时度势，四川民族地区对本地的风景区进行专门立法保护，应当也跟上经济发展的脚步，自然风光和生态环境都是四川民族地区宝贵的财富，一旦破坏，难以恢复。立法应当坚持生态旅游、休闲康养与经济发展、科技创新结合，形成"多样性""多层次"的绿色产业立法体系。

3. 民族文化和法律规范之间契合尚不深入

四川民族地区的少数民族有敬畏自然的文化传统，这种传统作为一种习惯法，为四川省民族地区的生态环境立法创造了天然的守法助力和良好的守法环境。与此同时，要特别注意民族文化和法律规范之间契合尚不够深入。课题组在凉山州、阿坝州调研时，在座谈和深度访谈中发现，不足30%的调查对象表示"自己或身边少数民族亲友，愿意用法律途径解决日

①　康兰平. 我国民族地区环境保护立法模式研究 [J]. 西北民族大学学报（哲学社会科学版），2016（6）：122-126.

常纠纷"，50%以上的当地居民认为"诉讼是不光彩、丢脸的事"。民族地区普法工作任重道远，培养法律信仰和法律信赖意识，仍然要长期深入开展。将来，四川民族地区生态环境的相关立法要注重与优秀的民族文化传统相结合，让习惯法和成文法共同作用，相互助力，发挥出更好的法治效果。另一方面，立法时要清楚区分与现代法治观念相符的民族文化传统和与现代法治观念不相符的民族文化传统，坚决杜绝和严防民族文化糟粕的生长和传播。简而言之，未来应当通过更多吸收四川民族地区文化传统中的优秀成分，挖掘民族习惯法中的优秀制度传统等多种方式，切实鼓励公众参与、推进协商立法，促进民族文化和法律规范之间的契合。

第七章

西南地区生态环境立法案例

第一节　生态文明建设促进立法案例

作为率先在全国出台的省级生态文明建设法规，旨在促进生态文明建设和推进经济社会绿色发展、循环发展、低碳发展，保障人与自然和谐共存及维护生态安全，《贵州省生态文明建设促进条例》（以下简称《条例》）在推动生态文明建设上具有标志性意义，是西南地区生态文明建设促进立法的典型案例。以下对《条例》的立法背景、立法历程、主要内容、创新制度、实施效果几个方面展开研究阐述。

一、立法背景

贵州省虽然生态环境相对良好，但面临环境容量有限，资源相对贫乏和经济快速发展之间的矛盾，也存在生态基础脆弱、经济发展长期滞后等问题。为加强生态环境保护，贵州省生态文明地方立法工作一直走在全国的前列，2009 年贵阳市率先在全国颁布了第一部促进生态文明的地方性法规。党的十八大把生态文明建设纳入中国特色社会主义事业五位一体总布局，对生态文明建设作出全面系统的部署。习近平总书记对贵州生态文明建设和环境保护特别重视、格外关心，多次做出重要指示，反复叮嘱贵州要牢牢守好发展和生态两条底线。2013 年 7 月，贵州省成立了生态文明建设领导小组，统筹生态文明建设工作。为把思想行动统一到习近平总书记的重要指示精神上来，把生态文明建设融入经济建设、政治建设、文化建设、社会建设各方面和全过程，努力打造生态文明先行区、走向生态文明新时代，努力在加速发展、跨越发展、转型发展中建设资源节约型、环境友好型社会。制定专门的生态文明建设法规是全面落实党中央、省委关于生态文明建设要求的具体行动，也是贵州省在生态文明建设方面的一大战略举措。

二、立法历程

为打造生态文明建设的先行区，用法治保障生态文明建设，经贵州省人大常委会第十一次主任会议决定，将《条例》列入 2014 年省人大常委会立法计划，并要求力争在生态文明贵阳国际论坛 2014 年年会召开之前颁布实施。该项立法由省人大常委会组织起草，省人大环资委提案。为做好立法工作，2013 年 8 月 2 日，省人大环资委召开了由省直有关厅局负责人参加的生态文明立法工作座谈会，对制定条例的可行性进行了讨论。8 月 28 日，省人大环资委召开由省人大咨询专家及有关科研院所、大专院校专家参加的征求意见会。9 月 30 日，《条例》（草案）立法领导小组成立，成员由省人大常委会及省直有关厅局负责人组成。当日，还召开了第一次领导小组工作会议，法规起草工作正式启动。10 月 8 日，贵州省人大常委会办公厅就《条例》（草案）的立法建议，公告征集社会各界建议及意见。10 月 23 日至 11 月 10 日，法规起草小组分 4 个调研组，先后赴省内九个市州和厦门市、珠海市展开立法调研。2013 年 12 月 7 日，将《条例》（草案）发往各市州征求意见，12 月 18 日召开省直有关厅局征求意见会，共征集到意见 140 余条。12 月 23 日对《条例》（草案）进行再次修改，吸纳征集到的意见为意见总数的 65%，形成《条例》（草案）第九稿。12 月 25 日，经省人大环资委 7 次会议审议，形成了《条例》（草案）。2014 年 5 月 17 日，贵州省第十二届人民代表大会常务委员会第九次会议通过《条例》，并自 2014 年 7 月 1 日起施行。2018 年 11 月 29 日，贵州省第十三届人民代表大会常务委员会第七次会议通过的《贵州省人民代表大会常务委员会关于修改〈贵州省大气污染防治条例〉等地方性法规个别条款的决定》对《条例》做出修正。

三、主要内容

《条例》共七章 70 条。主要对生态文明建设目标与原则、规划与建设、保护与治理、保障措施、监督机制、法律责任等做出了规定。

其中，第一章"总则"，共有 9 条。规定了制定《条例》的目的是促进生态文明建设，推进经济社会绿色发展、循环发展、低碳发展，保障人与自然和谐共存，维护生态安全。《条例》的适用范围是贵州省行政区域内的生态文明建设和相关活动。明确了生态文明及生态文明建设的概念。规定生态文明建设坚持节约优先、保护优先、自然恢复为主的方针，坚持政府引导与社会参与相结合、区域分异与整体优化相结合、市场激励与法治保障相结合的原则。规定各级政府及有关部门对行政区域内的生态文明建设负有责任，公民、法人和其他组织享有生态环境权利等内容。

第二章"规划与建设"，共有 16 个条文，主要包括以下内容：省人民政府应当编制生态文明建设规划，市、州和县级人民政府可以根据上级人民政府生态文明建设规划编制本行政区域的生态文明建设规划。生态文明建设规划主要内容包括了生态文明建设总体目标、指标体系、重点领域及重点工程、重点任务、保障机制和措施等。省人民政府应当划定生态保护红线并向社会公布。县级以上人民政府应当编制生态文明建设指标体系，包括生态安全、生态经济、生态环境、生态人居、生态文化、生态制度等内容。县级以上人民政府应当逐步建立自然生态空间规划体系。县级以上人民政府应当积极发展生态工业、生态农业、绿色建筑，积极推进循环经济发展。县级以上人民政府及其有关部门应当推进生态文明宣传教育，弘扬生态文化，促进生态文明风尚等。

第三章"保护与治理"，共有 13 个条文，是对自然资源和生态环境保护和治理的具体规定。主要有：各级人民政府应当对划入生态保护红线的区域实行永久性保护，生态保护红线区域实行分级分类管理，一级管控区禁止一切形式的开发建设活动，二级管控区禁止影响其主导生态功能的开发建设活动。退耕还林（草），加强森林资源保护，实行严格的水资源管理制度，严守耕地保护红线，从严控制建设用地，建立土壤环境保护体系，加强大气污染防治，加强生态修复和山体保护，加强水污染防治，加强城镇乡村生态环境，提高生态脆弱区域自我发展能力，加强固体废物污染防治工作，加强城乡环境综合治理，加强生物多样性保护，加强对自然标志物和历史遗迹的保护等内容。

第四章"保障措施"，共有 17 个条文，设置了系列推进生态文明建设保障制度。比如，生态文明建设目标责任制，项目风险评估制度，决策责任追究制度，生态文明建设项目重点支持制度，绿色采购制度，自然资源资产产权制度和用途管制制度，生态保护补偿机制，生态环境污染公共监测预警机制，区域生态文明联动机制等。

第五章"信息公开与公众参与"，共有 6 个条文，包含以下内容：建立生态文明建设公众参与机制，建立生态文明建设信息共享平台，定期发布生态环境状况公报。公民、法人和其他组织对负有环境保护监督管理职责部门不依法履行职责的举报权利以及生态环境公益诉讼等内容。

第六章"监督机制"，共有 6 个条文，包含了人大监督、政府监督，审判机关、检察机关的司法建议或者检察建议权利，建立生态文明建设信息档案。广播、电视、报刊和网络等新闻媒体舆论监督，设立生态文明建设监督员等。

第七章"法律责任"，共有 3 个条文，规定了国家机关及其工作人员违反该法规以及其他人员在生态保护红线范围内从事损害生态环境保护的活动，所应承担的法律责任。

四、创新制度

贵州省在生态文明建设领域首创性立法，通过全国生态文明建设领域首部专门法规，无论是在立法目的、章节结构方面，还是在主要内容、相关制度等方面，都具有创新性，为其他省份的生态文明建设地方性立法提供了参考。

一方面，《条例》在立法目的和章节结构方面对其他省份的立法提供了可供参考的蓝本，如表15所示。

表1　各省生态文明建设条例对比

名称	颁布时间	章节结构	条文数	立法目的
《贵州省生态文明建设促进条例》	2014年5月17日通过，自2014年7月1日起施行。2018年11月29日修正。	第一章总则 第二章规划与建设 第三章保护与治理 第四章保障措施 第五章信息公开与公众参与 第六章监督机制 第七章法律责任	70条	为了促进生态文明建设，推进经济社会绿色发展、循环发展、低碳发展，保障人与自然和谐共存，维护生态安全。
《青海省生态文明建设促进条例》	2015年1月13日通过，自2015年3月1日起施行。	第一章总则 第二章规划与建设 第三章保护与治理 第四章保障机制 第五章监督检查 第六章法律责任 第七章附则	76条	为了维护国家重要生态安全屏障，推进生态文明先行区建设，实现经济社会全面协调可持续发展。

续表

名称	颁布时间	章节结构	条文数	立法目的
《福建省生态文明建设促进条例》	2018年9月30日通过，自2018年11月1日起施行。	第一章总则 第二章生态规划编制与实施 第三章生态环境保护 第四章生态经济促进 第五章生态文化培育 第六章保障机制 第七章监督考核 第八章法律责任 第九章附则	75条	为了深入实施生态省战略，促进生态文明建设，满足人民日益增长的优美生态环境需要，实现经济社会文化生态全面协调的可持续发展。
《江西省生态文明建设促进条例》	2019年9月28日通过，自2020年1月1日起施行。	第一章总则 第二章目标责任 第三章生态文化 第四章生态经济 第五章生态安全 第六章生态文明制度 第七章保障与监督 第八章法律责任 第九章附则	76条	为了促进生态文明建设，打造美丽中国"江西样板"，维护国家重要生态安全屏障，满足人民日益增长的优美生态环境需要，助推经济高质量发展。
《云南省创建生态文明建设排头兵促进条例》	2020年5月12日通过，自2020年7月1日起施行。	第一章 总则 第二章 规划与建设 第三章 保护与治理 第四章 促进绿色发展 第五章 促进社会参与 第六章 保障与监督 第七章 法律责任 第八章 附则	66条	为了推进生态文明建设，筑牢国家西南生态安全屏障，维护生物安全和生态安全，践行绿水青山就是金山银山的理念，推动绿色循环低碳发展，实现人与自然和谐共生，满足人民日益增长的优美生态环境需要，努力把云南建设成为全国生态文明建设排头兵、中国最美丽省份。

续表

名称	颁布时间	章节结构	条文数	立法目的
《西藏自治区国家生态文明高地建设条例》	2021 年 1 月 24 日通过，自 2021 年 5 月 1 日起施行。	第一章总 则 第二章生态规划 第三章生态安全 第四章生态经济 第五章生态文化 第六章示范创建 第七章社会协同 第八章保障监督 第九章法律责任 第十章附 则	68 条	为了全面贯彻落实新时代党的治藏方略，坚持生态保护第一，建设美丽西藏，把西藏打造成为国家生态文明高地

另一方面，立法内容制度等方面也具有创新性。如对生态文明和生态文明建设的定义。规定生态文明，是指以尊重自然、顺应自然和保护自然为理念，人与人和睦相处，人与自然、人与社会和谐共生、良性循环、全面发展、持续繁荣的社会形态。生态文明建设，是指为实现生态文明而从事的各项建设活动及其相关活动。再如，公民的环境权的明确规定。规定："鼓励公民、法人和其他组织参与生态文明建设，并保障其享有知情权、参与权、表达权和监督权。公民、法人和其他组织有权检举、投诉和控告危害生态文明建设的行为。"该条文明确生态红线制度。规定："生态保护红线是指为维护国家和区域生态安全及经济社会可持续发展，保障公众健康，在自然生态功能保障、环境质量安全、自然资源利用等方面，需要实行严格保护的空间边界与管理限值。"规定："省人民政府应当根据本省主体功能区规划和生态文明建设规划以及相关技术规范划定生态保护红线，确定生态保护红线区域、自然资源使用上限和环境质量安全底线并向社会公布。""生态保护红线区域包括禁止开发区、集中连片优质耕地、公益林地、饮用水水源保护区等重点生态功能区、生态敏感区和生态脆弱区及其

他具有重要生态保护价值的区域。"等内容。建立生态文明建设指标制度，明确"县级以上人民政府应当编制生态文明建设指标体系。生态文明建设指标体系包括生态安全、生态经济、生态环境、生态人居、生态文化、生态制度等内容"。明确县级以上人民政府应当建立生态文明建设目标责任制，目标责任制主要包括十一项具体指标等。

五、实施效果

作为贵州推进生态文明建设的基础性、综合性法规，自颁布以来，贵州省各级政府高度重视，认真落实《条例》各项规定，加大生态文明建设力度，较好地守住了发展和生态两条底线。《条例》实施 3 年后，贵州省即开展了对《条例》实施情况的评估，评估结果表明，《条例》实施效果良好，经济发展势头持续向好，环境质量持续改善。

主要表现在：省和各市、县均在国民经济和社会发展规划纲要中专篇部署生态文明建设工作，并将生态文明建设纳入了国民经济和社会发展计划。实施了省主体功能区规划，率先在全国划定省级生态保护红线，将禁止开发区、五千亩以上耕地、大坝、永久基本农田、重要生态公益林和石漠化敏感区全部划定为生态保护红线。编制生态文明建设指标体系，制定省生态文明建设目标评价考核办法，明确"突发环境事件、环境质量、主要污染物总量减排"为一票否决项。建立健全生态补偿机制，制定《关于健全生态保护补偿机制的实施意见》。探索建立全民所有自然资源资产有偿使用制度，进一步完善矿产资源有偿使用制度。开展森林生态效益补偿，着力优化产业结构和能源结构。加强环境保护治理，强化保障措施。但是，还存在生态环境保护治理欠账多、难度大，绿色产业整体竞争力不强，生态文明制度改革创新突破仍需加大，相关工作与《条例》规定有差距等问题。需要在开展山水林田湖系统保护和治理，培育壮大绿色产业，打造森林城市、绿色城镇和美丽乡村，深化生态文明制度改革，推动树立生态文明新风尚方面持续用力。

第二节　流域协同立法案例

区域协同立法是指在一定区域范围内，有关立法主体在立法工作中相互协作和配合，并使所立之法规达到相互协调乃至统一的状态。近年来，全国人大常委会鼓励各地探索开展区域协同立法，京津冀、长三角、粤港澳等地率先探索开展区域立法协作，形成了一批区域协同立法成果。云南、贵州、四川作出三省关于加强赤水河流域共同保护的决定，分别制定各省的赤水河流域保护条例，开启了我国地方流域共同立法先河，是流域协同立法的典型案例。

一、立法背景

赤水河起源于云南镇雄县赤水源镇银厂村，流经贵州、四川后汇入长江，是长江上游的重要生态屏障，也是连接云南、贵州、四川三省的人文纽带。作为长江上游的一级支流，加强赤水河流域保护立法，对云、贵、川两岸三省经济社会发展具有重要意义。早在 2011 年 7 月，贵州省人大常委会就通过了《贵州省赤水河流域保护条例》，并于 2012 年 3 月、2018 年 11 月进行了两次修改完善，之后又出台了流域保护规划等文件，突出"生态保护优先"的理念，严格落实红线要求。有效加强了贵州省境内赤水河流域保护，规范流域开发、利用、治理等活动，改善流域生态环境，促进了赤水河流域经济社会全面、协调和可持续发展。然而，赤水河作为一条跨省份区域性河流，各省行政区域内的流域功能定位、产业布局、保护方式和执法标准等存在差异，"分河而治"带来的流域管理难题还较为突出，需要以系统观念和法治思维推进共同保护。① 实践证明，赤水河的保护治理需要云南、贵州、四川三省的各自立法，更需要三省协同配合，共同立法，

---

① 李禾. 区域立法从"联动"到"共立"［N］. 科技日报，2021-06-29.

尤其是如何真正实现"上下游联动、干支流统筹、左右岸合力"的跨区域协同保护治理也成为三省共同立法的重点、焦点。

二、立法过程

云南、贵州、四川三省共同立法保护赤水河流域，是在全国人大的指导推动下，三省共同协力，历经一年多的时间完成的。2019 年 4 月，栗战书委员长在四川开展水污染防治法执法检查时，要求四川加强同上游省份的协作力度，推动赤水河流域治理保护达到系统治理的最佳效果。按照全国人大常委会的部署，在三省省委的全力支持下，共同立法工作从 2020 年开始全面启动。2020 年，全国人大环资委、常委会法工委先后 4 次与三省人大召开视频会议，协调三省联动，提供指导支持。2020 年 6 月 28 日，栗战书委员长对云贵川三省共同立法保护赤水河流域作出重要批示。2020 年 8 月 17 日至 20 日，四川又先后赴云南、贵州调研交流，三方商定由四川作为牵头省份，负责衔接联络，建立三省人大常委会秘书长联席会议机制。8 月 20 日，云南、贵州、四川三省人大常委会形成了赤水河流域保护立法座谈会纪要，明确共同立法工作由四川省人大常委会负责牵头，以《贵州省赤水河流域保护条例》为蓝本，在四川省条例草案文本基础上，吸收云南方面的意见，形成三省一致同意的赤水河流域保护条例草案文本。其间，三省人大常委会召开赤水河流域保护立法秘书长联席会议，共同研究协商条例草案文本；长江保护法制定出台后，又对条例草案逐一进行认真修改，确保条例草案和长江保护法的有效衔接。2021 年 1 月 15 日，栗战书委员长对云南、贵州、四川三省共同立法保护赤水河流域再次作出重要批示，要求三省人大常委会在制定条例的同时，考虑制定一个共同决定。2021 年 4 月 9 日，三省人大常委会第二次秘书长联席会议在成都召开。全国人大环资委、常委会法工委的领导同志专程到会指导，同时决定立即成立三省联合工作专班，沿赤水河开展共同调研、起草共同文本。在全国人大环资委和全国人大常委会法工委的指导下，三省人大常委会进行充分沟通，完成征求意见建议等相关环节，形成了三省的条例草案稿和共同决定草案。2021 年 5 月底，云南、贵州、四川三省人大常委会分别审议并全票通过了关于加强赤水河流域共同保护的决定，同时审议通过了各自的赤水河流域保护条例，并于 7 月 1 日同步实施。

三、主要内容

三省共同立法保护赤水河流域，以三省人大常委会分别审议通过的《关于加强赤水河流域共同保护的决定》（以下简称《决定》）和各自省份的《赤水河流域保护条例》（以下简称《条例》）组成。其中三省的共同决定是同一文本，共 18 条，由序言、正文和施行时间组成。序言部分明确了出台《决定》的依据、目的和原则等内容。《决定》根据《中华人民共和国长江保护法》等法律、行政法规制定；《决定》的目的是深入贯彻习近平生态文明思想，践行绿水青山就是金山银山理念，共同推进赤水河流域保护；《决定》遵循的原则是生态优先、绿色发展，共抓大保护、不搞大开发。正文部分重点对三省开展立法、行政执法、司法、普法、监督和规划、防治等领域的协同配合作出了规范。如规定了涉及赤水河流域保护的地方性法规、政府规章，有关方面应当在立项、起草、调研、论证和实施等各个环节加强沟通与协作；三省共同加强赤水河流域行政执法联动响应与协作，统一执法程序、处罚标准和裁量基准，定期开展联合执法；三省共同建立健全赤水河流域司法工作协作机制，推进跨行政区域一体化司法协作和多元联动等。同时，对全国人大常委会要求的"五统一"，即统一规划、统一标准、统一监测、统一责任、统一防治措施作出了规范；对三省共同建立"两机制"即政府间协调机制、生态保护补偿长效机制作出了规范；此外，还对三省共同推进绿色发展，山水林田湖草沙一体化保护和修复，红色文化资源保护利用等作出规范。最后，《决定》明确了施行时间是 2021 年 7 月 1 日。

三省的《条例》是各省的省级地方性法规，云南和四川的《条例》，均是 2021 年 5 月 28 日两省人大常委会通过的, 贵州的《条例》则是在 2011 年的条例经过两次修正基础上进行修订的。从章节上看, 云南省《条例》共有 9 章 68 条, 分别是总则、规划与管控、资源与生态环境保护、水污染防治、绿色发展、文化保护与传承、区域协作、法律责任和附则。贵州的《条例》共有 8 章 86 条, 分别是总则、规划与管控、生态建设与环境保护、资源保护与利用、文化保护与传承、跨区域联合保护、法律责任、附则。四川的《条例》共 9 章 74 条, 分别是总则、规划与管控、资源与生态环境保护、水污染防治、绿色发展、文化保护与传承、区域协作、法律责任、附则。可以看出, 三个省份都把赤水河流域的规划和管控、资源与生态保护、文化保护和传承作为《条例》的重要内容, 尤其是将区域协作的内容作为专章论述, 凸显了三省共同立法、共同保护的特点。云南的《条例》和贵州的《条例》在章节上一致, 统一设置了水污染防治专章, 规定赤水河流域县级以上地方人民政府及其生态环境主管部门应当采取有效措施, 加大对赤水河流域的水污染防治、监管力度, 预防、控制和减少水环境污染。设置了绿色发展专章, 规定县级以上人民政府应当按照长江流域发展规划、国土空间规划的要求, 调整产业结构, 推动产业转型升级, 优化产业布局, 推进赤水河流域绿色发展。从具体的内容和制度设计来看, 三个省份的《条例》具有共性的同时, 也具有独有规定。如云南省境内赤水河流域内的镇雄县、威信县等县, 保护治理任务重但财力严重不足, 针对群众关切, 云南省的《条例》对生态保护补偿问题作出较为全面的规定。同时,《条例》将云南省近年来开展的小水电站拆除、硫黄矿渣整治、全面禁渔等治理措施提炼固化为法条, 加强针对性和可操作性。为加强赤水河流域特有的红色文化资源保护传承,《条例》还对扎西会议旧址、鸡鸣三省大峡谷等人文自然景观的保护作出规定。贵州省的《条例》将建立健全最严格的生态环境保护制度。其中, 增加了一系列禁止性规定, 从严整治小水电工程、化工项目、网箱养殖、非法捕捞和非法采砂开矿等一系列内容。四川的《条例》增加流域保护与乡村振兴战略、新型城镇化战略相结合等规定，以立法保障赤水河沿岸相关县份迈向乡村振兴，规定鼓励将四渡赤水旧址等红色文化资源与教育培训、乡村振兴和旅游发展相结合，开发、推广具有红色文化特色的旅游产品、旅游线路和旅游服务等，为红色资源聚集区的保护开发提供立法保护。

四、创新意义

云贵川三省以"决定"+"条例"的立法方式保护赤水河流域，成为全国首个地方流域共同立法样本，和其他区域共同立法样本也存在差别，在以下几个方面的突破。

第一，对区域环境法治作用发挥的突破。赤水河沿岸的 3 省 4 市 14 个县（市、区），功能定位、产业结构都不一样，环境准入、监管执法尺度等也有所不同，个别地方的矿产资源、旅游资源开发过度；化工项目、网箱养殖、捕捞、采砂开矿和码头堆放、储存煤炭以及生活垃圾填埋场，沿河沿岸星罗棋布，一段时期，赤水河一些河段，生态环境恶化严重。以立法保护赤水河，云南、贵州和四川三省均做了一定努力和积极探索，但是综合治理的效果仍有待提升，主要表现在三省流域内资源禀赋、发展需求、功能定位、产业布局、保护方式和执法标准等存在差异，分河而治、各省立法带来的流域管理难题仍然较为突出。赤水河具有流动性、跨区域性，相关生态环保问题也具有共性和联动性，依靠单一行政区划无法解决流域管理难题，必须依靠跨行政区划的协调配合，以系统性思维和法治观念完善三省协同保护机制，形成上下游联动、干支流统筹、左右岸合力。此次三省区域协同立法的实现，针对生态系统条块分割，生态保护和修复系统性、整体性不足，各行政区域内政策体系不够完善等问题，最终形成了上下游联动、干支流统筹、左右岸合力，推动省际间跨区域生态环境保护共同治理，赤水河流域共抓大保护的新格局得以构建。

第二，对区域协同立法模式的突破。在现行立法体制下，如何做到既体现三省共性立法需求，又兼顾各省个性化立法需求，是摆在三省面前的新课题。已有区域协同立法模式，主要有以下三种：一是对共性立法项目由一省市牵头组织起草，其他省市配合；对其他立法项目，由各省市独自立法，结果由其他省市共享。这种模式最早在东三省地区出现，京津冀区域在水污染防治、道路运输等协同立法中多有采用。二是采取协调互补的立法协作模式，共同确定一个示范性条款文本，在具体到本地立法的表述时则可有个性化差异，最终形成若干个不同版本的立法文件，由各地人大常委会分别审议通过，在本行政区域内施行。这种模式具有开放、灵活的特点，尤以长三角区域协同立法最为典型。三是围绕重大立法项目成立联合工作组，从立法草案的准备阶段即开展协同，共同进行调研起草修改论证工作，便于为下一阶段法规同步审议、表决、公布实施等夯实基础。较之已有的立法模式，赤水河流域保护共同立法是一种兼而有之的模式。第一阶段三省起草修订各自的赤水河流域保护条例时，由四川省人大常委会牵头，以贵州2011年《条例》为蓝本，起草了三省条例共同文本，实现了立法宗旨、主要内容、体例等基本相同；第二阶段制定关于加强赤水河流域共同保护的决定时，成立三省共同的起草专班，共同开展调研、共同起草文本，经过反复协商，形成内容完全一致的共同决定文本，并最终做到了三省"决定"+"条例"同时审议、同时公布、同时实施。① 这种共同立法模式完成并破解了共立和共治的难题，通过共同决定解决三省如何协调配合、联防联控、共同保护治理的问题，通过条例解决本省行政区域内如何保护的问题，既体现共性立法需求，又回应三省个性化立法需求。因此，采用共同决定加条例的方式，是解决区域共同立法的创新举措，为赤水河流域保护治理提供了配套有力的地方性法规保障，为区域共同立法提供了赤水河方案。

第三，对区域协同立法理论的突破。当前，在区域协同立法领域，关于协同立法主体、立法事项、协作方式及立法成果性质与效力的讨论还比

---

① 贵州省人大常委会办公厅课题组. 实现流域协同立法到共同立法的实践与探索——以云贵川三省赤水河流域保护共同立法为例（gzrd. gov. cn）.

较缺乏，存在较多关于立法权限与效力等问题的争议，甚至就连一些基础概念都不统一，反映出对这一问题的理论共识还有待达成。① 有学者认为区域协同立法是指两个或两个以上立法主体按照各自的立法权限和立法程序，根据立法协议，对跨行政区域或跨法域的法律主体、法律行为或法律关系等法律调整对象分别立法，相互对接或承认法律调整对象法律效力的立法行为。经过对当前协同立法实践样态的考察，其在法理上反映了区域协同发展的要义，是一种与地方保护主义相区隔的联合法治方式，但是其并不以区域法治统一为目标，而是反映了不同法域立法主体之间的平等合作关系，保障了法律调整对象跨域流动而产生的新法益和新法域。② 有学者认为，区域协同立法是非隶属的地方立法机关相互配合、相互协助，为解决区域公共事务提供区域规则、衔接规则的地方立法活动，是建立更加有效区域协调发展新机制的重要制度供给路径。为确保区域协同立法在法治框架下为区域协调发展提供完备的区域法规范体系，应当针对征求意见模式、示范协调模式和协商模式等区域协同立法不同运行模式分别予以规范化、制度化、法治化，并从建立交叉备案与动态清理机制、健全社会参与和信息公开共享机制、优化区域协同立法交流学习与智力支持机制、完善区域协同立法后评估和立法考评机制等方面着手建立健全相应的配套保障机制。③ 也有学者对区域协同立法面临的问题予以研究，认为区域协同立法"入法"后，在处理层级关系方面呈现出事项范围缺乏明确界定；趋同程度没有客观标准；选择协同立法抑或统一立法欠缺理性规则；上级立法机关工作指导的强度难以把握的困境。应当秉持自下而上的行动逻辑，明确单独立法、协同立法、统一立法依次出场的顺序。通过界定跨行政区域事

① 林珊珊. 区域协同立法的理论逻辑与模式选择［J］. 理论学刊，2021（3）116-124.

② 贺海仁. 我国区域协同立法的实践样态及其法理思考［J］. 法律适用，2020（21）：69-78.

③ 朱最新. 区域协同立法的运行模式与制度保障［J］. 政法论丛，2022（4）：141-150.

务，明确协同立法的事项范围；通过划定协同立法的功能界限，确立选择协同立法抑或统一立法的理性规则；通过秉持自制的立场，理顺单独立法和协同立法、统一立法之间的动态关系。^① 作为全国首个地方流域共同立法，该项立法被全国人大誉为地方共同立法的经典范本，其区域协同立法的成功实践，能进一步丰富区域协同立法的相关理论。

第三节　湖泊整体性保护立法案例

云南九大高原湖泊是我国唯一不冰冻的湖区，面积虽然不大，但功能极其重要，承载着 700 多万的流域人口，是重要的生态系统、生命系统。同时，云南九大高原湖泊是我国断裂构造型湖泊的典型代表，多为封闭、半封闭型，抗干扰和自我修复能力不强，湖泊生态一旦破坏，治理修复难度很大。云南以"一湖一条例"的法治方式助力湖泊保护治理，是生态系统整体性保护立法的典型案例。

一、云南九大高原湖泊立法概况

（一）《云南省滇池保护条例》

《云南省滇池保护条例》是在 1988 年制定、2002 年修订的《滇池保护条例》的基础上发展和完善而来的，《滇池保护条例》施行 20 多年来，在保护滇池资源、防止污染、改善环境等方面发挥了积极作用。为更好地在全省形成合力，加快滇池污染治理，建立滇池治理的长效机制，有效保护和合理开发滇池，2012 年 9 月 28 日，云南省十一届人大常委会第 34 次会议审议通过了《云南省滇池保护条例》，同时废止《滇池保护条例》。为贯彻落实 2016 年中央第七环境保护督察组的督察意见的要求，云南省及时启动了《云南省滇池保护条例》的修订。

---

① 程庆栋. 区域协同立法层级关系困境的疏解 [J]. 法学，2022（10）：32-44.

2018 年 11 月 29 日，云南省第十三届人民代表大会常务委员会第七次会议审议通过了《云南省人民代表大会常务委员会关于废止和修改部分地方性法规的决定》，完成了对《云南省滇池保护条例》的修订。条例修订的内容主要有三：其一，修改补充滇池一级保护区经批准可以建设的项目和设施。其二，将二级保护区限制建设区内经批准可以建设的项目类型进行补充规定。其三，进一步加大保护力度，坚决制止和惩处破坏生态环境行为。

（二）《云南省程海保护条例》

《云南省程海保护条例》自 2007 年 1 月实施以来，为全面推进依法保护、治理水污染发挥了重要作用。随着国家法律制度的出台，以及程海湖泊保护工作出现了许多新情况、新问题，现行条例已不能适应新形势的保护需要。2019 年，按照党的十九大提出"实行最严格的生态保护制度"的要求，以中央环保督察"回头看"反馈问题的整改要求为导向，修订了《云南省程海保护条例》。修改后的条例主要涉及调整法定水位，保护区范围的划定，突出保护优先，强化了管理体制，严格法律责任等。

（三）《丽江市泸沽湖保护条例》

对于泸沽湖的法律保护，始于 1994 年通过及批准的《云南省宁蒗彝族自治县泸沽湖风景区保护管理条例》，该条例出台后又经 2009 年修订完善，为泸沽湖的保护管理工作起到了强有力的法律保障作用，使保护管理工作做到了有法可依、执法有据。然而随着时间的推移，一些新情况、新问题在施行过程中显露出来，主要是风景区管理职能调整，导致行政执法主体不明确以及川滇协同一致保护的力度不衔接等问题，因此经省市人大协商，从更有利于泸沽湖的保护管理工作的角度出发，决定由丽江市市级层面制定泸沽湖保护管理的地方性法规。

《丽江市泸沽湖保护条例》立法工作于 2016 年启动，共经历了专项调研、文本草案起草、制定立法项目工作方案、列入立法工作项目、征集有关部门意见、形成立法问题清单、召开立法项目协调推进工作会议、公开征求意见、修改完善、送审、通过等环节，历时四年。最终于 2019 年 10 月 24 日经丽江市第四届人民代表大会常务委员会第十二次会议审议通过，2019 年 11 月 28 日经云南省第十三届人民代表大会常务委员会第十四次会议批准，2019 年 12 月 5 日公布，自 2020 年 1 月 1 日起施行。

（四）《云南省抚仙湖保护条例》

《云南省抚仙湖保护条例》于 2007 年 5 月 23 日云南省第十届人民代表大会常务委员会第二十九次会议通过，根据 2016 年 9 月 29 日云南省第十二届人民代表大会常务委员会第二十九次会议《关于修改〈云南省抚仙湖保护条例〉的决定》修正并通过。修改后的《条例》对原有的章节和条款顺序进行了调整，对部分文字和 24 个方面的内容做了修改，重点解决了涉及水位高程、管理体制、保护资金筹措、防治畜禽养殖污染、规范旅游管理、面源污染、加强抚仙湖流域管理和空间的约束、加强抚仙湖流域生态系统的保护、规范一级保护区建设、经验和做法、法律责任共 11 个突出问题。

（五）《云南省杞麓湖保护条例》

《云南省杞麓湖保护条例》的前身是《云南省杞麓湖管理条例》，于 1996 年 1 月 1 日实施，2007 年 11 月 29 日云南省第十届人民代表大会常务委员会第三十二次会议修改通过，改称《云南省杞麓湖保护条例》。为更好地全面推进依法保护、规划、建设和管理杞麓湖，切实保护好自然资源和自然环境，维护生态平衡，促进全县经济社会持续发展，实现生态文明、物质文明、精神文明的共同繁荣进步，《条例》由云南省第十三届人民代表大会常务委员会第七次会议于 2018 年 11 月 29 日修订通过，自 2019 年 3 月 1 日起施行。新修订的《条例》对原有的章节和条款顺序进行了调整，对部分文字和内容做了修改，对杞麓湖法定水位、一级保护区划分、管理机构和职责、杞麓湖保护和开发利用规划、杞麓湖环境资源保护和法律责任等方面做了新的规定。

（六）《云南省红河哈尼族彝族自治州异龙湖保护管理条例》

《云南省红河哈尼族彝族自治州异龙湖保护管理条例》从 1994 年制定

起，共经历了三次修改，分别是 2007 年、2017 年以及 2019 年。2019 年 7 月 1 日，《云南省红河哈尼族彝族自治州异龙湖保护管理条例》（修订）正式施行。修订后的《条例》对异龙湖保护管理范围、管理机构职责进行了修改完善，明确界定异龙湖一级保护区内允许和禁止建设的内容，并对一级保护区、二级保护区的禁止性行为进行规范，进一步强化异龙湖水体污染防治和生态环境治理保护措施，新增河（湖）长制内容，具有更强的针对性和可操作性。

（七）《云南省星云湖保护条例》

现行《云南省星云湖保护条例》是在 2007 年《云南省星云湖保护条例》的基础上修订的，在此之前，1996 年、2004 年《云南省星云湖管理条例》承担了星云湖保护、治理的法律依据职能。随着党和国家关于生态文明建设的一系列重大决策部署出台，环境保护法、水污染防治法等法律的先后修订，以及星云湖流域经济社会快速发展，湖泊保护工作出现了许多新情况、新问题，现行条例已不能完全适应新形势下保护工作的需要。因此，《云南省星云湖保护条例》已由云南省第十三届人民代表大会常务委员会第十三次会议于 2019 年 9 月 28 日审议通过并公布，自 2020 年 1 月 1 日起施行。修订后的《条例》主要修改并增加了有调整法定水位，科学划定保护区范围，突出保护优先原则，规定了禁渔制度，强化管理体制，加大了对违法行为的处罚力度等。

（八）《云南省阳宗海保护条例》

云南省对于阳宗海法律保护的相关条例，有 1997 年 12 月 3 日云南省第八届人民代表大会常务委员会第三十一次会议通过的《云南省阳宗海保护条例》，以及 2012 年 11 月 29 日云南省第十一届人民代表大会常务委员会第三十五次会议通过并于 2018 年修订的《云南省阳宗海保护条例》，以上条例对阳宗海保护起到积极作用。然而，修订后的条例仍存在保护区范围的划定主体及程序不明确以及保护治理的相关工作机制不够完善等问题。进一步全面修订十分必要。

现行《云南省阳宗海保护条例》于 2019 年 11 月 28 日由云南省第十三届人民代表大会常务委员会第十四次会议通过,自 2020 年 1 月 1 日起施行。该《条例》删减的条款主要是与上位法不一致的内容,新增的部分主要是为了与上位法充分衔接,与新形势下生态环境保护要求相适应。修改后条例的体例结构更加完善,更具科学性与操作性。条例修改内容涉及重点保护区范围及划定主体及划定程序、严格控制保护区内旅游活动和污染物排放行为、明确"河(湖)长制"、加强面源污染防治等方面。

(九)《云南省大理白族自治州洱海保护管理条例》

《云南省大理白族自治州洱海保护管理条例》自 1988 年制定以来,共经历了三次修改,分别是 2004 年、2014 年、2019 年。修订后的《条例》针对洱海保护管理面对的难点热点问题,将洱海保护管理范围划分为一、二、三级保护区,并对各级保护区的功能定位、管控措施分章作了规定;进一步细化了各级各相关部门的保护管理职责;进一步梳理规范了洱海保护相关事项的保护管理;进一步细化了禁止性行为;进一步强化了法律责任。新修订后的《条例》针对性、适用性和可操作性进一步增强。

二、主要内容及制度设计

《云南省滇池保护条例》共 8 章 66 条,包括总则、管理机构和职责、综合保护、一级保护区、二级保护区、三级保护区、法律责任以及附则。《云南省程海保护条例》共 5 章 36 条,包括总则、保护管理职责、综合保护、法律责任、附则。《丽江市泸沽湖保护条例》共 6 章 30 条,包括总则、保护管理职责、保护措施、湖泊保护协商机制、法律责任、附则。《云南省抚仙湖保护条例》共 4 章 37 条,包括总则、环境与资源保护、法律责任、附则。《云南省杞麓湖保护条例》共 5 章 36 条,包括总则、管理机构和职责、生态环境与资源保护、法律责任、附则。《云南省红河哈尼族彝族自治州异龙湖保护管理条例》共 4 章 32 条,包括总则、保护管理、法律责任、附则。《云南省星云湖保护条例》共 6 章 40 条,包括总则、管理机构和职责、生态环境与资源保护、合理利用、法律责任、附则。《云南省阳宗海保护条例》共6章46条，包括总则、机构和职责、保护措施、管理和监督、法律责任、附则。《云南省大理白族自治州洱海保护管理条例》共8章60条，包括总则、保护管理职责、综合保护管理、一级保护区保护管理、二级保护区保护管理、三级保护区保护管理、法律责任、附则。

9个高原湖泊保护条例虽然在章节安排、条文数量上不尽相同，但在一些重点内容和制度设计上具有共同之处。九湖条例从立法原则、管理机构以及职责、保护措施、监督管理以及法律责任等方面进行详细且明确的规定，平衡各地保护和发展的关系，体现"在发展中保护、在保护中发展"的生态立法方针。

立法原则层面，九湖条例均坚持保护优先、科学规划、统一管理、合理开发等原则，以实现生态环境和经济社会的协调发展为目标，对各个湖泊的保护原则作了要求。对水质优良的抚仙湖、泸沽湖和洱海，坚持预防为主、生态优先、保护优先的原则，以环境承载力为约束，突出流域管控与生态系统恢复，严格控制入湖污染物总量，维护生态稳定健康；对水质良好的阳宗海和程海，突出保护为主，继续强化污染监控和风险防范，提升水质状况；对污染已经较重的滇池、星云湖、杞麓湖和异龙湖，将通过全面控源截污、入湖河道整治、农业农村面源治理、生态修复及建设、污染底泥清淤、生态补水等措施进行综合治理。

保护管理职责层面，九湖条例有一些共同之处。比如，都重视对湖泊的保护管理工作，或制定专门规划，或将其保护工作纳入国民经济和社会发展规划中。明确规定"实行河（湖）长制"、成立流域专门管理机构、规定了各级人民政府以及管理机构的职责内容和范围等内容，突出了管理、保护和监督的职能职责。还有很多湖泊保护内容中都涉及了禁渔区和禁渔期制度，入湖船只实行许可制度。

保护措施层面，星云湖、程海、抚仙湖和杞麓湖被划分为两级保护区，滇池、阳宗海、泸沽湖和洱海则分三级保护区。只有异龙湖未做分级划分，而是分为管理区和保护区。这八湖条例均对各级保护区的保护范围做了规定，具体由湖泊所在的各市县级政府划分并设置标志，明确了各级保护区内行政机构执法权范围以及禁止事项。

开发利用层面，突出了生态保护红线，严格管控沿湖开发利用。保护条例中均明确规定了管控环湖周边旅游地产开发，限制跨湖、穿湖、临湖建筑物和设施建设；扩建入河排污口、取水口审批、涉湖建设项目审批等内容。例如，在一级保护区内都禁止新建、改建、扩建除环保和水工程以外的建筑物、构筑物，都实行禁渔期等。

农业防治污染层面，九大条例都规定了要"优化产业结构及布局，鼓励支持实施清洁生产、发展循环经济和使用清洁能源"，"推动农业生产方式转变，鼓励使用有机肥，有效控制农业面源污染"等内容，突出了农业面源污染治理措施，体现了绿色发展原则。除此之外，还突出对流域饮用水水源地的保护。

在禁止性行为列举中，很大一部分行为都是被九大条例禁止的，如禁止在一级保护区围湖造地、建鱼塘、围垦；搭棚、摆摊、设点经营、野炊、露营、炸鱼、毒鱼、电鱼，放牧，放生非本地水生生物，使用泡沫制品、轮胎、塑料渔船等浮动设施载人入湖；在水体清洗生产生活用具、车辆和其他可能污染水体的物品；禁止在一级、二级保护区新建或者擅自改建、扩建除环保、水利、湿地工程以外的建筑物、构筑物，规模化畜禽养殖，乱扔垃圾以及损毁、移动界桩等行为。

法律责任层面，九湖均采取了从严治湖的措施，对于违反保护条例的行为做了明确的处罚规定。绝大部分处罚措施都是责令改正以及罚款。如《云南省滇池保护条例》中规定"在二级保护区新建、扩建工业园区的，责令改正，并处 50 万元以上 100 万元以下罚款"。虽然金额不多，但在现行九大高原湖泊保护条例中却是罚款金额最高的。

三、云南九大高原湖泊立法的完善

党的十八大以来，云南省坚持以习近平新时代中国特色社会主义思想为指导，认真践行"绿水青山就是金山银山"理念，认真贯彻落实党中央、国务院全面推进河（湖）长制的重大决策部署，深入贯彻落实习近平总书记考察云南重要讲话精神，全方位推动九大高原湖泊保护治理工作取得了实效。但是，九大高原湖泊保护治理不能一蹴而就，仍然任重道远，坚持保护优先、严格管控、一湖一策、系统整治，深入推进"一湖之治"向"流域之治"转变仍需持续着力。

首先，要加强农业面源污染立法防控。九大高原湖泊流域多为农业密集区，自九大高原湖泊立法工作逐渐完成之后，对于农业面源污染，各条例都有了相关规定。但是，针对农业面源污染，仅在保护条例中规定一条笼统的政策性规范，是远远不够的，必须依靠更多的、更具有实用性和可操作性的政策出台，全方位治理，多角度把控，才能真正做到可持续发展，真正解决农业面源污染问题。

其次，要加强截污治污方面细化规定。农村"两污"问题依然突出，相关保护条例虽然对环湖截污管道工程、排水管网、污水和垃圾处理设施进行了规定，但仅限于对行为进行概括性规定，没有配套的措施，也没有规定未完成相关设施配套的处罚措施，无法达到理想的威慑效果。基于此，对于防污治污，在法律层面、制度层面还需要更加完善和详尽的配套的政策出台落实，才能确保现有规定落到实处。

最后，要提高管控区划定管控科学化水平。相关条例在保护区划定、管理措施、管控要求、执法权限设定等方面还不尽科学。比如，《云南省滇池保护条例》中一、二、三级保护区划定还不够科学，一级保护区界定，易产生歧义；二级保护区和三级保护区呈斑块状分布，未能直观有效体现对滇池水生态环境的保护需求。因此还需要对相关条例的条文进行优化，进一步体现科学性，更好地保护湖泊水质。

第四节　生物多样性保护立法案例

西南地区因其复杂多样的自然地理条件和气候类型，是我国生物多样性的重要区域。其中，云南属于全球 34 个物种最丰富的热点地区之一，生物多样性资源位居全国之首。为加强生物多样性保护，努力把云南省建设成为全国生态文明建设排头兵，《云南省生物多样性保护条例》（以下简称《条例》）于 2018 年 9 月 21 日经云南省第十三届人大常委会第五次会议通过，于 2019 年 1 月 1 日起施行，是全国第一部生物多样性保护的地方性法规，开创了我国生物多样性保护立法的先河，在生态保护事业中具有里程碑的意义。① 这项立法工作受到中央第七环境保护督察组和环境保护部的高度肯定，认为云南率先在全国开展《生物多样性保护条例》的立法，生物多样性保护走在全国前列。《条例》实施以来，云南各级以多种方式积极推动法规普及、法规执行，生物多样性调查监测、生态环境区保护、生物多样性执法监督及司法实践等方面取得了显著的成效。

一、重要意义

《条例》的出台，为进一步促进国家生态文明建设、云南生物多样性保护等方面提供法治保障，具有五个方面的重要意义。一是凸显云南以实际行动推进生态文明建设。生物多样性是生态安全和食物安全的重要保障，是国家的重要战略资源，也是云南省的优势资源。云南省出台《条例》，加强生物多样性保护，是深入贯彻落实习近平生态文明思想及习近平总书记考察云南重要讲话精神，全方位推进全国生态文明建设排头兵的具体举措。二是凸显云南以立法持续保护生态环境。云南省历来重视生态环境保护工作，特别是注重以立法手段保护生态环境。《条例》作为云南省生态环境保护立法的一个重要组成部分，进一步凸显了云南省持续推进生态环境保护的立法实践，体现出了云南省在生态环境立法保护方面的一致性。三是凸显云南对于生物多样性资源的特殊保护。云南在加强生物多样性保护方面责任重大，省委、省政府先后出台了《云南生物多样性保护工程规

---

① 高正文. 开创地方立法先河 保护我国生物多样性宝库——《云南省生物多样性保护条例》解析 [J]. 环境保护，2018 (23).

划纲要（2007—2020年）》《滇西北生物多样性保护规划纲要（2008—2020年）》《云南省生物物种资源保护与利用规划纲要（2011—2020年）》《云南省极小种群物种拯救保护规划纲要（2010—2020年）》等文件。在此基础上，《条例》以地方性法规的形式，系统整合、完整提升了对生物多样性的保护，彰显了云南对生物多样性保护的高度重视和在生态环境保护领域对生物多样性的特殊关注。四是凸显云南对生物多样性保护存在问题的积极回应。云南省在生物多样性保护取得显著成效的同时，也仍然存在一些亟待解决的问题。比如，生物多样性保护的管理依据还不足、管理依据还较为分散零散等，因此颁布《条例》是解决云南省生物多样性保护面临问题的重要举措，同时也是进一步总结经验、提升工作成效的必然举措。五是凸显云南生物多样性立法的先行先试作用。云南省在国家层面还未出台关于生物多样性保护的上位法，其他省份也没有相关法规出台的情况下，率先出台生物多样性保护地方性法规，将对健全我国生物多样性保护法规体系、推动国家开展相关立法起到积极促进作用，同时也对其他省份建立相关的规定具有重要意义。

二、主要内容

《条例》共7章40条，各章分别为总则、监督管理、物种和基因多样性保护、生态系统多样性保护、公众参与和惠益分享、法律责任、附则，主要包括以下内容。

第一，《条例》明确了"生物多样性"等的重要概念。规定生物多样性是指生物（动物、植物、微生物）与环境形成的生态复合体以及与此相关的各种生态过程的总和，包含生态系统、物种和基因3个层次。对"自然保护地""生态系统""生物物种名录""生物物种红色名录""生态系统名录""离体保存""极小种群物种""生境""生物遗传资源""外来物种""外来入侵物种""生物多样性保护优先区域"的概念及内涵进行了规定。

第二，《条例》规定了环境保护主管部门和有关行政主管部门相结合的管理机制。明确生物多样性保护工作由环境保护主管部门实施综合管理，在编制规划、完善制度、数据共享、重点区域划定等方面起到统筹和牵头的作用；有关行政主管部门分部门职责进行管理，依据森林法、草原法、渔业法、水土保持法、野生动物保护法、风景名胜区条例等法律法规，在林业、农业、水利、住房和城乡建设、国土资源、卫生等方面履行生物多样性保护职责。这种协同配合、共同管理的机制，解决了单一行业主管部门难以有效协调的问题。

第三，《条例》规定了具体保护措施。在物种和基因多样性保护方面，《条例》以"就地保护""迁地保护""离体保存"3项对物种和基因的最有效的保护措施为切入点，从建立保护网络、编制物种名录、规范生物遗传资源收集研发活动、避免生物多样性资源流失、规范外来物种管理等方面提出要求并设定了管理制度。这样的制度设计从全面性和合理性两个方面对物种和基因建立了保护制度，专项立法管理的不足得到了有效补充。在生态系统多样性保护方面，《条例》从区域保护的视角实现对生态系统多样性的保护，主要内容包括依法建立相关自然保护区域；划定生物多样性保护优先区域和生态保护红线；对生物多样性保护优先区域内开展建设进行限制；对已退化或者遭到破坏的有关生态系统，制定修复方案，进行治理和恢复等。

第四，《条例》规定了公众参与、惠益共享的制度。从公众参与生物多样性保护的角度，规定县级以上人民政府环境保护主管部门和其他负有生物多样性保护管理职责的部门，具有公布相关信息、完善相应程序，保障公民参与生物多样性保护的义务。在惠益共享方面，规定县级以上人民政府应促进生物多样性保护和利用的传统文化的传承和应用，建立健全惠益分享制度，使生物多样性保护者能够公平、公正分享其产生的经济效益，参与分享生物多样性惠益。

第五，《条例》明确了严格的法律责任。《条例》专章规定了法律责任，确保法律有效实施。首先，规定了各级人民政府和负有生物多样性保护管理职责的部门存在没有编制生物多样性保护规划、擅自变更生物多样性保护规划等不履行《条例》规定的职责，不承担《条例》规定的义务时，需要承担的法律责任。其次，对于在自然保护区擅自引入外来物种、扩散、放生或者丢弃外来入侵物种的情况，专门规定了特定的法律责任。最后，对于违反《条例》规定的其他行为所要承担的法律责任，进行了兜底规定。

三、特色亮点

《条例》属于地方创制性立法项目，对于生物多样性保护的定义、原则、保护措施等方面都进行了创设性的规定，具有5个方面的特色亮点。

第一，既立足立法依据，又有原创性。《条例》严格依据《中华人民共和国环境保护法》等法律制定，但是因其没有国家生物多样性保护上位法等立法模板，必须进行很多原创性的规定。比如，在章节的设置上，《条例》总体按照我国环境保护法的布局，坚持从总则到监管再到法律责任和附则的布局。但是《条例》分设了"物种和基因多样性保护""生态系统多样性保护"专章，体现出了区别。在具体的条文上，《条例》规定了生物多样性的定义；规定省人民政府环境保护主管部门组织编制本行政区域内的生物及生态系统名录，并向社会公布；规定了就地保护、迁地保护、离体保护相结合的生物多样性保护体系和保护网络等内容，都具有原创性。

第二，既有共通性规定，又有云南特色。《条例》既具有在生态环境保护方面的一些共通性规定，又有一些具有云南特色的规定，体现出结合云南实际、特色鲜明的特征。如结合云南特殊的地理环境以及建设面向南亚东南亚辐射中心的需要，提出"支持在生物多样性保护领域开展国际合作，加强生物多样性保护政策、科学研究与相关技术交流，建立跨境保护机制，鼓励开展有利于生物多样性保护的项目合作和人才培养"。针对云南特有物种的保护，规定"对云南特有物种和在中国仅分布于云南的物种实施重点保护"。鉴于云南省大量地方性知识，对于保护和开发生物多样性资源的重要作用，规定"鼓励涉及生物多样性利用的民族传统知识、技能依法申请专利、商标、地理标志产品保护，申报民族传统文化生态保护区、非物质文化遗产项目及其代表性传承人等，促进生物多样性保护和利用的传统文化的传承和应用"。

第三，既贯穿保护主线，又强调法责跟进。《条例》强调保护优先，规定了"保护优先、持续利用、公众参与、惠益分享、保护受益、损害担责"的原则。根据此原则，无论是总则还是分章，都突出了对生物多样性的保护这一主线，规定了各级人民政府、企事业单位和其他生产经营单位、公民、新闻媒体等主体的保护义务，同时又专设"物种和基因多样性保护""生态系统多样性保护"章，对物种和基因多样性、生态系统多样性给予特别保护规定。同时，《条例》也强调法责跟进，在义务人没有遵守好保护义务的情况下，必须受到法责追究。比如规定，企业事业单位和其他生产经营者对生物多样性所造成的损害依法承担责任。对生物遗传资源进行收集、科学研究和生物技术开发等活动，造成损害的，应当依法赔偿。在"法律责任"一章，对违反《条例》的行为应承担的法律责任进行了详细规定。特别值得注意的是，明确规定了在自然保护区擅自引入外来物种，处5万元以上15万元以下罚款。扩散、放生或者丢弃外来物种的，处2000元以上1万元以下罚款等，将对遏制相关行为起到重要作用。

第四，既有齐抓共管，又有共治共享。《条例》强调生物多样性保护不能一家独唱，必须发挥合力，突出共治共享。规定各级人民政府、政府相关行政主管部门、单位、公民、新闻媒体、全社会的生物多样性保护义务，构建齐抓共管的大格局。同时，也规定了共治下的共享，在"公众参与与惠益分享"一章，规定"县级以上人民政府应当建立健全生物遗传资源及相关传统知识的获取与惠益分享制度，公平、公正分享其产生的经济效益。研究建立生物多样性保护与减贫相结合的激励机制，促进地方政府及基层群众参与分享生物多样性惠益"。这也是我国首次规定遗传资源和传统知识惠益分享制度的地方性法规。

第五，既有规范条文，又有术语注释。法律不应是晦涩的条文被束之高阁，而应该被公众知悉、了解、掌握、遵守。鉴于生物多样性保护领域存在较多专业术语，难以被公众理解的问题。《条例》除了设置规范的条文，也注重对术语的注释。第7章附则中第39专门规定了《条例》中相关用语的含义，对"生态系统""惠益分享""生物物种名录""生物物种红色名录""生态系统名录""离体保存""极小种群物种""生境""生物遗传资源""外来物种""外来入侵物种""生物多样性保护优先区域"12术语进行了专门的解释。

第八章

西南地区生态环境立法比较

第一节　西南地区生态环境立法的共同经验

云南、贵州、四川三省强化生态环境地方性立法对生态环境保护和生态文明建设的保障作用，进一步筑牢西南生态安全屏障。在这一过程中，形成了七个方面的共同经验。

一、坚持党对生态环境立法的全面领导

党政军民学、东西南北中，党是领导一切的。党的领导是社会主义法治最根本的保证。只有坚持党的领导，把党的领导贯穿于地方立法工作全过程，才能做到立法决策与改革决策相衔接，确保地方立法工作方向正、步伐稳、效率高。地方生态环境立法必须坚持党的领导，这是生态环境工作必须坚持的基本原则，也是必须遵循的客观规律。

西南地区生态环境立法坚持把党的领导作为根本要求，把党的领导贯彻到地方生态环境立法的全过程和各方面，充分发挥各省全面依法治省委员会管宏观、谋全局、抓大事、保落实作用，压紧压实各地区各部门责任，形成齐抓共管整体合力，不断推进党的领导制度化、法治化。深入贯彻落实习近平生态文明思想和习近平法治思想，坚持以人民为中心、坚持系统推进法治建设、坚持用最严格的制度最严密的法治保护生态环境，坚持绿

水青山就是金山银山等原则，完善各省生态文明建设法规体系，推进生态环境领域的治理体系和治理能力提升。

云南省在生态环境立法工作中，始终做到提高政治站位，坚持党对生态文明立法工作的统一领导，始终坚持以习近平新时代中国特色社会主义思想为指导，严格贯彻落实习近平生态文明思想，把习近平总书记考察云南重要讲话精神落实到具体措施中。一是全面贯彻落实中共云南省委《关于加强党委领导地方立法工作的意见》。云南省立法工作认真落实省委省政府决策部署，围绕促进高质量跨越式发展、加快推进生态文明建设排头兵建设有关工作，将党的路线方针政策贯彻落实到生态文明立法全过程和各方面，不断增强坚持党的领导的思想自觉和行动自觉。从立法计划的编制，到具体立法项目的实施，以及立法草案的起草等，都做到自觉同习近平生态文明思想对标对表，同党中央决策部署对标对表，同党的基本理论、基本路线、基本方略对标对表，及时准确地将党的政策主张和人民的意志通过法定程序转化为国家意志、体现为法规，用立法助推省委贯彻落实党中央大政方针的决策部署落实到位。二是严格落实立法工作向省委请示报告制度。具体而言，凡属于生态环境立法重大立法事项，立法涉及的重大体制、重大政策调整以及立法中的重大问题，省人大常委会均严格按要求及时向省委进行请示报告。近年来，省人大常委会立法工作计划和省政府立法工作计划都严格按程序向省委请示汇报，由省委常委会议审议通过才印发执行。在开展生态环境保护立法项目，特别是如创建生态文明建设排头兵促进条例等重要法规的立法活动中，省人大常委会及有关部门按时限要求、报批程序及时向省委进行请示报告，按省委的要求及时修改完善并按法定程序开展各项工作，确保了立法工作的正确政治方向。

贵州省始终坚持党对生态环境立法工作的领导，紧扣高质量发展、生态环保等重点，找准履职切入点、把握工作着力点，自觉把省人大常委会的生态环境保护立法工作放在贵州"三大"战略布局中统筹和推进，不折不扣坚决贯彻党中央决策部署、落实省委工作要求。一方面是始终坚持重大事项向党委请示报告制度。贵州省人大始终把坚持党的领导作为最高政治原则，贯穿依法履职各方面全过程，通过重大事项、重要工作、重要立法、重要会议等及时向省委请示报告，以及注重发挥人大常委会党组在贯彻落实党中央大政方针的部署安排方面把方向、管大局、保落实的作用等，确保中央决策部署和省委要求在人大工作中得到全面贯彻落实，使立法更好地体现党的主张和人民的意志。另一方面是不断完善科学立法工作格局。坚持"党委领导、人大主导、政府依托、各方参与"的科学立法工作格局，研究推进新时代党领导立法的工作机制，将建立和完善党领导立法工作的决策机制作为加强和改进立法工作的一项重要任务。充分发挥人大在生态环保立法工作中的主导作用，切实加强对立法工作的统筹安排，对省委安排的生态环境保护立法工作任务，都不折不扣地完成，对于人民群众反映强烈，人民群众期盼能够解决的事项，都积极纳入立法工作计划，广泛征求意见，科学进行评估，切实增强立法的针对性、及时性和有效性。

四川省加强党对立法工作的领导，坚持把习近平生态文明思想和习近平法治思想作为新时代地方生态环境立法工作的科学理论和行动指南，自觉把学习成果转化为坚定的政治信仰和坚决的行动指导，自觉把党的领导贯穿到生态环境立法工作的各方面、全过程，坚决做到省委工作重点在哪里，立法就向哪里聚焦，确保党中央、省委的主张通过法定程序成为全省人民的共同意志。一方面表现在坚持重大事项向党委请示报告制度。根据《四川省依法治省纲要》《中共四川省委关于进一步加强人大工作和建设的意见》及《中共四川省委关于加强党领导立法工作的实施意见》等文件，坚持编制年度立法计划和组织起草主题重大、政治敏感、情况复杂、社会关注度高的重要法规草案等，都及时向省委、省人大常委会党组汇报；会同省人大相关专委会和政府相关部门成立工作专班，倒排工期，全力以赴推进立法工作，专题向省人大常委会党组报告省人大常委会年度立法计划执行情况、重大立法项目落实情况等。其中涉及大量生态环境保护类立法项目，如2020年报告与贵州省和云南省开展赤水河流域生态环境保护共同立法、与重庆市开展协同立法等立法工作中的重大事项。另一方面是做好省委全面依法治省委员会相关工作。发挥省委依法治省委员会统筹协调作用，召开立法规划、立法计划推进工作会议，确保重点立法项目按时保质完成。制定实施方案，明确重点任务和推进步骤，牵头解决地方立法质量不高的问题。以实际工作成效确保地方立法工作正确的政治方向。

表1　近两年云南、贵州、四川三省人大重大事项向党委请示报告数据

年份	省份		
	云南省	贵州省	四川省
2020 年	110 次	28 件次	19 件次
2021 年	153 次	59 件次	46 件次

二、坚持构建全面系统的地方性法规体系

根据《中华人民共和国环境保护法》，环境是指影响人类生存和发展的各种天然的和经过人工改造的自然因素的总体，包括大气、水、海洋、土地、矿藏、森林、草原、湿地、野生生物、自然遗迹、人文遗迹、自然保护区、风景名胜区、城市和乡村等。云南、贵州、四川三省生态环境立法内容广泛，涉及以上环境保护的各个方面。通过全方位加强生态环境立法，建立起较为系统的生态环境保护法律法规体系。

以云南省为例，有关水、矿产、森林、草原、湿地、野生动物等方面的省级立法有，云南省实施《中华人民共和国水法》办法，《云南省节约用水条例》《云南省地热水资源管理条例》《云南省赤水河保护条例》《云南省矿产资源管理条例》《云南省森林条例》《云南省珍贵树种保护条例》《云南省湿地保护条例》《云南省陆生野生动物保护条例》，市级立法如《昆明市节约用水管理条例》《昆明市地下水保护条例》《昆明市节约能源条例》《临沧市南汀河保护管理条例》等，单行条例有《云南省澜沧拉祜

族自治县水资源保护管理条例》《云南德宏傣族景颇族自治州饮用水水源保护条例》《云南省大理白族自治州水资源保护管理条例》《云南省文山壮族苗族自治州矿产资源管理条例》《云南省文山壮族苗族自治州森林和野生动物类型自然保护区管理条例》《云南省迪庆藏族自治州草原管理条例》《云南省玉龙纳西族自治县拉市海高原湿地保护管理条例》等，也属于这一保护资源类立法。风景名胜区方面的省级立法有《云南省风景名胜区条例》《云南省历史文化名城名镇名村名街保护条例》《云南省三江并流世界自然遗产地保护条例》《云南省丽江古城保护条例》《云南省澄江化石地世界自然遗产保护条例》《云南省昭通大山包黑颈鹤国家级自然保护区条例》《云南省自然保护区管理条例》等，市级立法有《昆明市石林风景名胜区保护条例》《昆明市九乡风景名胜区保护条例》《昆明市历史文化名城保护条例》《曲靖会泽历史文化名城保护条例》《玉溪新平哀牢山县级自然保护区条例》等，单行条例有《云南省迪庆藏族自治州白马雪山国家级自然保护区管理条例》《云南省红河哈尼族彝族自治州建水燕子洞风景名胜区保护管理条例》等。在城市和乡村环境方面的立法主要是《云南省城乡规划条例》《云南省普洱城市管理条例》《昆明市城镇绿化条例》《昆明市城市市容和环境卫生管理条例》《昆明市城乡规划条例》《昭通市城市管理条例》《玉溪市城镇绿化条例》《丽江市城市管理条例》《红河哈尼族彝族自治州蒙自城市管理条例》《德宏傣族景颇族自治州乡村清洁条例》等。

贵州省的生态环境立法以《贵州省生态文明建设促进条例》及《贵州省生态环境保护条例》为基础，同样涵盖了大气、水、海洋、土地、矿藏、森林、草原、湿地、野生生物、自然遗迹、人文遗迹、自然保护区、风景名胜区、城市和乡村等方面。在自然资源保护立法方面，省级层面制定了《贵州省水资源保护条例》《贵州省矿产资源管理条例》《贵州省森林条例》《贵州省湿地保护条例》《贵州省大气污染防治条例》等，市级立法制定了《六盘水市集中式饮用水水源保护条例》《铜仁市梵净山保护条例》《毕节市饮用水水源保护条例》等，民族地方的法规则有《镇宁布依族苗族自治县水资源管理条例》《威宁彝族回族苗族自治县水资源保护管理条例》《黔东南苗族侗族自治州·阳河流域保护条例》《黔南布依族苗族自治州涟江流域保护条例》《黔东南苗族侗族自治州月亮山梯田保护条例》《关岭布依族苗族自治县森林资源保护管理条例》《黔西南布依族苗族自治州天然林保护条例》《威宁彝族回族苗族自治县草海保护条例》《黔南布依族苗族自治州岩溶资源保护条例》等。在遗迹、自然保护区和风景名胜区保护方面，省级层面立法有《贵州省风景名胜区条例》《贵州省安顺屯堡文化遗产保护条例》等，市立法有《毕节市百里杜鹃风景名胜区条例》《毕节市织金古城保护条例》《遵义历史文化名城保护条例》等，民族地方立法有《紫云苗族布依族自治县格凸河穿洞风景名胜区管理条例》《黔南布依族苗族自治州荔波樟江风景名胜区管理条例》等。在城市和乡村方面，省级层面立法有《贵州省城市市容和环境卫生管理条例》《贵州省绿化条例》《贵州省传统村落保护和发展条例》等；市级立法有《贵阳市城市市容和环境卫生管理办法》《安顺市城镇绿化条例》等，民族地方立法有《道真仡佬族苗族自治县城镇绿化管理条例》《黔西南布依族苗族自治州城乡规划建设条例》《玉屏侗族自治县乡村生活垃圾和生活污水治理条例》等。

四川省生态环境立法，以上位法为依据，结合四川省实际，着力构建完备的法律法规制度体系。自然资源保护和污染防治立法依然是生态环境立法体系中的主要内容，如省级层面的《四川省〈中华人民共和国水法〉实施办法》《四川省〈中华人民共和国草原法〉实施办法》《四川省〈中华人民共和国野生动物保护法〉实施办法》《四川省矿产资源管理条例》《四川省湿地保护条例》《四川省天然林保护条例》《四川省野生植物保护条例》以及污染防治类的《四川省〈中华人民共和国大气污染防治法〉实施办法》等。市级立法《成都市水资源管理条例》《广元市饮用水水源地保护条例》《成都市大气污染防治条例》《攀枝花市环境噪声污染防治条例》等以及单行条例《阿坝藏族羌族自治州水资源管理条例》《阿坝藏族羌族自治州矿产资源管理条例》《阿坝藏族羌族自治州湿地保护条例》《甘孜藏族自治州草原管理条例》等也属于这一类立法内容。风景名胜区方面的立法则有《四川省自然保护区管理条例》《四川省阆中古城保护条例》《阿坝藏族羌族自治州风景名胜区条例》《凉山彝族自治州会理历史文化名城保护条例》《凉山彝族自治州泸沽湖风景名胜区保护条例》《凉山彝族自治州邛海保护条例》等。四川在城乡环境法治建设方面较为出彩，于省级层面专门出台了《四川省城乡环境综合治理条例》统筹全省城乡环境法治化建设，同时，也出台了《四川省城市园林绿化条例》《四川省城镇排水与污水处理条例》等更为细化的法规。基于省级层面的立法，各州市以及民族自治地方也陆续出台了城乡环境整治和容貌秩序方面的法规，如之前章节所述，成都、攀枝花、泸州、绵阳、广元、内江、南充、眉山、广安、达州、资阳等市都有城市市容和环境卫生管理条例，成都、攀枝花、内江、乐山、南充、广安都有关于城市绿化方面条例。峨边彝族自治县和马边彝族自治县都制定了人居环境综合治理条例。

三、坚持突出先行先试的创制性立法

以云贵川为代表的西南地区生态环境立法着眼实践需要，突出创新性，率先开展相关领域立法，并取得较好的立法效果、生态保护效果和社会效果。云南省开创了生物多样性保护地方性立法的先河，贵州省是全国首个出台生态文明建设促进条例的省份，四川省基于城市生态区保护颁布环城生态区保护条例也属全国首创。

云南生物多样性资源位居全国之首，为加强生物多样性保护，《云南省生物多样性保护条例》于 2018 年 9 月 21 日经云南省第十三届人大常委会第五次会议通过，于 2019 年 1 月 1 日起施行。《条例》是全国第一部生物多样性保护的地方性法规，开创了我国生物多样性保护立法的先河，在生态保护事业中具有里程碑的意义。① 云南省在国家层面还未出台关于生物

---

① 高正文. 开创地方立法先河 保护我国生物多样性宝库——《云南省生物多样性保护条例》解析 [J]. 环境保护，2018（23）：12-15.

多样性保护的上位法，其他省份也没有相关法规出台的情况下，率先出台生物多样性保护地方性法规，对于生物多样性保护的定义、原则、保护措施等方面都进行了创设性的规定，也开启了生物多样性保护的云南法治实践。这种先行先试的做法，将对健全我国生物多样性保护法规体系、推动国家开展相关立法起到积极促进作用，同时也对其他省份建立相关的规定具有重要意义。这项立法工作受到中央第七环境保护督察组和环境保护部的高度肯定，认为云南率先在全国开展《生物多样性保护条例》的立法，生物多样性保护走在全国前列。

作为全国第一部地方性生物多样性保护条例，理所应当具有许多首创性的规定。其一，明确了"生物多样性"等的重要概念，规定生物多样性是指生物（动物、植物、微生物）与环境形成的生态复合体以及与此相关的各种生态过程的总和，包含生态系统、物种和基因3个层次。其二，规定了环境保护主管部门和有关行政主管部门相结合的管理机制，明确生物多样性保护工作由环境保护主管部门起统筹和牵头的作用；有关行政主管部门分部门职责进行管理，履行生物多样性保护职责。其三，规定了具体保护措施，在物种和基因多样性保护方面，以"就地保护""迁地保护""离体保存"3项对物种和基因最有效的保护措施为切入点，设定了管理制度。其四，规定了公众参与、惠益共享的制度。规定县级以上人民政府环境保护主管部门和其他相关部门，具有保障公民参与生物多样性保护的义务；规定县级以上人民政府应建立健全惠益分享制度，使生物多样性保护者能够公平、公正分享其产生的经济效益，参与分享生物多样性惠益。2021年4月，云南省启动对《云南省生物多样性保护条例》执法检查，发现《条例》实施两年多以来，全省各级以多种方式积极推动法规普及、法规执行，生物多样性调查监测、生态环境区保护、生物多样性执法监督及司法实践等方面取得了显著的成效。

贵州省充分发挥立法对生态文明建设的引领推动和保障作用，着力构建完备的符合贵州实际的生态文明建设法规体系，以法律"红线"守护生态"绿线",在生态文明建设领域首创性立法,为生态文明建设保驾护航。2014 年 5 月 17 日,贵州省十二届人大常委会第九次会议审议通过了《贵州省生态文明建设促进条例》。该《条例》是全国生态文明建设领域首部专门法规,通过地方立法的形式,将生态文明建设纳入法治化、规范化、制度化轨道。《条例》实施后,贵州省上下认真宣传贯彻,加强组织领导,落实法律责任,加强环境保护治理,强化保障措施,依法加强监管,贵州省生态文明建设促进条例体制机制不断创新,生态环境保护与污染治理不断加强。对比目前我国各省份颁布的生态文明建设条例,贵州的《条例》从立法目的、章节结构、主要内容、相关制度等方面,为其他省份生态文明建设地方性立法提供了参考。《条例》中如建立生态保护红线制度、生态文明建设规划制度、生态环保一票否决制度、自然资源资产离任审计制度等,开启了在全国范围内具有创制性的生态文明建设制度改革的序幕。

四川省在全国率先以立法方式保护环城生态区,推动了城市绿色发展,人与自然和谐共生。《成都市环城生态区保护条例》根据《中华人民共和国城乡规划法》《中华人民共和国土地管理法》和《中华人民共和国环境保护法》等法律、法规,结合成都市实际而制定。其立法目的是加强环城生态区保护,规范环城生态区规划、建设和管理,推进世界生态田园城市建设。2012 年 10 月 19 日,成都市审议通过该条例,条例在报经省人大常委会批准后公布。

以成都市级立法开全国先河。《条例》的首创性主要体现在提出了环城生态区的概念,并规范对其规划、建设、管理等活动。其立法思路、法规内容及制度,对于全国其他城市的特定区域生态环境保护立法提供了可供借鉴案例。如《条例》规定环城生态区,是指由成都市城市总体规划确定的,沿中心城区绕城高速公路两侧各五百米范围及周边七大楔形地块内的生态用地和建设用地所构成的控制区。同时规定环城生态区的保护原则为生态为本、科学规划、统筹建设、严格管理。从规划控制和土地利用管理以及生态环境建设和保护两个方面,规定了政府部门、企业和公众的权利义务。这些对于全国其他城市推广环城生态区立法保护做法，切实加强对生态空间的立法保护，严格实施资源环境生态红线管控，划定城镇发展边界具有积极作用。《条例》也取得了较好的实施效果，从 2013 年开始，此前该区域的土地利用保护力度不够，违法建设、违法用地和破坏生态环境的行为得到遏制，成都周边 133.11 平方公里的"生态绿肺"得到了切实有效的保护。

四、坚持统筹推进法规制度立改废

法律是由特定社会的经济基础决定，必须随着经济发展不断发展，同时法律是上层建筑中的社会规范，也必须随着社会发展及时修订更新，不修订的法律，就不能较好地规范社会活动，更达不到立法目的。西南地区坚持把立法工作放在改革发展大局中谋划推进，通过统筹做好法规条例的制定、修改、废止，提供更加及时有效制度供给，见表 17。在生态环境立法方面，则注重根据时代发展、生态系统变化以及生态环境保护需求、生态环境保护理念转变等因素，适时制定和更新，通过及时修订完善立法，促进生态环境保护的作用得以体现。

表2 近三年，云南、贵州、四川三省人大"立改废"工作情况

年份	省份					
	云南省		贵州省		四川省	
2021年	制定省地方性法规和法规性决定5件，修改15件，废止7件	批准制定州市地方性法规10件，修改4件，废止1件；批准单行条例4件、修改3件、废止1件	审议地方性法规草案31件，通过23件	批准法规、自治条例、单行条例23件	审议省地方性法规43件，通过35件，其中，制定18件、修改15件、废止2件	批准43件市州地方性法规、单行条例
2020年	制定和修改省地方性法规12件	批准州市地方性法规18件；批准自治条例26件、单行条例5件	审议法规草案19件，通过12件	批准法规16件	审议21件省级地方性法规，通过10件，其中制定3件、修改4件、废止3件	批准41件市州地方性法规、单行条例
2019年	制定和修改省地方性法规9件，废止7件	批准州市地方性法规20件，修改13件，废止8件；批准自治条例和单行条例8件，修改19件，废止3件	审议法规草案21件，通过14件	批准法规27件	制定省地方性法规9件，修改9件，废止1件	批准市州地方性法规38件、单行条例7件

　　云南省不断建立健全立法"回头看"制度，同时，也下大力气对地方性法规进行全面评估清理。2015 年 5 月，云南省人大常委会启动对包括生态环境保护地方性法规在内的云南省 118 件省级地方性法规的立法后评估工作，对当时现行有效的地方性法规进行一次全面体检。经过评估，提出继续适用、修改、废止地方性法规的清单，作为制定立法工作计划和立、改、废法规的重要参考。^① 更值得一提的是，云南省以立法保护高原湖泊，通过适时"立改废"，完善"一湖一法"的功能和作用。如现行《云南省滇池保护条例》是在 1988 年制定、2002 年修订的《滇池保护条例》基础上发展和完善而来的，之后通过了 2012 年一次重新制定和 2018 年一次修订。《云南省大理白族自治州洱海保护管理条例》制定于 1988 年，到目前为止，已先后于 1998 年、2004 年、2014 年、2019 年进行四次修订；《云南省抚仙湖保护条例》于 2007 年通过，2016 年修正并通过。《云南省程海保护条例》自 2007 年 1 月实施以来，于 2019 年重新修订。对于泸沽湖的法律保护，始于 1994 年通过及批准的《云南省宁蒗彝族自治县泸沽湖风景区保护管理条例》，该条例于 2009 年修订完善，后于 2019 年升级为丽江市级地方性法规《丽江市泸沽湖保护条例》。《云南省杞麓湖保护条例》于 1996 年 1 月 1 日实施，后于 2007 年、2018 年两次修订。星云湖保护立法始于 1996 年，现行 2019 年《云南省星云湖保护条例》是在 2007 年《云南省星云湖保护条例》的基础上修订的。阳宗海立法保护始于 1997 年，《云南省阳宗海保护条例》2012 年重新制定，2018 年修订。《云南省红河哈尼族彝族自治州异龙湖保护管理条例》从 1994 年制定起，共经历了 3 次修改，分别是 2007 年、2017 年以及 2019 年。

　　贵州省内有大多数地区都属于生态脆弱区，保护生态环境的任务十分艰巨，也十分急迫，必须将地方性法规"立改废"共同推进，通过建立统一规范的法律制度体系，以严法来保护生态环境。党的十八大以前，贵州

<hr>

① 郑维川，杨润新. 地方法规立法后评估实证研究 [M]. 北京：中国政法大学出版社，2017.

省曾于 1997 年、2002 年、2004 年对地方性法规进行过大规模的修订以及废止工作。[①] 新时代以来，贵州省委、省政府认真贯彻落实习近平总书记的指示精神，抓住贵州省作为国家生态文明试验区的重大机遇，不断强化生态环境保护与治理领域法规条例的立改废工作，积极探索生态文明建设法治化的有效路径。一方面是以立法构建最严密的生态环境保护法规体系。《贵州省生态文明建设促进条例》于 2014 年起施行，是贵州省促进生态文明建设的基础性法规。近年来，贵州省人大常委会积极回应人民群众对优美生态环境的需要，把生态环境保护作为地方立法的优先领域，加快生态文明建设立法步伐，及时将切实可行的改革成果和经验做法上升为地方性法规，着力为生态文明建设夯基垒台、立柱架梁，涵盖主要生态环境要素的生态文明法制体系的"四梁八柱"基本构建，生态环境保护法规体系更加完善。另一方面是推进法规的修订工作。2017 年，贵州省根据国务院和贵州省政府部署，在全省范围内开展生态文明建设和环境保护法规、规章规范性文件清理工作，对不符合生态文明建设和环境保护要求的，与生态文明建设和环境保护有关法律、行政法规不一致的，一律予以废止，对拟进行全面修订的，明确修改时间进度。全面开展生态环境保护法规规章和规范性文件评估、清理和规划工作。2017 年下半年以来，贵州省相关部门对照国家现行有效生态文明建设和环境保护的 34 部法律和 115 部行政法规，对现有和拟纳入立法计划、立法规划的 77 部生态环境方面的法规、规章的条文逐一进行审查、清理，查找、梳理与上位法和中央建设国家生态文明（贵州）试验区以及中央"放管服"改革要求不一致、不适应的问题，对其中 55 部法规、规章提出修改建议，并提出未来要新增 23 部生态环境方面法规、规章的建议。[②]

---

① 王明明. 贵州省地方生态立法的现状、问题与对策研究 [J]. 贵州警官职业学院学报，2017（2）：70-75.

② 樊建新等. 习近平生态文明思想在贵州的实践研究 [M]. 北京：经济管理出版社，2021：22-23.

四川省肩负着建设长江上游生态屏障和维护国家生态安全的重大使命，进入新时代，四川省人大常委会坚决贯彻习近平生态文明思想和习近平总书记对四川工作的重要指示精神，坚决践行"绿水青山就是金山银山"的重要发展理念，全面落实国家生态环境法律法规，全面清理现行地方性法规条例中与推进绿色发展不相适应的内容，有序推进地方性法规和政府规章"立改废"。一方面是建立起以《四川省环境保护条例》为统领的生态环境保护地方性法规制度。修订《四川省环境保护条例》，理顺环境保护和经济发展的关系，构建新时代环境治理体系；制定《四川省辐射污染防治条例》，加强辐射环境监督管理，确保环境安全和公众健康；制定《四川省固体废物污染防治条例》，细化上位法规定，防范固体废物污染环境风险；制定《四川省沱江流域水环境保护条例》，促进流域污染防治、生态修复和环境改善；制定《四川省老鹰水库饮用水水源保护条例》，加强老鹰水库饮用水水源保护，保障饮用水水源安全和公众健康；制定《四川省传统村落保护条例》，对传统村落的认定与规划、保护与监督、发展与保障作出规范，促进乡村振兴；制定《四川省红色资源保护传承条例》，用法治力量守护四川红色资源；制定《四川省三星堆遗址保护条例》，为更好保护管理这一承载璀璨古蜀文明、彰显中华文化精神的历史遗存提供有力法治保障；制定《四川省河湖长制条例》，加强河湖管理保护，筑牢长江、黄河上游生态屏障。另一方面是加强与相关上位法的衔接，维护法制统一。先后修订了《四川省〈中华人民共和国大气污染防治法〉实施办法》《四川省固体废物污染环境防治条例》《四川省自然保护区管理条例》《四川省城乡环境综合治理条例》《四川省〈中华人民共和国环境影响评价法〉实施办法》《四川省饮用水水源保护管理条例》《四川省城市排水管理条例》等法规。

五、坚持强化生态优先绿色发展

每一项立法都有其目的性，都会发挥立法功能。我国新环境保护法于2014年修订通过，为新时代各地生态环境保护立法提供了依据和遵循。新环保法规定通过立法要推进生态文明建设，促进经济社会的可持续发展与环境保护相协调。西南地方生态环境立法严格遵守上位法规定，坚持生态环境保护优先，经济社会发展和环境保护的协调。

　　就各省份的环境保护基本法而言，《云南省环境保护条例》第一条就把促进云南省环境保护与国民经济协调发展列为立法目的，同时规定了保护农业生态环境，发展生态农业；支持、鼓励环境保护产业和绿化、美化环境的产业发展等内容。《云南省创建生态文明建设排头兵促进条例》把"践行绿水青山就是金山银山的理念，推动绿色循环低碳发展"等内容作为立法目的，并列出"促进绿色发展"专章，对发展云南各类绿色产业进行了具体规定。其他省份亦是如此，《贵州省生态环境保护条例》以"推进生态文明建设，促进经济社会可持续发展"为立法目的，规定各级人民政府应当组织制定和实施有利于生态环境保护的政策措施，推进经济发展方式转变和产业结构调整。《贵州省生态文明建设促进条例》则进一步规定其立法目的是"促进生态文明建设，推进经济社会绿色发展、循环发展、低碳发展等"，在第二章规划与建设中设置多个条文规定发展绿色产业，如第十五条规定："县级以上人民政府应当积极发展生态工业、生态农业、现代种业、设施农业、生态林业、生态服务业等产业，将低碳、节能、节水、节地、节材、新能源、资源合理开发和综合利用、主要污染物减排、环保基础设施建设、固体废物处置和危险废物安全处置等项目列为重点投资领域。"第十九条规定："县级以上人民政府及其有关部门应当发展生态农业，构建新型农业生产体系，推行生态循环种养模式，科学合理使用农业投入品，保障农业安全。推进畜禽粪便、废水、弃物综合利用与无害化处理，防治农业面源污染，全面改善农村生产生活条件和生态环境。"《四川省生态环境保护条例》同样将"推进生态文明建设，促进经济社会可持续发展"作为立法目的，规定地方各级人民政府应当坚持经济社会发展与环境保护相协调的原则，推进绿色发展，根据本区域的主体功能区定位、资源环境承载力和经济社会发展水平，实行产业准入负面清单，依法推行清洁生产和发展循环经济等内容。

　　基于各省生态环境保护基本法规的规定，生态环境保护各领域省级地方性法规自然也将促进生态环境和经济发展相互协调摆在重要的位置，贯彻法规始终。如2021年11月25日审议通过的《四川省嘉陵江流域生态环境保护条例》，分别规定了嘉陵江流域生态环境保护和经济社会发展应该坚持的原则，即生态环境保护应当坚持统筹协调、科学规划、创新驱动、系统治理的原则；经济社会发展，应当坚持生态优先、绿色发展，共抓大保护、不搞大开发的原则。在章节内容上，有"规划与管理""资源保护""饮用水水源与其他特殊水体保护""污染防治"强化对生态环境与资源的保护，另有"绿色发展"专门就调整产业结构，优化产业布局，推进嘉陵江流域绿色发展进行了规定。

　　云南、贵州、四川三省由于历史、自然等方面的原因，虽然生态环境基础较好，但是经济社会发展和东部一些省份仍有差距，在立法中如何平衡生态环境保护和经济社会发展显得更为重要。总体而言，三省民族自治地方生态自治立法都能较好地处理经济发展和当地经济发展、居民生产生活等问题，体现了生态立法兼顾生态保护、经济发展和居民生产生活等目的和功能。如《云南省迪庆藏族自治州白马雪山国家级自然保护区管理条例》以加强云南白马雪山国家级自然保护区的保护管理以及促进经济社会可持续发展为目的和功能，在具体条文中，注重妥善处理生态保护与当地经济建设和居民生产、生活的关系，如规定了禁止在保护区内进行砍伐、放牧、狩猎、捕捞、采药、开垦、烧荒、开矿、采石、挖沙等活动的同时，又规定了自治州人民政府必须加强保护区内的替代能源建设，扶持保护区内的居民不断改善生产生活条件；积极推广野生植物人工种植技术，增加当地群众的经济收入；开展农村适用技术、资源可持续利用等培训，转变居民传统的资源利用方式，提高当地群众经济收入，实现人与自然和谐相处；保障保护区内居民正常的生产生活，鼓励保护区内及周边居民利用实验区资源从事与保护方向一致的生产经营活动；按照国家有关规定，对保护区内的集体林实行森林生态效益补偿制度等。《云南省红河哈尼族彝族自治州哈尼梯田保护管理条例》除了规定对哈尼梯田的保护等内容外，也规定了对于居民生产生活扶持，提高村民收入等方面的内容。如规定政府应当制定产业政策，促进哈尼梯田的持续发展，在惠农资金等方面要优先安排重点保护区内的村民，使其能增加收入；同时规定，在从事旅游行业等方面，重点保护区内的集体组织和当地居民享有优先权等。贵州省的《黔东南苗族侗族自治州月亮山梯田保护条例》，以科学规划、严格管理、保护优先、合理利用为月亮山梯田的保护、管理与利用原则，为实现加强月亮山梯田保护，促进梯田永续利用的目的。在保护方面，规定鼓励村民委员会、农民专业合作社等组织参与月亮山梯田保护，村民则应当做好梯田的耕种、管理和维护。在开发利用方面，对于政府和相关部门，规定应该科学合理地进行各类基础设施建设，鼓励和支持单位、个人依法开发利用月亮山梯田资源。对于村集体组织、村民等，则规定鼓励梯田承包人保持稻鱼鸭共生等传统生产方式，种植水稻、油菜等适宜农作物；鼓励梯田承包权人、传统民居所有权人以及其他权利人，参与月亮山梯田的开发利用；鼓励月亮山梯田保护区域的村集体组织、村民依法从事民俗文化表演及乡村旅游等经营活动等。

民族地方以立法条文保护生态环境，实现绿水青山转化为金山银山的成效是明显的。就拿贵州省少数民族地方来说，《黔南布依族苗族自治州天然林保护条例》于2017年12月通过、2018年3月批准，通过立法保护天然林，不断打造生态品牌。截至2018年，黔南布依族苗族自治州森林覆盖率从2012年的52.5%提高到64.2%，同时，贫困发生率从2012年的29.47%降到4.65%。[①] 其他诸如对草海和河流流域的保护的条例实施以后，达到了很好的立法效果、社会效果和经济效果，生态资源得到保护，生态系统得到修复，也促进了当地旅游业等产业的发展。

---

① 州人大常委会加强生态立法推动民族经济发展. 黔南州人民政府网站，http://www.qiannan.gov.cn/xwdt/qnyw/201907/t20190715_5236140.html.

六、坚持突出民族特点和地方特色

特色是衡量地方立法质量的重要标准，也是检验地方立法能力水平的试金石。特色，并不是盲目崇尚"地方唯一"，而是主要体现在三方面：一是在法规项目的选择上，注重从本地情况出发，对上位法原则性、方向性的规定进行充实、扩展、延伸、细化，是实施性立法和对策性立法。二是在立法内容设计上体现出"地方性""具体性"。三是在解决问题的效果上体现出应有的操作性、适用性。① 西南地区生态环境立法，针对各省份总体情况及省内各民族地方的实际情况，突出对地方性特有生态资源和民族地方生态特色资源方面的立法，有利于对当地的特色珍稀资源进行保护，有序利用，也凸显了生态立法的"民族性"和"地方性"。

《云南省环境保护条例》规定对于我国和云南省列为保护对象的野生动物严格保护，严禁猎捕、出售。同样地，对于我国和云南省列入保护对象的野生植物，也实行严格保护，严禁采挖、出售；除了对野生动植物的保护，对于其集中分布区域等，也应该划为保护区范围，采取措施加以保护。对西双版纳等地区热带雨林实行严格的保护措施等条款，紧密结合了云南省所具有的动物植物物种以及地形地貌、自然资源情况。

根据云南地处高原、资源丰富而又生态脆弱的实际，制定和批准了滇池保护条例等 9 个关于高原湖泊保护的地方性法规，做到"一湖一法"，把高原主要湖泊的保护和开发纳入法治轨道，② 是云南省结合云南地方自然资源特点和生态环境保护需求所采取的办法。同时，云南拥有丰富的森林资源，是森林资源大省和重点林区，保护好森林资源，对全省乃至全国的环境与资源保护都有十分重要的意义，因此，云南省突出对森林资源的立法保护，先后制定了《云南省绿化造林条例》《云南省森林条例》《云南省

---

① 田成友. 云南地方立法的三张名片. 河北人大网，http://www.hbrd.gov.cn/system/2019/02/14/019448378.shtml.

② 云南地方立法"滇味"十足 彰显地方特色 [N]. 云南日报，2011-02-28.

林地管理条例》《云南省森林防火条例》《云南省湿地条例》《云南省国家公园管理条例》等一批法规。

"民族性"和"地方性"在民族地方立法中体现得更为突出。吴大华教授认为，贵州省民族自治地方颁行的一些单行条例则更为突出经济社会发展过程中的地方特点和民族特色。这类条例在环境、资源、景区和文化保护方面体现尤其明显。比如，《关岭布依族苗族自治县古生物化石资源保护条例》较好地体现了当地特点和民族特色。① 这也说明，民族地方立法在针对特色资源立法方面更容易体现出特色。

如针对当地特色化石资源立法。贵州省有着"古生物化石王国"的美誉，其中，关岭古生物化石群形成于距今 2.2 亿年前，具有极高的观赏性和收藏价值，关岭古生物化石群的发现被《科学》杂志称为"世界古生物学的重大发现"。然而，自 20 世纪 90 年代关岭县境内发现古生物化石至今，当地盗掘倒卖化石的行为从没有停止过。大量的古生物化石群被乱挖、乱采，遭到严重破坏。加大古生物化石的保护已迫在眉睫。因此，2002 年7 月，贵州省人大常委会批准颁布了《关岭布依族苗族自治县古生物化石资源保护条例》，这是中国第一部地方化石保护条例。同时此条例也是全国唯一一个针对古生物化石保护的自治县立法。该条例的施行为当地古生物化石保护发挥了积极作用。2021 年，围绕特色优势资源的法治保护力度进一步加大，该条例得到新修订出台，为保护关岭布依族苗族自治县境内地质年代形成的动物化石及植物化石资源提供了更坚强的法律保障。

如针对当地特色畜禽资源立法。2014 年，云南省怒江傈僳族自治州制定了《云南省怒江傈僳族自治州特色畜禽资源保护与利用条例》，条例针对列入《国家级畜禽遗传资源保护名录》的畜禽品种专门开展法律保护，为保护和合理利用特色畜禽资源，促进特色畜禽产业持续健康发展提供了法治保障。其中涉及独龙牛、高黎贡山猪、兰坪乌骨绵羊、兰坪绒毛鸡、

---

① 王飞，吴大华. 贵州省民族自治地方立法研究 [J]. 贵州民族研究，2014 (3)：1 –5.

独龙鸡 5 个畜禽品种。

如针对当地特色野生植物、珍稀树种。云南省有 5 个保护古树茶的条例，其中，有 3 个条例是少数民族自治地方性法规，即分别是 2009 年批准的《云南省澜沧拉祜族自治县古茶树保护条例》，2009 年批准，又重新制定于 2021 年通过的《云南省双江拉祜族佤族布朗族傣族自治县古茶树保护管理条例》，2011 年批准的《云南省西双版纳傣族自治州古茶树保护条例》。《云南省澜沧拉祜族自治县古茶树保护条例》对分布于自治县内百年以上野生型茶树、邦崴过渡型茶树王和景迈、芒景千年古茶园及其他百年以上栽培型古茶树，加强保护、合理利用。《云南省双江拉祜族佤族布朗族傣族自治县古茶树保护管理条例》，采用加强保护、全面规划、合理利用的方针，对分布于自治县境内的野生古茶树、野生近缘型古茶树、栽培型古茶树进行立法保护。《云南省西双版纳傣族自治州古茶树保护条例》，坚持保护优先、科学管理、有序开发、永续利用的原则，对自治州行政区域内的野生型茶树和树龄在 100 年以上的栽培型茶树，进行政府划定，设置标志，并向社会公布，实行古茶树的保护管理和开发利用，实现生态效益和经济效益、社会效益协调发展。同样的情况，在贵州省和四川省的古茶树资源区，民族自治地方也通过自治立法保护古茶树资源的有效保护和合理开发利用。贵州《沿河土家族自治县古茶树保护条例》于 2018 年 1 月 9 日通过、2018 年 8 月 2 日批准、2019 年 1 月 1 日施行，坚持保护优先、科学管理、传承创新、可持续利用原则，保护自治县行政区域内树龄在 100 年以上的古茶树以及树龄在 50 年以上、不足 100 年的古茶树后备资源，统筹兼顾生态效益、经济效益和社会效益。《四川北川羌族自治县北川苔子茶古茶树保护条例》于 2020 年 4 月 22 日通过，2020 年 7 月 31 日批准。条例明确保护的对象是指在自治县特定的自然环境中长期生长、进化形成的树龄在一百年以上的灌木及小乔木型中小叶种茶树。共有总则、保护与管理、开发与利用、服务与监督、法律责任、附则 6 章，体现了坚持法律原则和兼容地方民族特色的统一。

七、坚持探索协同立法推动系统治理

通过区域协同立法保护生态环境，是区域发展的必然要求，也是生态环境系统保护的必然要求。随着我国系列重大区域发展战略的深入实践，作为保障机制的区域协同立法也随之出现。① 同时，深入贯彻落实习近平生态文明思想，统筹山水林田湖草系统治理，也需要生态法治破除条块分割等问题，达到协同治理的效果。云南、贵州、四川三省共同立法保护赤水河，实现从"分河而治"到"共同治理"，正是区域协同立法，推动生态环境系统治理的生动案例。

赤水河是长江上游的重要支流，发源于云南省昭通市镇雄县，流经云南、贵州、四川三省，赤水河流域环境优美，是许多珍稀特有鱼类的重要栖息地和繁殖场所，对构建长江上游重要生态安全屏障具有重大意义。② 为加强赤水河保护，2011 年，贵州省颁布施行了《贵州省赤水河环境保护条例》，之后又出台了流域保护规划等文件，将流域划分为生态环境保护、恢复和控制 3 个功能区，严格落实红线要求。然而，赤水河作为一条跨省份区域性河流，其保护治理需要云南、贵州、四川三省各自发力，更需要三省协同配合，共同发力。栗战书委员长也曾先后两次对云南、贵州、四川三省共同立法保护赤水河流域作出重要批示，要求区域协同立法实现从"三省分立"到"三省共立"，执法检查由"三省行动"到"三省联动"的跃升。沈跃跃副委员长先后两次组织召开赤水河流域保护共同立法工作座谈会，并开展工作调研，提出工作要求。

按照全国人大常委会的部署，在三省省委的全力支持下，共同立法工作从 2020 年开始全面启动。2020 年 6 月 28 日，栗战书委员长对云南、贵州、四川三省共同立法保护赤水河流域作出重要批示。8 月 20 日，云南、贵州、四川三省人大常委会形成了赤水河流域保护立法座谈会纪要，明确

---

① 江林. 区域协同立法研究：现状与展望 [J]. 人大研究，2021（2）：41-49.
② 刘华东. 我国首个地方流域共同立法来了 [N]. 光明日报，2021-06-20.

共同立法工作由四川省人大常委会负责牵头，以《贵州省赤水河流域保护条例》为蓝本，在四川省条例草案文本基础上，吸收云南方面的意见，形成三省一致同意的赤水河流域保护条例草案文本。其间，三省人大常委会召开赤水河流域保护立法秘书长联席会议，共同研究协商条例草案文本；长江保护法制定出台后，又对条例草案逐一进行认真修改，确保条例草案和长江保护法的有效衔接。2021 年 1 月 15 日，栗战书委员长对云贵川三省共同立法保护赤水河流域再次作出重要批示，要求三省人大常委会在制定条例的同时，考虑制定一个共同决定。三省人大常委会成立共同决定起草工作专班，沿赤水河流域开展立法调研，形成共同决定征求意见稿。在全国人大环资委和全国人大常委会法工委的指导下，三省人大常委会进行充分沟通，完成征求意见建议等相关环节，形成了三省的条例草案稿和共同决定草案。2021 年 5 月底，云南、贵州、四川三省人大常委会分别审议并全票通过了关于加强赤水河流域共同保护的决定，同时审议通过了各自的赤水河流域保护条例，并于 7 月 1 日同步实施。

云南、贵州、四川三省以"决定"+"条例"的立法方式保护赤水河流域，成为全国首个地方流域共同立法样本，主要有以下几个方面的突破。其一，针对生态系统条块分割，生态保护和修复系统性、整体性不足，各行政区域内政策体系不够完善等问题，总体而言，形成了上下游联动、干支流统筹、左右岸合力，推动省际间跨区域生态环境保护共同治理，赤水河流域共抓大保护的新格局得以构建。其二，在现行立法体制下，如何做到既体现三省共性立法需求，又兼顾各省个性化立法需求，是摆在三省面前的新课题。此次三省根据全国人大的相关要求采用共同决定加条例的方式，完成并破解了共立和共治的难题，通过共同决定解决三省如何协调配合、联防联控、共同保护治理的问题，通过条例解决本省行政区域内如何保护的问题，既体现共性立法需求，又回应三省个性化立法需求。因此，采用共同决定加条例的方式，是解决区域共同立法的创新举措，为赤水河流域保护治理提供了配套有力的地方性法规保障，为区域共同立法提供了赤水河方案。作为全国首个地方流域共同立法，该项立法被全国人大誉为地方共同立法的经典范本，其区域协同立法的成功实践，能进一步丰富区域协同立法的相关理论。

生态环境区域协同立法并未结束，2021 年 11 月 25 日，四川省和重庆市人大常委会分别表决通过《嘉陵江流域生态环境保护条例》和《关于加强嘉陵江流域水生态环境协同保护的决定》，就是西南地区对生态环境区域协同立法的再次实践。可以想见，在这些案例的成功实践下，我国生态环境区域协同立法一定会取得更多的突破及进展。

第二节　西南地区生态环境立法的主要差异

梳理云南、贵州、四川生态环境地方性立法实践，三个省份有许多共同的做法，形成了共同的经验。但是，由于区域自然资源分布、生态环境状况等方面的不同，三个省份在立法数量及立法侧重领域等方面存在差异。

首先，是在立法数量上的区别。就目前各省的省级地方性法规而言，云南省人大及其常委会制定现行有效地方性法规涉及生态环境保护的有 61 件，占云南省省级地方性法规数的 27%；贵州省人大及其常委会制定现行有效地方性法规涉及生态环境保护的有 53 件，占贵州省省级地方性法规数的 26%；四川省人大及其常委会制定现行有效地方性法规涉及生态环境保护的有 40 余件，约占四川省省级地方性法规数的 20%。可见，云贵川三省都把生态环境立法放在立法工作的重要位置，涉及生态环境保护的省级地方性法规占全省省级地方性法规的比例均在 20% 以上。比较三个省份生态环境保护省级地方性法规数量，云南省略高于贵州省和四川省；比较三个省份省级地方性法规中生态环境保护省级地方性法规占比，云南省和贵州省略高于四川省；比较三个省份州市级地方性法规及民族地方单行条例涉及生态环境保护方面的法规条例数量，云南省略高于贵州省和四川省。云南省共有 16 个州市、37 个自治地方，州市级地方性法规及民族地方单行条例涉及生态环境保护方面的法规条例数量还是略高于贵州和四川两省。

其次，是立法领域上的区别。虽然云南、贵州、四川三省加大生态环境立法力度，形成覆盖环境各要素的地方性法规体系，并且呈现出自然资源领域立法较多，在各领域都有所扩展的特点。但是，三省立法侧重领域存在差异。云南省突出对"九大高原湖泊"保护和生物多样化方面的立法保护。针对九大高原湖泊的保护治理，制定了《云南省滇池保护条例》《云南省杞麓湖保护条例》《云南省阳宗海保护条例》《云南省抚仙湖保护条例》《云南省程海保护条例》《云南省星云湖保护条例》《丽江市泸沽湖保护条例》《云南省红河哈尼族彝族自治州异龙湖保护管理条例》《云南省大理白族自治州洱海保护管理条例》9个条例，实现"一湖一法"，并注重统筹立改废，强化法规作用的发挥。制定《云南省生物多样性保护条例》，规范云南省域内生物多样性的保护、利用和管理等活动，为保护生物多样性，保障生态安全，推进生态文明建设，促进经济社会可持续发展，实现人与自然和谐共生发挥了重要作用。

贵州不仅在生态文明建设地方立法方面走在前列，在森林资源保护等方面立法也较多。贵州制定国内首部促进生态文明建设的地方性法规《贵阳市促进生态文明建设条例》，从政策层面筑牢生态文明根基。2014年制定的《贵州省生态文明建设促进条例》是全国首部省级生态文明建设条例，用"红线、警戒线、高压线、安全线、基准线"五线，有力地促进了贵州的生态文明建设，地方在生态文明建设立法方面的先行先试，发挥了很好的"试验田"作用。① 贵州在森林林木等管理方面也有大量的法规。比如，《贵州省绿化条例》《贵州省森林条例》《贵州省林地管理条例》《贵州省森林公园管理条例》《贵州省森林林木林地流转条例》《贵州省森林防火条例》《贵州省义务植树条例》《贵州省古茶树保护条例》《贵州省林木种苗条例》《贵州省国有林场条例》《贵州省古树名木大树保护条例》

① 吕望舒，王琳琳，陈媛媛. 生态文明写入宪法，多位全国两会代表委员建议加快制定《生态文明建设促进法》[N]. 中国环境报，2018-3-13.

等，形成较为完善的林草地方性法规体系，实现依法护林、依法治林。

另外，根据《贵州省生态文明建设促进条例》关于推进绿色建筑的规定，贵州省还制定了《贵州省新型墙体材料促进条例》以及《贵州省民用建筑节能条例》，为促进新型墙体材料发展，加强民用建筑节能管理，提高资源综合利用效率提供了法律保障。

四川省注重在水资源、流域方面立法，在城乡环境立法方面也更为侧重，呈现出较好的立法效果。水资源的立法有：《四川省〈中华人民共和国水法〉实施办法》《四川省长江水源涵养保护条例》《四川省饮用水水源保护管理条例》《四川省都江堰水利工程管理条例》《四川省水利工程管理条例》《四川省〈中华人民共和国水土保持法〉实施办法》《四川省沱江流域水环境保护条例》《四川省赤水河流域保护条例》《四川省河湖长制条例》《四川省嘉陵江流域生态环境保护条例》等。其中，面对沱江这一四川省城镇最集中、人口最密集、经济实力最强的区域所面临的流域水生态安全问题，《四川省沱江流域水环境保护条例》是四川省首次以单独流域立法的方式推进水污染治理，通过地方立法，为沱江保护提供更坚实保障。《四川省河（湖）长制条例》是四川省首部河湖长制专项法规，从法律层面实现了四川省各类水域管理保护全覆盖，对推进河湖长制、提升河湖管理保护水平、筑牢流域生态屏障具有重要意义。在城乡环境立法方面有：《四川省城市园林绿化条例》《四川省城镇排水与污水处理条例》《四川省农村能源条例》《四川省城乡环境综合治理条例》等。其中，《四川省城乡环境综合治理条例》是全国首部把市容市貌和环境卫生规制空间拓展至乡村的省级地方性法规，为城乡环境综合治理工作提供了坚强的法律保障，标志着四川省城乡环境综合治理工作步入全域化、法治化、常态化的新阶段。

第三节　西南地区生态环境立法的发展方向

通过对比研究，云南、贵州、四川三省在生态环境立法取得显著成绩的同时，也还存在一些不足，下一步还需要从立法理念、立法技术、立法质量等方面不断提升。

一、立法理念的持续更新

习近平生态文明思想是生态环境保护事业发展进步的科学指引和行动指南，是做好生态环境保护工作的根本遵循，也是我们改进新时代环境立法的根本遵循。[①] 总体而言，西南地区的生态环境立法能够很好地贯彻落实习近平生态文明思想，将"坚持人与自然和谐共生""坚持绿水青山就是金山银山""坚持良好生态环境是最普惠的民生福祉""坚持山水林田湖草是生命共同体"等理念贯穿到生态环境各项立法项目中。但是，在庞大的地方生态环境法规体系中，由于部分法规更新延迟、规定滞后，立法理念还没有做到与时俱进，重经济建设轻环境保护，重末端治理轻源头治理等问题依然存在。努力实现生态环境高水平保护，就需要更新立法理念，把深入学习贯彻习近平生态文明思想作为长期重要的政治任务，以此指导环境立法工作，谋划立法布局，不断提高环境立法工作的系统性、预见性、创造性和可操作性。

二、立法内容得以明确

我国生态环境地方立法的定位、功能与作用主要是对国家生态环境立法的细化、完善、补充。但在国家相关立法不断健全完善的背景下，地方立法的创制性和实施性空间变得越来越小。加之，民族自治地方拥有生态环境自治立法权，2015 年立法法修改之后，设区的市人大取得生态环境保护等 3 个方面的立法权。因此，进一步明确省级人大的立法内容，并强化其对地方立法的统筹作用显得更为重要。就西南各省份，如何更好地细化、完善、补充上位法，结合实际，找准省级地方性法规立法项目，并指导州

---

① 孙佑海. 我国 70 年环境立法：回顾、反思与展望［J］. 中国环境管理，2019（11）：5-10.

市及民族自治地方用好立法权制定良法，仍是面临的难题。

三、立法特色进一步凸显

地方性立法遵循"不抵触"的原则，实践中则会出现法规照抄、照搬上位法多，创制性、操作性条款少，针对性不强，特色不明显等相关问题。三省生态环境立法在地方生态文化的运用方面还稍显不足，特别是在民族自治地方生态环境法规中，很少有自治地方立法变通权的运用，也是立法中民族特色彰显不足的原因之一。一些有民族特色的立法在民族地区自治法规中层级较低，亟待上一级地方性法规的规范。增强立法的民主性和民族性，运用自治地方立法变通权进行立法创新需要强化。有的学者曾指出，目前民族自治地方自然资源类保护立法，还缺乏民族地域特点和地方民族特色，单行条例在体例和内容上过多依赖上位法，内容重复性条款较多。[1]自治地方的生态环境立法具有较强地方特色性的立法数量非常有限，所占比重还不足10%，并且还存在大量内容并没有很好融入地方特色的问题。[2]

四、立法质量显著提升

由于西南地区经济社会发展状况、立法工作队伍数量水平等方面的原因，立法技术和立法质量相对还比较低。比如，有些法规过于笼统，内容不够精细完备、存在漏洞等，立法不协调、不一致，立法的针对性、可操作性还不够强，立法效果不好等问题还未破解，因此还应进一步加强立法工作的科学性、民主性、合法性，进一步解决立法中协调性、效率性、体制机制性等问题。比如，云南省加强"九大高原湖泊"立法，并适时更新法规，做到"一湖一条例"，但是，中央第八生态环境保护督察组下沉督

---

[1] 徐宜可. 民族自治地方自然资源保护立法实证研究——以云南省为样本的分析 [J]. 原生态民族文化学刊，2018（2）：72-78.

[2] 方桂荣，姚润智. 论民族地区的生态法治建设 [J]. 四川民族学院学报，2021（3）：95-101.

察发现的昆明长腰山违建别墅事件，暴露出《云南省滇池保护条例》在保护区划定等方面的规定存在问题，值得深思警醒。另外，公众参与度不高也会影响立法质量的提升，具体表现在，立法机关对公众参与的引导不充分，公众参与立法的积极性不够，部分公众参与意识和参与能力不强等。

五、立法资源均衡供给

西南地区各省份各区域的立法不均衡在所难免。如前所述，四川省由于民族地区少于云南和贵州，因此，民族自治地方立法方面的数量也少于云贵两省的民族自治立法。另外，各省份不同州市、不同民族地方的生态环境立法也不均衡，有的州市立法项目有 10 余项，有的则只有 3—5 项；民族地方自治立法，有的地方有 5 项左右，有的则只有 1—2 项。城市和乡村立法不均衡也较为明显，城市环境、城市绿化方面的立法较多，农村环境方面的立法较少，城乡生态环境立法统筹仍需加强。

六、立法领域全面扩展

云南、贵州、四川三省虽然根据我国环境保护法的规定，不断拓展生态环境立法领域，基本涵盖了大气、水、海洋、土地、矿藏、森林、草原、湿地、野生生物、自然遗迹、人文遗迹、自然保护区、风景名胜区、城市和乡村等方面，但是在一些重点领域、新兴领域仍需要加强。比如，就各省的情况而言，自然资源类立法仍然是重点，其他诸如光污染、噪声污染、土壤污染防治、环境监测、环境影响评价等领域法规的立法工作需要进一步推进。同时，生态旅游和休闲康养等绿色产业的立法保障、生态环境系统保护治理方面的立法仍有待加强。

第九章

西南地区生态环境立法提升路径

　　"十四五"开局之年，总书记频繁调研生态环境保护工作，凸显新时代新阶段继续推进生态文明建设的重要性和紧迫性。"十四五"规划和2035年远景目标纲要中关于"协同推进经济高质量发展和生态环境高水平保护"的要求表明，一方面是推进高质量发展，另一方面生态环境保护也要进入"高水平"阶段。① 总体而言，西南地区拥有丰富的生态资源、多样性生物和优美的环境是一个明显优势，因此，要积极通过生态环境立法的方式加强对生态环境的保护，提供制度和法律保障，紧跟时代要求。

　　我国已基本形成了生态环境保护立法体系。但是，与生态环境立法数量快速增长形成强烈反差的是，生态环境法律的不好用、不管用、不能用问题一直饱受诟病，并且直接影响到法律的执行效率与效能。② 因此，西南地区要加强生态保护，必须紧跟建设法治中国的目标，积极构建和完善生态环境保护法规体系，加强配套措施建设，保护好绿水青山，使制定的法规制度切实为环境保护发挥作用。

---

　　① 新华社. 第一观察　总书记今年8次地方考察都聚焦这件大事. 新华网 http://www.news.cn/politics/leaders/2021-08/24/c_1127791397.htm,2021-8-24.

　　② 吕忠梅. 环境法典编纂：实践需求与理论供给 [J]. 甘肃社会科学, 2020 (1)：1-7.

一、与时俱进更新立法理念

(一) 更新立法理念及模式

生态环境立法建设进入质的提升期，不能仅仅关注有几部新的立法数量增加、有哪些部分微调，而是要顺应时代发展，更新立法理念及模式，促进生态环境立法提质增效。就西南地区而言，生态基础较好，要进一步更新立法理念，把新发展理念、绿色发展理念融入西南地区生态环境立法之中，发挥立法引领作用，避免走向"先污染后治理"的老路，努力实现生态环境高水平保护。

地方人大立法工作者要旗帜鲜明地讲政治，坚持党的领导，强化科学理论武装。在生态保护方面，由于生态保护和加快经济发展之间会存在一定矛盾，那么更加需要立法者在立法过程中加强学习、紧跟时代脉搏、探索更合适的治理方式，寻找平衡点和双赢模式。要深入学习领会习近平新时代中国特色社会主义思想，特别是要认真学习贯彻习近平法治思想，加强习近平法治思想在立法、执法和司法过程中的指导作用，融会贯通，用于指导具体工作，提升自己的业务水平。要避免机械地学习，采用多种方式提升学习实效、提高地方立法质量、提升生态立法的执法效果。

更新治理理念，避免局限于仅仅以行政区划为界限来制定治理措施、各行政区划之间互不沟通，而是要树立跨区域、协调治理的理念，加强跨区域之间的沟通、协调与合作，提升整体生态治理效果。如云南、贵州、四川三省以"共同决定+条例"的方式开展赤水河流域保护共同立法，作为全国首个地方流域共同立法，被全国人大誉为地方共同立法的经典范本。① 可见，西南地区应以协同立法作为开端，积极推广优秀经验，积极探索新的治理方式，加大地区政府间协同治理、合作治理的力度，共同保护好绿水蓝天、走向共同富裕和高质量发展的明天。

---

① 发挥立法引领作用 首创"三合一"监督方式 云南生物多样性保护法治建设成果丰硕 [N]. 中国环境报，2021-9-30.

新时代的生态环境治理不能再局限于政府主导治理一种方式，而要调动其他主体的积极性和参与性、开发多种治理方式，使资源得到最大限度的利用。借助互联网的便利性加快智慧司法建设，加快数据平台建设、积极促进资源共享，使治理效率得到大幅提升。改变生态保护是效率低、拉经济后腿的旧观念，生态保护和经济发展之间完全可以形成共赢的局面。

（二）紧跟数字化建设要求

《法治中国建设规划（2020—2025年）》中指出要"加强信息技术领域立法，及时跟进研究数字经济、互联网金融、人工智能、大数据、云计算等相关法律制度，抓紧补齐短板"。在信息技术受到越来越多重视的今天，西南地区的信息技术利用率还较低，特别在生态环境立法方面的运用还需提高。

少数民族基于长期以来的生活生产习惯，对互联网的运用和利用程度远不能和中东部地区相比。很多地方对互联网的运用还局限于看新闻、使用娱乐软件、视频、游戏、购物等功能，对涉及办公、商务、高科技等方面功能使用程度还很不够。近年来，这些情况有了一定好转，如民族地区使用微信公众号等方式制作富有民族特色和民族语言习惯的视频、图片来宣传政策文件，取得较好的效果，对推广双语教学、宣传政策文件都很有好处，这些都是充分利用互联网方便生活的体现。如云南楚雄彝族干部李学平，他一生只做了一件事就是普法。为了让老百姓爱听普法宣传，他想了很多办法：用老百姓听得懂的语言解释法条，帮助村民学会用法律手段维护自己的权利，创办普法微信公众号等。这些都说明在西南地区普法不仅要考虑语言差异问题，还要充分利用现代方式便利老百姓的学法用法渠道，特别是激发年轻人的学习热情。

在数字化的利用方面，西南地区显然要花大力气去加强，特别是在生态保护方面，还要积极利用数字形式推进法律制度建设、促进生态治理效果。加强数据库建设，方便对生态环境数据实时监控和分析，利用大数据为决策提供判断依据。当然，数字化运用在西南地区内部也有差异，交通便利、经济较为发达的四川省、重庆市在数字建设方面做得较好，作为全国首个国家大数据综合试验区，贵州省近年表现也比较亮眼，其在数据治理、数字政府建设等方面的经验值得西南地区好好学习。

生态环境地方立法应当积极推广应用大数据开展公众参与，建立生态环境法律法规数据库、环境信息与公众参与共享平台并加强大数据应用相关法律规范建设。^① 现代社会中，群众对知情权、数据共享的需求越来越高，在生态治理方面一样如此，需要建立区域协作的理念、充分利用数据共享实现区域之间的信息互通，有助于西南地区整体生态治理达到更好效果，利用现代化手段为生态治理助力。要加强通信设施建设，利用多种方式教民族地区群众使用互联网、利用互联网便利工作和生活，利用互联网加强生态保护治理效果。

（三）关注突发生态环境事件

《法治政府建设实施纲要（2021—2025 年）》中指出要"修改突发事件应对法，系统梳理和修改应急管理相关法律法规，提高突发事件应对法治化规范化水平"。现代社会随时有可能出现突发状况、新问题和新情况，要改变观念、转变治理方式，不能因循守旧被动应付、消极处理，而要利用法律思维、提高突发事件应对能力。

如受到广泛关注的云南野生象出走事件。从 2021 年 4 月份开始，15 头原本生活在西双版纳州勐养保护区的亚洲象离开了保护区，从墨江县北迁。引发了社会各界广泛关注，纷纷研究此次事件的原因和源头。1980 年，云南境内的野生大象只有约 170 头。几十年来，由于数量增加，每头大象平均分配到的食物量大大减少，这或许是野象群离家出走的直接原因。近年来，人们将天然林地改造成经济价值更高的经济林地，而经济林地却不能

---

① 范海玉，张思茵. 生态环境地方立法中的公众参与法律机制研究 [J]. 治理现代化研究，2021（2）：82-88.

为它们提供它们习惯的食物。① 因此，生态环境结构的改变可以说是造成此次事件的客观原因，以前对这方面没有引起足够关注。如何在保护绿化面积、维持经济发展和野生动物保护之间达成平衡，还需要我们更多思考对策。保护好生态环境才能保护生物多样性，保护好动物，促进人与自然的和谐共生，才是西南地区的最亮丽名片。积极探索用立法的方式制度化，才是对生态最好的保护方式。

在此次野生象出走事件中，让全世界看到中国生态保护、生物多样性的正面效果，是非常正面的宣传，这是一方面；另一方面事发突然，也对沿途村民的生产生活造成了一定的损害。像这样的事件以后还有可能发生，是一味听之任之动物对沿途居民的生活造成影响，或者一味让政府承担全部开支和造成的损害后果，需要开拓多种方式、发动更多主体来协调解决，寻求更好的效果。

为破解生态环境损害救济不力或政府善后的困局，生态环境损害赔偿制度改革应运而生，从 2015 年七省市的试点到 2018 年《生态环境损害赔偿制度改革方案》在全国的推行。在明确生态环境损害救济立法的定位及设计要点后，立法的核心命题应聚焦于如何从整体性和全局性视角设计和规划这项制度。② 这就是随着新情况的出现充分探索新的解决方案，充分说明了法律也不是一成不变的，要随着时代的发展变迁做出变化，用更好的方式去治理社会，使用多种方式来治理，不能因循守旧。

二、全面行使地方立法权

在中央层面的环境立法渐臻完备之时，地方环境立法的特殊地位越来

---

① 3 支野生象群纷纷出走，没有天敌的它们是否有了不为人知的预感. https://www. 360kuai. com/pc/9924b70559fb3a1b5？cota＝3&kuai_so＝1&sign＝360_57c3bbd1&refer_scene＝so_1.

② 赵小姣. 我国生态环境损害赔偿立法：模式与难点 [J]. 东北大学学报（社会科学版），2020（5）：81-89.

越得以凸显。地方立法作为连接中央环境政策与区域生态环境问题的枢纽，其价值效用发挥程度的大小，直接关涉建设生态文明工作的优劣。① 西南地区更应该发挥好地方立法的作用，每一个地区内都有不同的特点，如果每个地方的法律制度都是一模一样，将失去立法的意义。要将立法的原则理论同地方实际相结合，指导地方立法实践。自觉维护宪法和法律的权威，让地方性法规成为落实党的决策部署重要方式，精准体现党的决策部署。

（一）行使好地方立法权

《法治中国建设规划（2020—2025 年）》中指出"有立法权的地方应当紧密结合本地发展需要和实际，突出地方特色和针对性、实效性，创造性做好地方立法工作"。如何做到地方立法有针对性和实效性，就需要立法者积极开动脑筋、发挥主观能动性完成好立法，在工作中真正做到创新。

如《青海省实施〈中华人民共和国环境保护法〉办法》，先后于 1998 年、2001 年作了两次修改。但是随着历史的发展，有必要制定一部生态环境保护综合性的地方性法规，为青海省生态环境保护执法、司法、守法进行宏观指引，发挥推进青海省"一优两高"战略、生态环境保护成果的巩固和提高的法治保障作用。② 这时候，就需要跟随时代的脚步，不仅是完成法律修改，而是用新的理念去构建新的生态保护地方立法。生态保护不是完成立法了事，要用在实处、不断修订，在经济社会的发展中不断焕发生机活力，才能切实发挥地方立法的促进作用。

就立法数量的地域分布而言，从多到少的地区分别是广西、贵州、四川、内蒙古、云南、甘肃、宁夏、青海、新疆、西藏。立法数量最多的地区多达 81 部，而最少的仅有 8 部。上 10 倍的差距，很能体现各民族地区间环境法治状况之悬殊。位居后位的民族地区，如西藏、新疆等地，近几

---

① 张仲旺. 地方环境立法的羸弱与纾解 [J]. 湖南警察学院学报，2020（2）：58-67.

② 殷雅琪，刘益凤. 关于加强青海省生态环境保护地方立法的几点思考 [J]. 青海环境，2020（4）：171-173+185.

年的立法总量都低于 30 部，说明未充分重视生态环境立法的重要作用，难免会在环境执法与司法实践中出现缺法可依的困境。反观另外一些地区，如广西、贵州、四川、内蒙古、云南等地，生态环境立法总量均超过 50 部，为生态环境保护提供了较充分的立法依据。① 可见，加强生态环境保护，不应把地方立法看成可有可无的东西，而要树立现代法治理念，充分利用好地方立法。只有建设稳固的法律制度，才能为生态保护提供保障。

地方立法做到引领方面，例如，云南省出台我国首部生物多样性保护地方性法规。截至 2021 年 8 月，云南省共有涉及生态环境保护方面的省级地方性法规 61 件，州市级地方性法规 49 件，民族地方单行条例 119 件。尤其是 2018 年以来，云南省人大常委会制定关于生态环境保护方面的省级地方性法规 23 件、批准州市地方性法规 25 件、批准民族自治地方单行条例 7 件。② 这就是充分利用好地方立法的表现，有了优质的地方立法才能有好的制度基础。

再如站在时代经济潮头的深圳，在地方立法方面也没有落后。2020 年 8 月，深圳市通过了全国首个生态环境公益诉讼地方立法《深圳经济特区生态环境公益诉讼规定》，为国家公益诉讼立法提供可复制可推广的"深圳样本"。③ 这充分说明，有创新地方立法才有生命力，才能及时应对新出现的现实需要。只有勇于探索，积极面对新形势新变化，才能为生态环境保护带来新的突破。

（二）加强队伍和人才建设

《法治中国建设规划（2020—2025 年）》中指出"建立健全立法、执法、司法部门干部和人才常态化交流机制，加大法治专门队伍与其他部门

---

① 方桂荣，姚润智. 论民族地区的生态法治建设［J］. 四川民族学院学报，2021（3）：95-101.

② 杜仲莹，颜宁. 法治建设护航云南生物多样性保护［N］. 昆明日报，2021-09-18.

③ 弘宇. 王灿发解读全国首个生态环境公益诉讼地方立法［J］. 环境，2020（10）：54-56.

具备条件的干部和人才交流力度。加强边疆地区、民族地区和基层法治专门队伍建设。"

人才培养在法治建设中具有重要作用。近年来，国家出台了系列文件，加大法治人才队伍建设力度。如 2016 年，中央出台《关于新形势下加强政法队伍建设的意见》，2021 年，最高人民法院印发《关于建立健全人民法院人员内部交流机制的若干意见》，中办、国办出台《新时代法治人才培养规划（2021—2025 年）》等，这些文件对加强人才培养锻炼做出具体举措，对于进一步提高法治人才队伍的积极性、主动性、创造性，具有重要意义。西南地区更要积极落实这些要求和措施，主动加强法治人才培养的工作。

西南地区相对于中东部地区，既有守卫边疆的重任，又有民族多、宗教多等综合因素的现状，但是同时又非常缺乏专业人才。这有经济相对落后的因素，也有远离政治经济文化中心的因素，在教育、文化交流等方面都需要加强。因此，西南地区在法治队伍建设方面，还需要下大力气，积极开拓工作方式，加强人才建设和引进。不同于中东部地区，民族地区基层地区对双语人才和法律人才的复合人才需求特别迫切，民族地区双语建设还有待进一步加强，要加大双语教学的力度和覆盖面，从双语人才中多培养法律人才，以满足民族地区法治建设的需要，既要熟练掌握双语的交流和写作，也要加强地方立法工作者的法律培训、增加法律专门人才的比例，这样才能切实提高立法质量。

《法治中国建设规划（2020—2025 年）》中指出，研究完善人大常委会会议制度，探索增加人大常委会审议法律法规案的会次安排。充分发挥人大常委会组成人员在立法中的作用，逐步提高人大常委会专职委员特别是有法治实践经验的专职委员比例。即要探索增加有法治知识背景的人员在立法工作中的比例。法律是研究高度严谨、体系化的一门学科，立法更是非常专业化的工作，此次规划中专门增加这样的表述，说明对立法工作的专业化水平愈加重视。在西南地区，加强生态环境保护的地方立法更应该加强人才队伍建设，注重人才专业水平提升，提高立法质量、突出特色，助力生态环境保护。

（三） 云南省加强地方立法建设小结

加强地方立法是推进全国立法质量和效率提升的重要基础和环节，以下对云南生态环境地方立法的相关做法进行阐述，探讨如何行使好地方立法权，做好地方生态环境立法工作的问题。

2015 年 3 月 15 日，十二届全国人大三次会议审议通过了新修改的立法法，赋予所有设区的市地方立法权，开创了地方立法的新局面。云南省对立法工作高度重视，《云南省人民政府办公厅关于加强设区的市和自治州政府立法工作的通知》第一条就规定："充分认识州市政府立法工作的重要性。依法赋予州市政府立法权，是党中央全面深化改革、推进依法治国的重大决策，是社会主义法律体系建设新的里程碑。"近些年，云南地方立法工作取得了不错的成绩，但是从提高立法质量方面讲，还有进步的空间。云南省地方立法建设需要从以下方面加强。

1. 提高地方立法质量

充分发挥地方立法的引领和保障作用，必须高质量立法、立高质量的法。尤其生态保护作为云南地方立法的重点，更要慎之又慎、高度重视。

2020 年 5 月 12 日，《云南省创建生态文明建设排头兵促进条例》审议通过，于 2020 年 7 月 1 日起施行。云南成为继贵州、青海、福建、江西之后，第五个制定出台省级生态文明建设条例的省份。该《条例》是云南省生态文明建设领域首部全面、综合、系统的地方性法规。[①] 之后，根据此条例，云南省政府又印发了《云南省创建生态文明建设排头兵促进条例实施细则》，条例和实施细则的出台，是云南省以立法方式推进生态文明排头兵建设的具体举措，也是云南不断提高生态环境立法质量的重要方式。

生态文明在云南的发展中占据特别重要的地位，不仅因为这是云南省

---

① 云南省创建生态文明建设排头兵促进条例新闻发布会，云南省人民政府，http://www.yn.gov.cn/ynxwfbt/html/2020/zuixinfabu_0628/3188.html.

的亮点所在，更是因为生态环境的珍贵，生态资源破坏了很有可能再也无法恢复。在法治云南的建设中，应该一如既往地积极发挥地方立法的积极作用，加强法律人才建设，有所为、积极主动作为，系统提升地方立法质量，为保护好云南生态提供制度保障。

2. 突出地方特色

云南基于民族多的省情，在加强民族区域自治制度的建设过程中，还应该重视民族自治地方自治法规体系的完善。边疆民族地区的治理，有时候不适宜照搬经济发达地区的经验，适应当地情况显得相当重要。作为民族自治地方的成文法，自治法规不同于传统的习惯法和现代的普通立法，既吸纳了民族习惯法中的精髓部分、适应民族地区的现实情况，又符合现代法治发展和建设法治中国的需要，做到了原则性和灵活性的统一。它易于被民族群众接受，也与法治云南建设的要求同步。如 2021 年 11 月 24 日刚刚审议通过的《云南省矛盾纠纷多元化解条例》，就充分考虑了云南省边疆、边境、民族和宗教问题交织的复杂情况，专门明确了"在不违反法律法规和公序良俗的前提下，少数民族聚居区可以按照地方风俗习惯开展矛盾纠纷多元化解工作"，就是注重民族多这一实情的表现。在西南地区，不能简单用"一刀切"的方式来治理社会，地方立法同样如此，不能简单照搬上位法的内容，而要充分考虑到当地实情，在不违背宪法和上位法的前提下，灵活地开展法治建设。

截至 2021 年年底，云南省已经批准实施的民族自治地方自治条例为 37 件、单行条例为 186 件，变通规定 6 件，无论是自治条例还是单行条例的数量，均居全国第一。[①] 应发挥民族自治法规的积极作用，宣传自治法规的优势，鼓励地方自治机关用好立法权、变通权，尊重各民族习惯和特点，切实为民族地区经济发展提供法律保障，这是现代社会中其他社会调节工具所不能取代的。

---

① 数据来源于云南省人大民族委立法处。

而且在加强地方立法的同时，云南省并没有将这些立法束之高阁，而是注重根据时代的变迁及时修订。2020 年，全省 8 个自治州、29 个自治县的自治条例全部完成修订，这样不仅使地方立法更具生命力、易于被群众接受，也适应时代的需求、发展的需要。

可见，在云南的生态保护方面，民族自治地方自治条例切实发挥了作用，结合了云南各地的实情和民族特色，不仅有力保护了生态，还保护了生态多样化。生态保护是云南省民族自治地方自治法规的重要方面，几乎每部自治法规都有所涉及，也证明自治地方充分利用了自治法规的作用，为生态保护提供了强有力的法律保障。

3. 明确生态这一立法重点

注重良法与善治，生态立法走在全国前列。云南在生态环境立法方面取得了不少成绩，比如对九大高原湖泊实现了"一湖一条例"及相关修订，再比如，在全国率先制定生物多样性保护条例等。今后仍宜突出将生态保护作为地方立法重点，为云南省加强民族团结、生态保护和经济建设助力。生态保护永远在路上，一旦破坏很可能永远无法恢复，因此需要借助立法等制度化的方式，避免工作不能实现持续化的效果。要将生态文明作为立法重点，不仅仅是保护云南的生态文化，也是为全国的生态保护做出云南的贡献，更是要为群众保有绿水青山、为子孙后代保有绿水青山不懈努力。

如云南省人大在就《云南省土壤污染防治条例》（草案）、《云南省昭通渔洞水库保护条例》（修订草案征求意见稿）等立法草案向社会公开征求意见建议，[①] 充分说明有关生态保护的工作持续在进行时，不会有休止符。

---

① 云南省人大网. http://www.ynrd.gov.cn/html/hudongjiaoliu/，数据截至 2021 年 11 月 21 日.

三、完善立法体制机制

《法治中国建设规划（2020—2025 年）》中指出要"完善立法工作格局。加强党对立法工作的领导，完善党委领导、人大主导、政府依托、各方参与的立法工作格局"。在生态环境立法中，要提前做好立法规划，避免低水平重复，浪费宝贵的时间和治理时机，为高质量立法打好基础。

（一）加强合宪性审查

《法治中国建设规划（2020—2025 年）》中指出"应当依照有关规定向全国人大常委会书面提出合宪性审查请求"。在加强立法的时代要求下，势必要增加立法工作、提高立法质量要求、增强立法体系化要求，因此合宪性审查的重要性越发显现出来。在整个动态的法律体系中，法律冲突始终都会存在，修订的法律是否都严格遵循宪法精神？找法、适用对于法律工作者和学者都是一个问题，找法、用法错误不仅带来困扰，还会带来很多不利后果，损害法律的权威性。因此，加强合宪性审查是一项非常重要的工作。

尤其是一般地方性法规和自治法规，不仅是群众，法官群体对于民族自治地方的自治立法的权限认识也许也不够，认识有差异，认为自治法规的效力层级较低，只能置于审判依据的最后作为案件裁判的参考。在少数民族自治地方，自治法规是作为明确的法律依据，不是作为地方性法规、规章的补充物而存在，但司法机关对此的认识可能是不够全面、不够清晰的。有些法官在适用自治法规的时候，是存疑、有顾虑的。因此，在西南地区，应设置专门的法律审查机关，由专人负责，加强合宪性审查，促进地方立法体系化、系统化，也打消部分立法机关"不敢使用地方立法权"的顾虑。加强对《立法法》的学习和领会，加强先进立法经验的互相交流。

（二）完善立法项目选题论证机制

聚焦重点，把群众最关心的问题作为重点选题进行论证。分步骤进行论证，积极开展调研、反复论证，以期达到最佳效果。立法编制要更加合理，注重立法的体系性、协调性。再就是深入调研，在充分的调研基础上去展开论证工作。

加强论证工作机制的建设，对优秀的立法经验和案例可以作为样本，不同地区之间展开交流合作。注重立法协商，在论证的过程中积极引入法学专家参与，多咨询专家意见，保证高质量立法。

（三）用体系化的地方立法促进生态环境保护

当前地方生态环境立法呈现出碎片化的现状。地方生态环境立法的体系化是有效应对生态环境问题和系统防范生态环境风险的需要，也是促进生态环境一体保护的顶层设计所需。① 因此，西南地区可以积极进行探索、实践，以适应生态环境保护的需要。

如 2021 年 11 月 24 日刚刚审议通过的《云南省矛盾纠纷多元化解条例》，为了推动立法进度，就成立了由云南省委政法委牵头，省人大等有关部门参与的立法领导小组，并设立办公室，具体负责日常工作。生态环境立法可以借鉴以上方式，在区域间设立一个统一协调的机构，同时由多个部门、学者群体、律师群体和群众参与立法和协调，这种方式既可以集思广益、充分考虑当地实情，又可以突破以往地方立法旧方式的耗时长等弱点，以免出现一部立法出台已经远远不能满足地方发展的需求这种尴尬。同时，借助互联网的便捷，可以将协调、交流、利用高科技等优势更好地融入地方立法中，促进生态环境立法的高质量发展。

（四）加强创新立法

要强化思考，为什么生态环境立法不好用？还是不敢用？敢于啃硬骨头，推进实质性立法和执法检查，避免地方立法走向虚设。积极用好地方立法这个工具。

生态环境法规整体质量不高，重复性立法较多，创新性立法较少；生

---

① 周中梁. 生态环境地方立法体系化的困境与展望——基于江苏省生态环境立法的分析 [J]. 南海法学，2020（6）：115-124.

态环境法规法制不统一的现象较突出；部分重要生态环境领域管理的法治化程度较低。要对生态环境方面提出的创新性需求，坚持问题导向，深入调查研究，加强创制性立法，及时研究提出解决问题的路径和方法。①

应该对地区内生态环境保护立法进行梳理，解决不统一的问题，开展立法指导和培训；对重点需要立法的空白方面，要加强立法，积极开展工作。对优秀的立法经验要积极推广，通过专业会议、加强业务指导、邀请法学专家讲座等方式，加深地方立法者对生态环境保护立法的指导思想认识，提升其业务水平，根据民法典和国家政策对当地的生态环境保护立法开展梳理和定期总结。

地方立法如果都和上位法大同小异、毫无差别，成为上位法的"传声筒"，那就失去了立法的意义，也是浪费立法资源的表现。西南地区生态环境立法除了要充分考虑民族、宗教等地方因素，还要加强创新研究。根据时代要求、新情况带来的新问题，积极探索新的交流方式、工作方式、解决方案，只有加强创新思维，生态环境保护工作才能有更加实质性的进展。在新时代要有高质量发展，必须开动脑筋、勇于创新，否则工作只会原地踏步。要想抓住时机发展，生态环境立法就要完善立法机制，开拓新工作方式，在地方立法中切实走出新路来。

及时并定期对生态环境保护立法进行总结，反思生态立法为什么不好用。大胆尝试新的治理方式、开辟新的途径，并进行总结。立法评估后，根据实际效果，对新的立法针对性开展立法规划，避免地方立法走向简单重复。

四、适应民族地区特点

民族地区生态环境立法工作，必须结合民族地区实际和特点。西南地区大多位于祖国边疆、边境线长、山区多、生活方式差异大、语言也诸多不通，

---

① 周中梁. 生态环境地方立法体系化的困境与展望——基于江苏省生态环境立法的分析［J］. 南海法学，2020（6）：115-124.

很多民族地区至今仍受习惯法影响、习惯于使用旧思维方式解决纠纷，而且各地情况差异也比较大。短时间内，习惯法的影响力在民族地区也不可能消亡，因此，要尊重民族地区的现实特点，才能保障立法执法的效果。生态环境立法也是一样，需要适应民族地区特点，充分利用民族自治地方自治法规的形式把地区特点融入地方立法，同时借助习惯法中的有利于保护生态的举措扩大对生态环境立法工作的支持，这样更容易被群众接受。

（一）积极利用民族自治地方自治法规

云南作为边疆地区，具有民族多、宗教种类多的省情，所以要积极发挥民族自治地方法规的法律作用，这是现代社会中其他社会调节工具所不能取代的。

自 1986 年《云南省楚雄彝族自治州自治条例》成为云南民族自治地方出台的第一件自治条例以来，到 1991 年，《云南省镇沅彝族哈尼族拉祜族自治县自治条例》获得批准，云南 8 个自治州 29 个自治县都完成了自治条例的制定工作。① 与此同时，云南省民族自治地方立法涵盖了包括民族自治地方资源和环境保护等各个方面。如《云南省楚雄彝族自治州自治条例》通过各个方面的规定，对森林、水资源、矿产资源、渔业资源等的保护做了明确规定，明确了责任，对防治污染和其他公害方面也有明确规定。在云南省内不仅是第一次以自治州自治条例的方式对生态保护作了明确规定，而且对后续的自治州自治条例里生态保护的规定也起到了引导作用。云南的多数自治法规和单行条例都对生态保护作了明确规定，毕竟传统习惯法中本来就有很多朴素的保护自然界环境的思想，再用地方立法的形式予以固定下来，既有利于群众接受，也有助于促进地方法治建设。这就是适应民族地区特点、尊重民族习惯法的正面例子。云南民族自治地方自治法规为什么数量多、立法效果好，就是充分激发了地方自治机关的立法热情，省级机关也积极加强指导。

---

① 陈慧妮. 云南少数民族自治法规体系的完善 [J]. 云南社会科学, 2018 (1): 44-49.

云南民族自治地方自治法规今后应继续以生态保护为重点方向，加强对自治法规的清理工作，将生态保护的条款整理出来供大家学习、方便使用，还可以考虑汇编成册。各地的情况多有不同，应结合本地情况，在生态保护方面制定不同的措施。各地方自治机关之间要加强沟通、互相学习、交流经验。

（二）加强居民公约和村规民约建设

党的十九大把法治社会基本建成确立为到 2035 年基本实现社会主义现代化的重要目标之一。《法治社会建设实施纲要（2020—2025 年）》中第三部分规定："充分发挥社会规范在协调社会关系、约束社会行为、维护社会秩序等方面的积极作用。加强居民公约、村规民约、行业规章、社会组织章程等社会规范建设，推动社会成员自我约束、自我管理、自我规范。"

基于西南地区少数民族多、生态环境状况差异等实际情况，生态环境立法，不能一把尺子量所有，也不能要求所有地方立法都一样，首先就要考虑当地群众接受度的问题。除了民族地区自治法规的形式，还要积极利用居民公约和村规民约的形式，如有些白族村落利用擅长画画、装饰的优点，把村规民约用大号字漆画在居民房屋空白墙上，方便大家阅读了解。这种形式不仅通过改变语言表述形式，把晦涩的"法言法语"变成通俗易懂的表述语言，通过作画等形式把民族特色融入其中，形成群众喜闻乐见的方式，而且画在民居墙上容易被看见，强化了印象，又起到很好的宣传作用。这样结合民族特色的方式就值得推广，既起到普法效果又令群众乐于接受。如贵州把法律政策编成通俗易懂的侗歌①，其他民族地区可以借鉴这样的方式，改变那种觉得民族地区都是偏远落后的心态，积极利用民族特色融入普法宣传，起到良好的效果。积极利用地方立法形式和村规民约方式，都是促进中华民族共同体建设、加强新时代精神文明建设的表现。

---

① 黎平县洪州镇侗歌宣法受好评. 环京津网，https://baijiahao.baidu.com/s？id=1671637308855198924&wfr=spider&for=pc，2020-7-8.

五、提高立法质量和效率

（一）强化整体性立法

作为我国第一部流域保护法律，长江保护法经十三届全国人大常委会第二十四次会议表决通过，于 2021 年 3 月 1 日起施行。在流域管理立法方面，现行水法确立流域管理基本制度，国务院和有关地方依据水法规定在流域立法方面制定一些行政法规和地方性法规，但针对特定流域的全国性法律，长江保护法是第一部，其立法理念、制度设计和立法工作经验对其他流域立法包括黄河保护立法，具有重要借鉴意义。

如草原生态环境立法方面，高思洋提出"草原生态环境立法多维优化论"，认为"应通过平衡内部政策性条款，设计双向立法衔接，明晰监管体系与监管职权的范围等措施加以解决，最终通过完善公力救济、私力救济等多元救济途径，实现构筑草原生态环境立法的多维优化的目标"。

如广西，目前广西形成以《广西壮族自治区环境保护条例》为核心，以地方性法规、地方政府规章、单行条例等多层次、多种区域生态环境保护立法为主体的较完整的地方生态环境保护立法体系。广西生态环境地方立法调整范围基本涵盖了生态环境和资源保护领域，解决了广西当前实际面临的生态环境和资源保护的主要问题，实行环境、社会发展十大工程，实行生态文明建设战略，保障了广西在"一带一路"建设中经济发展的同时保持良好的生态环境。

云南省丽江市强化生态领域立法，颁布实施《丽江市泸沽湖保护条例》，在云南省地方立法中首次实践了区域协同立法的要求，协助省人大常委会修订完成《云南省程海保护条例》《丽江市集中式饮用水水源地保护条例》进入一审。①

在地方生态环境立法层面，要借鉴长江保护法这种创新立法做法，首

---

① 丽江：深入开展立法协商工作 让地方立法更具民主性. 云南人大网，http://www.ynrd.gov.cn/html/2020/gedirenda_0615/10291.html，2020-6-15.

先针对大江大河流域，可以开展类似的地方立法，把流域管理立法推广到西南地区。把流域的生态保护好，接下来可以进一步对林区、牧区等地区开展类似立法活动，把生态保护工作推进到新的程度。

（二）加强立法清理、评估及督察

《法治政府建设实施纲要（2021—2025 年）》中指出，建设法规规章行政规范性文件统一公开查询平台，2022 年年底前实现现行有效的行政法规、部门规章、国务院及其部门行政规范性文件的统一公开查询；2023 年年底前各省（自治区、直辖市）实现本地区现行有效地方性法规、规章、行政规范性文件统一公开查询。

按照要求对地方立法进行清理和公示，公开查询平台，既方便学习也是接受监督的一种方式。将现行有效法律公开出来，就是避免整个法律体系模糊不清，不仅法律从业者方便查询，对于群众来说，也能更加清晰地明确有哪些门类的法、哪些已经失效、哪些在征求建议。在清理法律的过程中，还可以梳理哪些重点需求方面立法还是空白，有针对性地开展立法规划。

同时加强评估工作，地方立法制定完并不是结束，对现行有效的法律及时进行评估，可以引进第三方中立机构和专业机构进行评估。目的是让生态保护方面的地方立法形成合理的体系，切实对当地经济社会发展起到促进作用。

《法治中国建设规划（2020—2025 年）》中指出，针对法律规定之间不一致、不协调、不适应问题，及时组织清理。加强立法的协同配套工作，实行法律草案与配套规定同步研究、同步起草，增强法律规范整体功效。

为增强地方立法间的系统性、便于从业者学习，可以对每个地区的现行地方立法进行清理，删去失效法律，特别是按照现行民法典对地方立法进行针对性清理、调整不符合民法典规定的内容，以合适方式公示并且方便群众学习。例如云南自治法规方面，可以将云南省现行有效的所有民族自治条例等法律法规汇编成册，下发各自治州县，组织各自治州、自治县的政府和人大常委会系统学习。①

结合规划的要求，建议西南地区的省人大网站上，专门开辟一般地方性法规和民族自治地方自治法规的板块，分类及时发布法律法规的全文并及时清理失效法律，方便实务机关、从业者和学者查询、学习。同时，发掘优秀的自治条例和单行条例作为范本，让其他民族自治地方加以学习。同类别的法律可以放在同一板块，并将立法过程、司法解释、政府规章等配套规定也链接进去，方便系统学习。同样，专门开辟有关生态环境保护的板块，把立法梳理放入其中。当然，每个民族、每个城市都会有差异，可以借鉴其他城市的优秀经验，但是也不宜直接套用。针对每个地区的实际特点，将特殊性和典型优势充分体现到地方立法中去，这样才能发挥更好的效果。

（三）统一法律适用

针对审判实践中存在的部分案件法律适用不统一、裁量权行使不规范等问题，最高人民法院印发《最高人民法院统一法律适用工作实施办法》，从最高审判机关的职能定位出发，对进一步规范统一法律适用工作、确保法律统一正确实施提出具体要求，切实维护国家法制权威，确保司法公正，提高司法公信力。②

《实施办法》为统一法律适用工作、确保法律统一正确实施提供了规范，将有效提高司法公信力；同时明确了最高人民法院将建立健全跨部门专业法官会议机制，研究解决跨部门的法律适用分歧和难题，这一方式对生态环境保护方面的执法工作将带来重大利好，因为生态环境保护是系统性工程，比较复杂，治理的过程中一般也涉及多个部门法，仅用一个部门法来处理比较困难。

---

① 陈慧妮. 云南少数民族自治法规体系的完善［J］. 云南社会科学，2018（1）：44-49.

② 《最高人民法院统一法律适用工作实施办法》的理解与适用. 中国民商法律网，2021-12-3.

可见，推进法律的统一适用，对于生态环境保护方面来说非常重要，既解决了"同案不同判"的困扰和群众的疑惑，又提升了司法公信力。西南地区的立法工作者应对该《实施办法》加强学习，在审判工作中全面落实；同时加强数据库建设，对最高人民法院发布的指导性案例加强学习，总结典型案件并加强沟通，不断提升学习效果。

（四）促进公众参与生态立法

公众参与生态立法是生态文明建设的重要途径，是解决生态环境问题和实现立法分配、实现生态正义需要的重要方式。2014 年，我国新环保法设立了信息公开与公众参与专章，使公众获取环境信息、参与和监督环境保护有法可依。2015 年，生态环境部颁布了《环境保护公众参与办法》，在我国环境保护法的基础上，更为具体地规定了公众获取环境信息、参与和监督环境保护的权利、渠道等方面的内容。

近年来，为了使公众更好地了解生态文明建设情况，我国政府已经依法启动信息公开等方式或渠道，但公众能够参与到生态文明建设的渠道依然不足，说明现行信息公开的举措仍然无法满足公众对生态文明建设的诉求。[①] 政府部门也要转变观念，从管理者思维转向服务者思维，不能仅仅停留于建设官方网站、上传新闻和政策宣传内容，在网站上要实现留言等交流功能板块的便利、有效，要积极开拓政府和群众之间的交流渠道，可以考虑借助微信公众号等使用便利、受众面大的交流形式，扩大交流面、推进交流效果、跟踪交流实效，真正做到让群众有话可说、有话能说、说了还能解决，从而让群众"愿意说"，使畅通的交流成为生态环境保护的重要渠道。

在西南地区，今后要积极利用新媒体等现代媒介，推动群众用更加便利的方式参与到生态立法中来，通过宣传让更多人了解到，让群众看到自己可以参与到生态立法和治理，积极为生态治理出力。充分利用双语教学

---

① 宋向杰. 公众参与生态立法探析 ［J］. 西南林业大学学报（社会科学版），2020（4）：9-13.

形式扩大法律宣传，开拓多种形式促进公众参与。一方面是推进生态环境公众参与的地方立法。应根据西南地区经济社会与生态环境实际情况，针对公众参与生态保护，制定操作性强和目标明确的相关地方性法规，如制定一定的激励机制，鼓励公众积极地参与到地区生态环境保护监督过程中，鼓励省环保组织的发展壮大，拓宽公众参与的渠道与途径，使其在生态文明建设进程中发挥更大的作用。另一方面要高度重视环境教育，推进相关立法。提高公众参与度，增强公众环境保护意识是基础和关键。要把环境保护宣传教育作为生态环境立法的重要内容。抓住青少年和领导干部两个关键，加强环境保护教育，让生态环境保护融入课堂、融入生活，从小培养青少年绿色生活理念以及保护生态环境的行为习惯和意识；发挥党员领导干部的示范带动作用，引领党员、普通群众也能够践行生态文明理念，保护绿水青山。规制公民破坏生态环境行为，区分不同情况设定不同的法责要求，对以故意的方式破坏生态环境的情况，要进行严肃追责，对重大典型事故要加大曝光力度，以警示全社会形成生态环境保护的意识和氛围。同时，应充分发挥公众在立法前至立法后全过程的参与作用，在地方立法发布前，必须将召开听证会等程序作为前置程序，在地方立法公布之后，也要加强意见反馈收集处理工作，进一步完善法规条例。

六、均衡区域立法

党的十八大以来，全国人大及其常委会在生态环境领域方面的制法、修法提速，无论是频率还是密度空前提高，国家层面生态环境领域立法及其配套政策频出。西南地区生态环境保护地方性法规应及时跟进，解决区域内生态环境立法不均衡、立法滞后等问题，有针对性、按计划地完善生态环境保护法规体系。

（一）弥补地方生态立法不足

首先，要树立生态文明理念，秉持环境保护优先原则，强调人与自然和谐和生态安全，充分发挥西南各省份环境保护基本法规的作用，使之成为能真正统领和突出地方特点的生态环境地方立法的"核"，以引导各省份生态文明建设。其次，针对各省份省级层面地方性法规还存在着不均衡的问题，需要从强化补充立法、增强整体协调、体系化构建等方面，使西南地方各省份生态环境保护法规体系既具有综合性、原则性，又具有具体性、针对性，呈现多元化特征。同时，加强乡村领域立法，用法治保障各省份农村环境保护；加强对生态环境保护的变通和补充规定的研究，增加省内有关生态环境保护的变通规定和补充规定数量，充分发挥生态环境保护的变通与补充规定的应有作用也是解决生态环境立法不均衡的必然要求。

（二）各地区加强立法协作

西南地区作为有较多类似性的一个整体区域，也要注意各地区之间的交流。特别是生态治理，很难通过一个地区的努力就达到治理效果，必须进行多地区多领域内的协同合作、长周期持续合作才能形成更好的治理效应。

各地区应开展各种形式的交流和互相学习，将优秀的经验互相推荐，将有用的信息互相共享，鼓励人才流通和交流锻炼，为年轻人提供更多展示自己的舞台。同时，地方立法也要加强规划、与其他城市互相通报，改变过去旧的立法思维和立法方式，这样使生态保护和经济区域发展结合起来，避免互相之间产生冲突、不利于协调合作的因素出现。

各地区之间不要孤立地立法，最好能站在整个区域协同治理的高度，由共同的高一级立法机构开展协同立法指导，使不同地区之间既能照顾到地方特征又能保持共同的立法思想，在治理的过程中能够相互协调、提高效率，达到更好的治理效果。

（三）开辟多种手段治理

随着生态环境问题的严重程度与受关注程度日渐增加，加大刑罚这一人类社会最严厉法律手段对环境违法行为的"打击力度"，已成为全社会的广泛共识。这意味着，环境立法与刑事立法应当为了共同的目标而相互配合、相互协调。尽管刑事立法的生态化进程仍在持续，但是这一进程似乎一直受到诟病。当前许多具有社会危害性、应受刑罚处罚的行为尚未被纳入刑事立法的制裁范畴，这种现象无疑是值得思考的。^①治理过程中要及时评估，总结有用的经验并适时推广，效果不好的方式要及时修改，只有不断推陈出新才能达到好的效果。

生态环境治理不同于其他领域的治理，单纯使用一种方式很难达到较好治理效果，在具体的治理过程中，要结合刑法、民法、行政法等诸多部门法，用多种方式参与到生态治理中，以期获得更好的效果。

综上所述，现代社会发展迅速、新情况新问题多，但是机遇也多。面对百年未有之大变局，我们要坚定信念，战胜前进道路上的一切风险挑战。西南地区的生态保护工作要积极创新工作方式方法，利用好地方立法，加强双语人才和法律人才队伍的建设，为保护生物多样性、促进生态文明建设做出不负时代的贡献。

---

① 刘佳奇. 论环境立法与刑事立法的协调——以环境立法中刑事法律规范的"裁判化"为视角 [J]. 暨南学报（哲学社会科学版），2021（6）：77-90.

附 件

云南省相关地方性法规

1. 《云南省环境保护条例》，1992 年 11 月 25 日，云南省第七届人民代表大会常务委员会第二十七次会议通过，1997 年 12 月 3 日，云南省第八届人民代表大会常务委员会第三十一次会议第一次修正，2004 年 6 月 29 日，云南省第十届人民代表大会常务委员会第十次会议第二次修正。

2. 《云南省创建生态文明建设排头兵促进条例》，2020 年 5 月 12 日，云南省第十三届人民代表大会第三次会议通过。

3. 云南省实施《中华人民共和国水法》办法，2005 年 5 月 27 日，云南省第十届人民代表大会常务委员会第十六次会议通过，2015 年 9 月 25 日，云南省第十二届人民代表大会常务委员会第二十次会议第一次修正，2018 年 11 月 29 日，云南省第十三届人民代表大会常务委员会第七次会议第二次修正。

4. 《云南省地热水资源管理条例》，1999 年 4 月 2 日，云南省第九届人民代表大会常务委员会第八次会议通过，2014 年 7 月 27 日，云南省第十二届人民代表大会常务委员会第十次会议修正。

5. 《云南省水文条例》，2010 年 3 月 26 日，云南省第十一届人民代表大会常务委员会第十六次会议通过，2015 年 9 月 25 日，云南省第十二届人民代表大会常务委员会第二十次会议第一次修正，2018 年 11 月 29 日，云南省第十三届人民代表大会常务委员会第七次会议第二次修正。

6.《云南省节约用水条例》，2012 年 11 月 29 日，云南省第十一届人民代表大会常务委员会第三十五次会议通过。

7.《云南省水土保持条例》，2014 年 7 月 27 日，云南省第十二届人民代表大会常务委员会第十次会议通过，2018 年 11 月 29 日，云南省第十三届人民代表大会常务委员会第七次会议修正。

8.《云南省曲靖独木水库保护条例》，2003 年 7 月 31 日，云南省第十届人民代表大会常务委员会第四次会议通过。

9.《云南省昭通渔洞水库保护条例》，2005 年 9 月 26 日，云南省第十届人民代表大会常务委员会第十八次会议通过。

10.《云南省牛栏江保护条例》，2012 年 9 月 28 日，云南省第十一届人民代表大会常务委员会第三十四次会议通过。

11.《云南省云龙水库保护条例》，2013 年 11 月 29 日，云南省第十二届人民代表大会常务委员会第六次会议通过。

12.《云南省滇池保护条例》，2012 年 9 月 28 日，云南省第十一届人民代表大会常务委员会第三十四次会议通过，2018 年 11 月 29 日，云南省第十三届人民代表大会常务委员会第七次会议修正。

13.《云南省杞麓湖保护条例》，2018 年 11 月 29 日，云南省第十三届人民代表大会常务委员会第七次会议通过。

14.《云南省阳宗海保护条例》，2019 年 11 月 28 日，云南省第十三届人民代表大会常务委员会第十四次会议通过。

15.《云南省抚仙湖保护条例》，2007 年 5 月 23 日，云南省第十届人民代表大会常务委员会第二十九次会议通过，2016 年 9 月 29 日，云南省第十二届人民代表大会常务委员会第二十九次会议修正。

16.《云南省程海保护条例》，2019 年 7 月 25 日，云南省第十三届人民代表大会常务委员会第十二次会议通过。

17.《云南省星云湖保护条例》，2019 年 9 月 28 日，云南省第十三届人民代表大会常务委员会第十三次会议通过。

18.《云南省赤水河流域保护条例》，2021 年 5 月 28 日，云南省第十三届人民代表大会常务委员会第二十四次会议通过。

19.《云南省人民代表大会常务委员会关于加强赤水河流域共同保护的决定》，2021 年 5 月 28 日，云南省第十三届人民代表大会常务委员会第二十四次会议通过。

20.《云南省土地管理条例》，1999 年 9 月 24 日，云南省第九届人民代表大会常务委员会第十一次会议通过，2012 年 3 月 31 日，云南省第十一届人民代表大会常务委员会第三十次会议第一次修正，2014 年 7 月 27 日，云南省第十二届人民代表大会常务委员会第十次会议第二次修正，2015 年 9 月 25 日，云南省第十二届人民代表大会常务委员会第二十次会议第三次修正，2018 年 11 月 29 日，云南省第十三届人民代表大会常务委员会第七次会议第四次修正。

21.《云南省地质环境保护条例》，2001 年 7 月 28 日，云南省第九届人民代表大会常务委员会第二十三次会议通过，2015 年 9 月 25 日，云南省第十二届人民代表大会常务委员会第二十次会议第一次修正，2018 年 11 月 29 日，云南省第十三届人民代表大会常务委员会第七次会议第二次修正。

22.《云南省珍贵树种保护条例》，1995 年 9 月 27 日，云南省第八届人民代表大会常务委员会第十六次会议通过，2002 年 1 月 21 日，云南省第九届人民代表大会常务委员会第二十六次会议修正。

23.《云南省园艺植物新品种注册保护条例》，1998 年 9 月 25 日，云南省第九届人民代表大会常务委员会第五次会议通过，2012 年 3 月 31 日，云南省第十一届人民代表大会常务委员会第三十次会议第一次修正，2021 年 9 月 29 日，云南省第十三届人民代表大会常务委员会第二十六次会议第二次修正。

24.《云南省森林条例》，2002 年 11 月 29 日，云南省第九届人民代表大会常务委员会第三十一次会议通过，2012 年 3 月 31 日，云南省第十一届人民代表大会常务委员会第三十次会议第一次修正，2018 年 11 月 29 日，云南省第十三届人民代表大会常务委员会第七次会议第二次修正。

25.《云南省林地管理条例》，2010 年 7 月 30 日，云南省第十一届人民代表大会常务委员会第十八次会议通过。

26.《云南省林木种子条例》，2016 年 9 月 29 日，云南省第十二届人民代表大会常务委员会第二十九次会议通过。

27.《云南省绿化造林条例》，1998 年 11 月 27 日，云南省第九届人大常委会第六次会议通过，2018 年 11 月 29 日，云南省第十三届人民代表大会常务委员会第七次会议修正。

28.《云南省矿产资源管理条例》，1997 年 12 月 3 日，云南省第八届人民代表大会常务委员会第三十一次会议通过。

29.《云南省龙陵黄龙玉资源管理条例》，2014 年 11 月 27 日，云南省第十二届人民代表大会常务委员会第十四次会议通过。

30.《云南省湿地保护条例》，2013 年 9 月 25 日，云南省第十二届人民代表大会常务委员会第五次会议通过。

31.《云南省陆生野生动物保护条例》，1996 年 11 月 19 日，云南省第八届人民代表大会常务委员会第二十四次会议通过，2012 年 3 月 31 日，云南省第十一届人民代表大会常务委员会第三十次会议第一次修正，2014 年 7 月 27 日，云南省第十二届人民代表大会常务委员会第十次会议第二次修正。

32.《云南省生物多样性保护条例》，2018 年 9 月 21 日，云南省第十三届人民代表大会常务委员会第五次会议通过。

33.《云南省三江并流世界自然遗产地保护条例》，2005 年 5 月 27 日，云南省第十届人民代表大会常务委员会第十六次会议通过。

34.《云南省澄江化石地世界自然遗产保护条例》，2017 年 5 月 26 日，云南省第十二届人民代表大会常务委员会第三十四次会议通过。

35.《云南省自然保护区管理条例》，1997年12月3日，云南省第八届人民代表大会常务委员会第三十一次会议通过，2018年11月29日，云南省第十三届人民代表大会常务委员会第七次会议第一次修正，2021年9月29日，云南省第十三届人民代表大会常务委员会第二十六次会议第二次修正。

36.《云南省昭通大山包黑颈鹤国家级自然保护区条例》，2008年9月25日，云南省第十一届人民代表大会常务委员会第五次会议通过，2018年5月30日，云南省第十三届人民代表大会常务委员会第三次会议修正。

37.《云南省风景名胜区条例》，2011年9月30日，云南省第十一届人民代表大会常务委员会第二十六次会议通过，2021年9月29日，云南省人民代表大会常务委员会第二十六次会议修正。

38.《云南省国家公园管理条例》，2015年11月26日，云南省第十二届人民代表大会常务委员会第二十二次会议通过。

39.《云南省气候资源保护和开发利用条例》，2019年9月28日，云南省第十三届人民代表大会常务委员会第十三次会议通过。

40.《云南省丽江古城保护条例》，2005年12月2日，云南省第十届人民代表大会常务委员会第十九次会议通过。

41.《云南省历史文化名城名镇名村名街保护条例》，2007年11月29日，云南省第十届人民代表大会常务委员会第三十二次会议通过，2012年3月31日，云南省第十一届人民代表大会常务委员会第三十次会议修正。

42.《云南省大气污染防治条例》，2018年11月29日，云南省第十三届人民代表大会常务委员会第七次会议通过。

43.《云南省土壤污染防治条例》，2022年1月23日，云南省第十三届人民代表大会第五次会议通过。

44.《云南省农业环境保护条例》，1997年5月28日，云南省第八届人民代表大会常务委员会第二十八次会议通过。

45.《云南省基本农田保护条例》，2000年5月26日，云南省第九届人民代表大会常务委员会第十六次会议通过，2015年9月25日，云南省第十二届人民代表大会常务委员会第二十次会议修正。

46.《云南省城乡规划条例》，2012年9月28日，云南省第十一届人民代表大会常务委员第三十四次会议通过。

47.《云南省普洱城市管理条例》，2014年9月26日，云南省第十二届人民代表大会常务委员会第十二次会议通过。

贵州省相关地方性法规

1.《贵州省生态文明建设促进条例》，2014 年 5 月 17 日，贵州省第十二届人民代表大会常务委员会第九次会议通过，2018 年 11 月 29 日，贵州省第十三届人民代表大会常务委员会第七次会议修正。

2.《贵州省生态环境保护条例》，2019 年 5 月 31 日，贵州省第十三届人民代表大会常务委员会第十次会议通过。

3.《贵州省爱国卫生工作条例》，1995 年 9 月 22 日，贵州省第八届人民代表大会常务委员会第十七次会议通过，1997 年 9 月 29 日，贵州省第八届人民代表大会常务委员会第三十次会议第一次修正，2004 年 5 月 28 日，贵州省第十届人民代表大会常务委员会第八次会议第二次修正，2011 年 11 月 23 日，贵州省第十一届人民代表大会常务委员会第二十五次会议第三次修正。

4. 贵州省实施《中华人民共和国水法》办法，2005 年 9 月 23 日，贵州省第十届人民代表大会常务委员会第十七次会议通过，2011 年 11 月 23 日，贵州省第十一届人民代表大会常务委员会第二十五次会议第一次修正，2017 年 11 月 30 日，贵州省第十二届人民代表大会常务委员会第三十二次会议第二次修正，2020 年 9 月 25 日，贵州省第十三届人民代表大会常务委员会第十九次会议第三次修正。

5.《贵州省生活饮用水卫生监督管理条例》，2007 年 7 月 27 日，贵州省第十届人民代表大会常务委员会第二十八次会议通过，2015 年 7 月 31 日，贵州省第十二届人民代表大会常务委员会第十六次会议修正。

6.《贵州省水资源保护条例》，2016 年 11 月 24 日，贵州省第十二届人民代表大会常务委员会第二十五次会议通过，2018 年 11 月 29 日，贵州省第十三届人民代表大会常务委员会第七次会议第一次修正，2020 年 9 月

25 日，贵州省第十三届人民代表大会常务委员会第十九次会议第二次修正，2021 年 11 月 26 日，贵州省第十三届人民代表大会常务委员会第二十九次会议第三次修正。

7. 《贵州省水土保持条例》，2012 年 11 月 29 日，贵州省第十一届人民代表大会常务委员会第三十一次会议通过，2018 年 11 月 29 日，贵州省第十三届人民代表大会常务委员会第七次会议第一次修正，2020 年 9 月 25 日，贵州省第十三届人民代表大会常务委员会第十九次会议第二次修正，2021 年 11 月 26 日，贵州省第十三届人民代表大会常务委员会第二十九次会议第三次修正。

8. 《贵州省河道条例》，2019 年 1 月 17 日，贵州省第十三届人民代表大会常务委员会第八次会议通过，2021 年 11 月 26 日，贵州省第十三届人民代表大会常务委员会第二十九次会议修正。

9. 《贵州省夜郎湖水资源环境保护条例》，2002 年 7 月 30 日，贵州省第九届人民代表大会常务委员会第二十九次会议通过，2010 年 9 月 17 日，贵州省第十一届人民代表大会常务委员会第十八次会议第一次修正，2018 年 11 月 29 日，贵州省第十三届人民代表大会常务委员会第七次会议第二次修正。

10. 《贵州省红枫湖百花湖水资源环境保护条例》，2010 年 3 月 31 日，贵州省第十一届人民代表大会常务委员会第十四次会议通过，2012 年 3 月 30 日，贵州省第十一届人民代表大会常务委员会第二十七次会议第一次修正，2018 年 11 月 29 日，贵州省第十三届人民代表大会常务委员会第七次会议第二次修正，2021 年 11 月 26 日，贵州省第十三届人民代表大会常务委员会第二十九次会议第三次修正。

11. 《贵州省防洪条例》，2003 年 7 月 26 日，贵州省第十届人民代表大会常务委员会第三次会议通过，2004 年 5 月 28 日，贵州省第十届人民代表大会常务委员会第八次会议第一次修正，2015 年 7 月 31 日，贵州省第十二届人民代表大会常务委员会第十六次会议第二次修正，2017 年 11 月 30

日，贵州省第十二届人民代表大会常务委员会第三十二次会议第三次修正。

12.《贵州省黔中水利枢纽工程管理条例》，2015年1月15日，贵州省第十二届人民代表大会常务委员会第十三次会议通过，2020年9月25日，贵州省第十三届人民代表大会常务委员会第十九次会议修正。

13.《贵州省赤水河流域保护条例》，2021年5月27日，贵州省第十三届人民代表大会常务委员会第二十六次会议通过。

14.《贵州省人民代表大会常务委员会关于加强赤水河流域共同保护的决定》，2021年5月27日，贵州省第十三届人民代表大会常务委员会第二十六次会议通过。

15.《贵州省土地管理条例》，2000年9月22日，贵州省第九届人民代表大会常务委员会第十八次会议通过，2010年9月17日，贵州省第十一届人民代表大会常务委员会第十八次会议第一次修正，2015年7月31日，贵州省第十二届人民代表大会常务委员会第十六次会议第二次修正，2017年11月30日，贵州省第十二届人民代表大会常务委员会第三十二次会议第三次修正，2018年11月29日，贵州省第十三届人民代表大会常务委员会第七次会议第四次修正。

16.《贵州省地质环境管理条例》，2006年11月24日，贵州省第十届人民代表大会常务委员会第二十四次会议通过，2017年11月30日，贵州省第十二届人民代表大会常务委员会第三十二次会议第一次修正，2018年11月29日，贵州省第十三届人民代表大会常务委员会第七次会议第二次修正。

17.《贵州省土地整治条例》，2010年11月30日，贵州省第十一届人民代表大会常务委员会第十九次会议通过，2017年11月30日，贵州省第十二届人民代表大会常务委员会第三十二次会议修正。

18.《贵州省绿化条例》，1996年5月29日，贵州省第八届人民代表大会常务委员会第二十一次会议通过，2010年9月17日，贵州省第十一届人民代表大会常务委员会第十八次会议第一次修正，2018年11月29日，贵州省第十三届人民代表大会常务委员会第七次会议第二次修正。

19.《贵州省森林条例》，2000 年 3 月 24 日，贵州省第九届人民代表大会常务委员会第十五次会议通过，2004 年 5 月 28 日，贵州省第十届人民代表大会常务委员会第八次会议第一次修正，2010 年 9 月 17 日，贵州省第十一届人民代表大会常务委员会第十八次会议第二次修正，2015 年 7 月 31 日，贵州省第十二届人民代表大会常务委员会第十六次会议第三次修止，2017 年 11 月 30 日，贵州省第十二届人民代表大会常务委员会第三十二次会议第四次修正，2018 年 11 月 29 日，贵州省第十三届人民代表大会常务委员会第七次会议第五次修正。

20.《贵州省林地管理条例》，2003 年 9 月 28 日，贵州省第十届人民代表大会常务委员会第四次会议通过，2010 年 9 月 17 日，贵州省第十一届人民代表大会常务委员会第十八次会议第一次修正，2018 年 11 月 29 日，贵州省第十三届人民代表大会常务委员会第七次会议第二次修正，2019 年 3 月 29 日，贵州省第十三届人民代表大会常务委员会第九次会议第三次修正，2020 年 9 月 25 日，贵州省第十三届人民代表大会常务委员会第十九次会议第四次修正，2021 年 9 月 29 日，贵州省第十三届人民代表大会常务委员会第二十八次会议第五次修正。

21.《贵州省森林公园管理条例》，2008 年 9 月 26 日，贵州省第十一届人民代表大会常务委员会第四次会议通过，2011 年 11 月 23 日，贵州省第十一届人民代表大会常务委员会第二十五次会议第一次修正，2017 年 11 月 30 日，贵州省第十二届人民代表大会常务委员会第三十二次会议第二次修正。

22.《贵州省森林林木林地流转条例》，2010 年 7 月 28 日，贵州省第十一届人民代表大会常务委员会第十六次会议通过，2021 年 9 月 29 日，贵州省第十三届人民代表大会常务委员会第二十八次会议修正。

23.《贵州省森林防火条例》，2013 年 11 月 30 日，贵州省第十二届人民代表大会常务委员会第五次会议通过，2018 年 11 月 29 日，贵州省第十三届人民代表大会常务委员会第七次会议第一次修正，2020 年 9 月 25 日，贵州省第十三届人民代表大会常务委员会第十九次会议第二次修正。

24.《贵州省义务植树条例》，2014 年 1 月 9 日，贵州省第十二届人民代表大会常务委员会第六次会议通过。

25.《贵州省古茶树保护条例》，2017 年 8 月 3 日，贵州省第十二届人民代表大会常务委员会第二十九次会议通过。

26.《贵州省林木种苗条例》，2018 年 8 月 2 日，贵州省第十三届人民代表大会常务委员会第四次会议通过。

27.《贵州省国有林场条例》，2018 年 11 月 29 日，贵州省第十三届人民代表大会常务委员会第七次会议通过。

28.《贵州省古树名木大树保护条例》，2019 年 12 月 1 日，贵州省第十三届人民代表大会常务委员会第十三次会议通过。

29.《贵州省矿产资源管理条例》，2000 年 3 月 24 日，贵州省第九届人民代表大会常务委员会第十五次会议通过，2004 年 5 月 28 日，贵州省第十届人民代表大会常务委员会第八次会议第一次修正，2011 年 11 月 23 日，贵州省第十一届人民代表大会常务委员会第二十五次会议第二次修正，2012 年 3 月 30 日，贵州省第十一届人民代表大会常务委员会第二十七次会议第三次修正。

30.《贵州省矿产资源监督检查条例》，2013 年 1 月 18 日，贵州省第十一届人民代表大会常务委员会第三十三次会议通过。

31.《贵州省湿地保护条例》，2015 年 11 月 27 日，贵州省第十二届人民代表大会常务委员会第十九次会议通过。

32.《贵州省渔业条例》，2005 年 11 月 25 日，贵州省第十届人民代表大会常务委员会第十八次会议通过，2015 年 7 月 31 日，贵州省第十二届人民代表大会常务委员会第十六次会议第一次修正，2016 年 5 月 27 日，贵州省第十二届人民代表大会常务委员会第二十二次会议第二次修正，2018 年 11 月 29 日，贵州省第十三届人民代表大会常务委员会第七次会议第三次修正。

33.《贵州省风景名胜区条例》，2007 年 9 月 24 日，贵州省第十届人民代表大会常务委员会第二十九次会议通过，2017 年 11 月 30 日，贵州省第十二届人民代表大会常务委员会第三十二次会议第一次修正，2018 年 11 月 29 日，贵州省第十三届人民代表大会常务委员会第七次会议第二次修正，2020 年 9 月 25 日，贵州省第十二届人民代表大会常务委员会第十九次会议第三次修正。

34.《贵州省气象灾害防御条例》，2007 年 9 月 24 日，贵州省第十届人民代表大会常务委员会第二十九次会议通过，2018 年 11 月 29 日，贵州省第十三届人民代表大会常务委员会第七次会议修正。

35.《贵州省气象条例》，2009 年 11 月 25 日，贵州省第十一届人民代表大会常务委员会第十一次会议通过，2010 年 9 月 17 日，贵州省第十一届人民代表大会常务委员会第十八次会议第一次修正，2020 年 9 月 25 日，贵州省第十三届人民代表大会常务委员会第十九次会议第二次修正。

36.《贵州省气候资源开发利用和保护条例》，2012 年 11 月 29 日，贵州省第十一届人民代表大会常务委员会第三十一次会议通过，2017 年 11 月 30 日，贵州省第十二届人民代表大会常务委员会第三十二次会议修正。

37.《贵州省人工影响天气条例》，2017 年 9 月 30 日，贵州省第十二届人民代表大会常务委员会第三十一次会议通过。

38.《贵州省节约能源条例》，2013 年 9 月 27 日，贵州省第十二届人民代表大会常务委员会第四次会议通过，2017 年 11 月 30 日，贵州省第十二届人民代表大会常务委员会第三十二次会议修正。

39.《贵州省节约用水条例》，2020 年 3 月 6 日，贵州省第十三届人民代表大会常务委员会第十六次会议通过。

40.《贵州省安顺屯堡文化遗产保护条例》，2011 年 5 月 31 日，贵州省第十一届人民代表大会常务委员会第二十二次会议通过。

41.《贵州省大气污染防治条例》，2016 年 7 月 29 日，贵州省第十二届人民代表大会常务委员会第二十三次会议通过，2018 年 11 月 29 日，贵州省第十三届人民代表大会常务委员会第七次会议修正。

42.《贵州省环境噪声污染防治条例》，2017 年 9 月 30 日，贵州省第十二届人民代表大会常务委员会第三十一次会议通过。

43.《贵州省水污染防治条例》，2017 年 11 月 30 日，贵州省第十二届人民代表大会常务委员会第三十二次会议通过，2018 年 11 月 29 日，贵州省第十三届人民代表大会常务委员会第七次会议修正。

44.《贵州省固体废物污染环境防治条例》，2020 年 12 月 4 日，贵州省第十三届人民代表大会常务委员会第二十二次会议通过。

45.《贵州省基本农田保护条例》，1997 年 7 月 21 日，贵州省第八届人民代表大会常务委员会第二十九次会议通过，1999 年 9 月 25 日，贵州省第九届人民代表大会常务委员会第十一次会议第一次修正，2010 年 9 月 17 日，贵州省第十一届人民代表大会常务委员会第十八次会议第二次修正。

46.《贵州省城市市容和环境卫生管理条例》，2004 年 11 月 27 日，贵州省第十届人民代表大会常务委员会第十一次会议通过，2010 年 9 月 17 日，贵州省第十一届人民代表大会常务委员会第十八次会议第一次修正，2012 年 3 月 30 日，贵州省第十一届人民代表大会常务委员会第二十七次会议第二次修正，2021 年 11 月 26 日，贵州省第十三届人民代表大会常务委员会第二十九次会议第三次修正。

47.《贵州省传统村落保护和发展条例》，2017 年 8 月 3 日，贵州省第十二届人民代表大会常务委员会第二十九次会议通过。

48.《贵州省新型墙体材料促进条例》，2014 年 3 月 19 日，贵州省第十二届人民代表大会常务委员会第八次会议通过，2018 年 11 月 29 日，贵州省第十三届人民代表大会常务委员会第七次会议修正。

49.《贵州省民用建筑节能条例》，2015 年 7 月 31 日，贵州省第十二届人民代表大会常务委员会第十六次会议通过，2018 年 11 月 29 日，贵州省第十三届人民代表大会常务委员会第七次会议修正。

四川省相关地方性法规

1. 《四川省〈中华人民共和国水法〉实施办法》，1992 年 3 月 13 日，四川省第七届人民代表大会常务委员会第二十八次会议通过，1997 年 10 月 17 日，四川省第八届人民代表大会常务委员会第二十九次会议第一次修正，2005 年 4 月 6 日，四川省第十届人民代表大会常务委员会第十四次会议修订，2012 年 7 月 27 日，四川省第十一届人民代表大会常务委员会第三十一次会议第二次修正。

2. 《四川省长江水源涵养保护条例》，1988 年 12 月 7 日，四川省第七届人民代表大会常务委员会第六次会议通过，1997 年 10 月 17 日，四川省第八届人民代表大会常务委员会第二十九次会议第一次修正，2004 年 9 月 24 日，四川省第十届人民代表大会常务委员会第十一次会议第二次修正。

3. 《四川省饮用水水源保护管理条例》，1995 年 10 月 19 日，四川省第八届人民代表大会常务委员会第十七次会议通过，1997 年 10 月 17 日，四川省第八届人民代表大会常务委员会第二十九次会议修正，2011 年 11 月 25 日，四川省第十一届人民代表大会常务委员会第二十六次会议修订，2019 年 9 月 26 日，四川省第十三届人民代表大会常务委员会第十三次会议修正。

4. 《四川省都江堰水利工程管理条例》，1997 年 6 月 16 日，四川省第八届人民代表大会常务委员会第二十七次会议通过，2003 年 11 月 28 日，四川省第十届人民代表大会常务委员会第六次会议修正，2019 年 11 月 28 日，四川省第十三届人民代表大会常务委员会第十四次会议修订。

5. 《四川省水利工程管理条例》，1998 年 8 月 30 日，四川省第九届人民代表大会常务委员会第四次会议通过，2017 年 6 月 3 日，四川省第十二届人民代表大会常务委员会第三十三次会议修订，2021 年 9 月 29 日，四川省第十三届人民代表大会常务委员会第三十次会议修正。

6.《四川省〈中华人民共和国水土保持法〉实施办法》，2012 年 9 月 21 日，四川省第十一届人民代表大会常务委员会第三十二次会议修订通过。

7.《四川省沱江流域水环境保护条例》，2019 年 5 月 23 日，四川省第十三届人民代表大会常务委员会第十一次会议通过。

8.《四川省老鹰水库饮用水水源保护条例》，2021 年 5 月 28 日，四川省第十三届人民代表大会常务委员会第二十七次会议通过。

9.《四川省赤水河流域保护条例》，2021 年 5 月 28 日，四川省第十三届人民代表大会常务委员会第二十七次会议通过。

10.《四川省人民代表大会常务委员会关于加强赤水河流域共同保护的决定》，2021 年 5 月 28 日，四川省第十三届人民代表大会常务委员会第二十七次会议通过。

11.《四川省河湖长制条例》，2021 年 11 月 25 日，四川省第 13 届人大常委会第 31 次会议通过。

12.《四川省嘉陵江流域生态环境保护条例》，2021 年 11 月 25 日，四川省第十三届人民代表大会常务委员会第三十一次会议通过。

13.《四川省〈中华人民共和国土地管理法〉实施办法》，1987 年 11 月 2 日，四川省第六届人民代表大会常务委员会第二十六次会议通过，1989 年 11 月 15 日，四川省第七届人民代表大会常务委员会第十二次会议第一次修正，1995 年 6 月 20 日，四川省第八届人民代表大会第十五次会议第二次修正，1997 年 10 月 17 日，四川省第八届人民代表大会常务委员会第二十九次会议第三次修正，1999 年 12 月 10 日，四川省第九届人民代表大会常务委员会第十二次会议修订，2012 年 7 月 27 日，四川省第十一届人民代表大会常务委员会第三十一次会议第四次修正。

14.《四川省地质环境管理条例》，1999 年 8 月 14 日，四川省第九届人民代表大会常务委员会第十次会议通过，2009 年 3 月 27 日，四川省第十一届人民代表大会常务委员会第八次会议第一次修正，2012 年 7 月 27 日，四川省第十一届人民代表大会常务委员会第三十一次会议第二次修正。

15.《四川省矿产资源管理条例》，1997 年 10 月 17 日，四川省第八届人民代表大会常务委员会第二十九次会议通过。

16.《四川省绿化条例》，1992 年 1 月 25 日，四川省第七届人民代表大会第五次会议通过，1997 年 10 月 17 日，四川省第八届人民代表大会常务委员会第二十九次会议第一次修正，2002 年 3 月 30 日，四川省第九届人民代表大会常务委员会第二十八次会议第二次修正。

17.《四川省长江防护林体系管理条例》，1995 年 4 月 26 日，四川省第八届人民代表大会常务委员会第十四次会议通过。

18.《四川省天然林保护条例》，1999 年 1 月 29 日，四川省第九届人民代表大会常务委员会第七次会议通过，2009 年 3 月 27 日，四川省第十一届人民代表大会常务委员会第八次会议修正。

19.《四川省森林公园管理条例》，2000 年 11 月 30 日，四川省第九届人民代表大会常务委员会第二十次会议通过。

20.《四川省林木种子管理条例》，2009 年 3 月 27 日，四川省第十一届人民代表大会常务委员会第八次会议通过。

21.《四川省森林防火条例》，2013 年 9 月 25 日，四川省第十二届人民代表大会常务委员会第五次会议通过。

22.《四川省野生植物保护条例》，2014 年 11 月 26 日，四川省第十二届人民代表大会常务委员会第十三次会议通过。

23.《四川省古树名木保护条例》，2019 年 11 月 28 日，四川省第十三届人民代表大会常务委员会第十四次会议通过。

24.《四川省〈中华人民共和国野生动物保护法〉实施办法》，1990 年 1 月 16 日，四川省第七届人民代表大会常务委员会第十三次会议通过，1996 年 6 月 18 日，四川省第八届人民代表大会常务委员会第二十一次会议第一次修正，2004 年 9 月 24 日，四川省第十届人民代表大会常务委员会第十一次会议第二次修正，2009 年 3 月 27 日，四川省第十一届人民代表大会常务委员会第八次会议第三次修正，2012 年 7 月 27 日，四川省第十一届人民代表大会常务委员会第三十一次会议第四次修正。

25.《四川省〈中华人民共和国草原法〉实施办法》，2005 年 9 月 23 日，四川省第十届人民代表大会常务委员会第十七次会议通过。

26.《四川省湿地保护条例》，2010 年 7 月 24 日，四川省第十一届人民代表大会常务委员会第十七次会议通过。

27.《四川省自然保护区管理条例》，1999 年 10 月 14 日，四川省第九届人民代表大会常务委员会第十一次会议通过，2009 年 3 月 27 日，四川省第十一届人民代表大会常务委员会第八次会议第一次修正，2018 年 9 月 30 日，四川省第十三届人民代表大会常务委员会第六次会议第二次修正。

28.《四川省〈中华人民共和国渔业法〉实施办法》，1989 年 11 月 15 日，四川省第七届人民代表大会常务委员会第十二次会议通过，2002 年 3 月 30 日，四川省第九届人民代表大会常务委员会第二十八次会议修订，2004 年 9 月 24 日，四川省第十届人民代表大会常务委员会第十一次会议第一次修正，2016 年 11 月 30 日，四川省第十二届人民代表大会常务委员会第二十九次会议第二次修正。

29.《四川省〈中华人民共和国节约能源法〉实施办法》，2000 年 11 月 30 日，四川省第九届人民代表大会常务委员会第二十次会议通过，2014 年 5 月 29 日，四川省第十二届人民代表大会常务委员会第九次会议修订，2018 年 9 月 30 日，四川省第十三届人民代表大会常务委员会第六次会议修正。

30.《四川省〈中华人民共和国气象法〉实施办法》，2001 年 9 月 22 日，四川省第九届人民代表大会常务委员会第二十五次会议通过。

31.《四川省气象灾害防御条例》，2006 年 3 月 31 日，四川省第十届人民代表大会常务委员会第二十次会议通过。

32.《四川省〈中华人民共和国防洪法〉实施办法》，2007 年 5 月 31 日，四川省第十届人民代表大会常务委员会第二十八次会议通过。

33.《四川省〈中华人民共和国防沙治沙法〉实施办法》，2009年9月25日，四川省第十一届人民代表大会常务委员会第十一次会议通过。

34.《四川省〈中华人民共和国大气污染防治法〉实施办法》，2002年7月20日，四川省第九届人民代表大会常务委员会第三十次会议通过，2018年12月7日，四川省第十三届人民代表大会常务委员会第八次会议修订。

35.《四川省固体废物污染环境防治条例》，2013年9月25日，四川省第十二届人民代表大会常务委员会第五次会议通过，2018年7月26日，四川省第十三届人民代表大会常务委员会第五次会议修正，2022年6月9日，四川省第十三届人民代表大会常务委员会第三十五次会议修订。

36.《四川省辐射污染防治条例》，2016年3月29日，四川省第十二届人民代表大会常务委员会第二十四次会议通过。

37.《四川省城市园林绿化条例》，1992年7月22日，四川省第七届人民代表大会常务委员会第三十次会议通过，2004年9月24日，四川省第十届人民代表大会常务委员会第十一次会议修正，2018年7月26日，四川省第十三届人民代表大会常务委员会第五次会议修正。

38.《四川省城镇排水与污水处理条例》，2009年3月27日，四川省第十一届人民代表大会常务委员会第八次会议通过，2019年11月28日，四川省第十三届人民代表大会常务委员会第十四次会议修正。

39.《四川省农村能源条例》，2010年11月24日，四川省第十一届人民代表大会常务委员会第三十五次会议通过，2017年7月27日，四川省第十二届人民代表大会常务委员会第三十五次会议修正。

40.《四川省城乡环境综合治理条例》，2011年7月29日，四川省第十一届人民代表大会常务委员会第二十四次会议通过，2019年11月28日，四川省第十三届人民代表大会常务委员会第十四次会议修正。

41.《四川省传统村落保护条例》，2020年11月26日，四川省第十三届人民代表大会常务委员会第二十三次会议通过。

42.《四川省阆中古城保护条例》，2004 年 7 月 30 日，四川省第十届人民代表大会常务委员会第十次会议通过，2019 年 5 月 23 日，四川省第十三届人民代表大会常务委员会第十一次会议修订。

43.《四川省〈中华人民共和国环境影响评价法〉实施办法》，2007 年 9 月 27 日，四川省第十届人民代表大会常务委员会第三十次会议通过，2019 年 9 月 26 日，四川省第十三届人民代表大会常务委员会第十三次会议修正。

44.《四川省人民代表大会常务委员会关于资源税适用税率等事项的决定》，2020 年 7 月 31 日，四川省第十三届人民代表大会常务委员会第二十次会议通过。

45.《四川省世界遗产保护条例》，2015 年 12 月 3 日，四川省第十二届人民代表大会常务委员会第十九次会议修订通过。

参考文献

一、著作类

［1］蔡守秋. 环境资源法学教程［M］. 武汉：武汉大学出版社，2000.

［2］蔡守秋. 调整论［M］. 北京：高等教育出版社，2003.

［3］蔡守秋. 中国环境资源法学的基本理论［M］. 北京：中国人民大学出版社，2019.

［4］金瑞林，汪劲. 中国环境与自然资源立法若干问题研究［M］. 北京：北京大学出版社，1999.

［5］金瑞林. 环境法学［M］. 北京：北京大学出版社，2016.

［6］汪劲. 环境法律的理念与价值追求［M］. 北京：法律出版社，2000.

［7］汪劲. 中国环境法原理［M］. 北京：北京大学出版社，2000.

［8］吕忠梅. 环境法新视野［M］. 北京：法律出版社，2000.

［9］吕忠梅. 超越与保守——可持续发展视野下的环境法创新［M］. 北京：法律出版社，2001.

［10］曹明德. 生态法原理［M］. 北京：人民出版社，2002.

［11］陈泉生. 可持续发展与法律变革［M］. 北京：法律出版社，2000.

［12］郑少华. 生态主义法哲学［M］. 北京：法律出版社，2002.

［13］付子堂等. 马克思主义法学理论的中国实践与发展研究［M］. 北

京：中国人民大学出版社，2020.

[14] 徐祥民. 环境权—环境法基础理论研究 [M]. 北京：北京大学出版社，2004.

[15] 穆治霖. 环境立法利益论 [M]. 武汉：武汉大学出版社，2017.

[16] 周珂. 生态环境法论 [M]. 北京：法律出版社，2001.

[17] 周珂，谭柏平，欧阳杉. 环境法 [M]. 北京：中国人民大学出版社，2016.

[18] 吴宗金，张晓辉. 中国民族法学 [M]. 北京：法律出版社，2004.

[19] 武树臣. 中国法律思想史 [M]. 北京：法律出版社，2017.

[20] 杜群等. 中国国家公园立法研究 [M]. 北京：中国环境出版集团，2018.

[21] 任世丹. 重点生态功能区生态补偿立法研究 [M]. 北京：法律出版社，2020.

[22] 张立. 三江源自然保护区生态保护立法问题研究 [M]. 北京：中国政法大学出版社，2014.

[23] 胡晓红. 西北民族地区环境资源法律制度创新研究 [M]. 北京：民族出版社，2006.

[24] 乔世明等. 少数民族地区生态自治立法研究 [M]. 北京：中央民族大学出版社，2018.

[25] 王允武. 民族自治地方社会和谐法治保障若干问题研究 [M]. 北京：中国社会科学出版社，2012.

[26] 高其才. 中国习惯法论 [M]. 北京：社会科学文献出版社，2019.

[27] 张晓辉. 法律人类学的理论和方法 [M]. 北京：北京大学出版社，2019.

[28] 张文显. 法理学 [M]. 北京：法律出版社，1997.

[29] 周旺生. 立法论 [M]. 北京：北京大学出版社，1994.

[30] 李林. 立法理论与制度 [M]. 北京：中国法制出版社，2005 年.

[31] 曹海晶. 中外立法制度比较 [M]. 北京：商务印书馆，2016.

[32] 张越. 立法技术原理 [M]. 北京：中国法制出版社，2020.

[33] 邓世豹. 立法学：原理与技术 [M]. 广州：中山大学出版社，2016.

[34] 杨临宏. 立法学原理、程序、制度与技术 [M]. 北京：中国社会科学出版社，2020.

[35] 付子堂. 中国地方立法报告（2020）[M]. 北京：社会科学文献出版社，2021.

[36] 高绍林. 地方立法工作体系研究 [M]. 天津：天津人民出版社，2019.

[37] 沈春耀，许安标. 大智立法：新中国成立70年立法历程 [M]. 北京：法律出版社，2019.

[38] 秦玉才，汪劲. 中国生态补偿立法路在前方 [M]. 北京：北京大学出版社，2013.

[39] 滕海键. 美国环境政策与环保立法研究：以环境政治史为视角 [M]. 北京：中国社会科学出版社，2016.

[40] 吕忠梅等. 长江流域立法研究 [M]. 北京：法律出版社，2021.

[41] 刘长兴. 环境法体系化研究 [M]. 北京：法律出版社，2021.

[42] 朱最新，黄涛涛，刘浩. 地方立法评估理论与实务研究 [M]. 北京：法律出版社，2020.

[43] 郑维川，杨润新. 地方法规立法后评估实证研究 [M]. 北京：中国政法大学出版社，2017.

[44] 樊建新等. 习近平生态文明思想在贵州的实践研究 [M]. 北京：经济管理出版社，2021.

[45] E. 博登海默. 法理学——法哲学及其方法 [M]. 邓正来，姬敬武译. 北京：华夏出版社，1987.

[46] 川岛武宜. 现代化与法 [M]. 王志安等译. 北京：中国政法大学出版社，1994.

［47］凯尔森. 法与国家的一般理论［M］. 沈宗灵译. 北京：中国大百科全书出版社，1996.

［48］亚瑟. 塞斯尔. 庇古. 福利经济学［M］. 何玉长，丁晓钦译. 上海：上海财经大学出版社，2009.

［49］彼得·S. 温茨. 环境正义论［M］. 朱丹琼，宋玉波译. 上海：上海人民出版社，2007.

［50］孟德斯鸠. 论法的精神［M］. 张雁深译. 北京：商务印书馆，2020.

［51］卡尔·拉伦茨. 法学方法论［M］. 陈爱娥译. 北京：商务印书馆，2003.

［52］伯尔曼. 法律与宗教［M］. 梁治平译. 北京：中国政法大学出版社，2003.

二、论文类

［1］贾秋宇. 中国古代的生态环境立法及史鉴价值［J］. 人民论坛·学术前沿，2018（19）：104-107.

［2］江必新. 生态法治元论［J］. 现代法学，2013（3）：3-10.

［3］李步云，赵迅. "什么是良法"［J］. 法学研究，2005（6）：125-135.

［4］汪劲. 论生态补偿的概念——以《生态补偿条例》草案的立法解释为背景［J］. 中国地质大学学报（社会科学版），2014（1）：1-8+139.

［5］王树义. 生态安全及其立法问题探讨［J］. 法学评论，2006（3）：123-129.

［6］史玉成. 生态补偿制度建设与立法供给——以生态利益保护与衡平为视角［J］. 法学评论，2013（4）：115-123.

［7］梅宏. 刑法生态化的立法原则［J］. 华东政法学院学报，2004（2）：70-78.

［8］竺效. 论生态文明建设与《环境保护法》之立法目的完善［J］. 法学论坛. 2013（2）：29-36.

[9] 李传轩, 朱悦. 我国生态环境损害赔偿立法的模式选择 [J]. 环境保护, 2018 (16): 48-51.

[10] 陈晓景. 中国环境法立法模式的变革——流域生态系统管理范式选择 [J]. 甘肃社会科学, 2011 (1): 191-194.

[11] 郭少青, 张梓太. 更新立法理念 为生态文明提供法治保障 [J]. 环境保护, 2013 (8): 48-50.

[12] 陈文. 论生态文明与法治文明共建背景下的生态保护立法模式 [J]. 河北法学, 2013 (11): 44-50.

[13] 李启家. 中国环境立法评估: 可持续发展与创新 [J]. 中国人口·资源与环境, 2001 (3): 25-28.

[14] 刘爱军. 生态文明视野下的环境立法研究 [D]. 中国海洋大学, 2006.

[15] 刘瑛. 我国生态环境保护立法存在的问题及其对策 [J]. 南方论刊, 2010 (12): 36-37.

[16] 周珂. 我国生态环境法制建设分析 [J]. 中国人民大学学报, 2000 (6): 101-108.

[17] 王江, 黄锡生. 我国生态环境恢复立法析要 [J]. 法律科学 (西北政法大学学报), 2011 (3): 193-200.

[18] 黄润源. 论我国生态补偿法律制度的完善 [J]. 上海政法学院学报 (法治论丛), 2010 (6): 56-61.

[19] 吕忠梅. 环境法典编纂: 实践需求与理论供给 [J]. 甘肃社会科学, 2020 (1): 1-7.

[20] 范海玉, 张思茵. 生态环境地方立法中的公众参与法律机制研究 [J]. 治理现代化研究, 2021 (2): 82-88.

[21] 赵小姣. 我国生态环境损害赔偿立法: 模式与难点 [J]. 东北大学学报 (社会科学版), 2020 (5): 81-89.

[22] 张仲旺. 地方环境立法的羸弱与纾解 [J]. 湖南警察学院学报,

2020（2）：58-67.

[23] 孙佑海. 我国70年环境立法：回顾、反思与展望 [J]. 中国环境管理，2019（6）：5-10.

[24] 朱祥贵. 非物质文化遗产保护立法的基本原则——生态法范式的视角 [J]. 中南民族大学学报（人文社会科学版），2006（2）：98-101.

[25] 陈云霞. 民族地区生态保护立法的理念与路径选择 [J]. 西南民族大学学报，2018（1）：92-97

[26] 宋才发，宋强. 民族地区生态环境保护的法治探讨 [J]. 民族学刊，2018（5）：64-70+117-120.

[27] 余贵忠，徐燕飞. 少数民族生态习惯法的经济理性 [J]. 民族学刊，2020（4）：27-31.

[28] 廖伯明. 西南少数民族习惯法在生态环境保护中的作用 [J]. 黑龙江民族丛刊，2008（5）：150-154.

[29] 尹仑. 中国民族生态法律制定研究 [J]. 云南社会学，2016（5）：106-111.

[30] 康兰平. 我国民族地区环境保护立法模式研究 [J]. 西北民族大学学报（哲学社会科学版），2016（6）：122-126.

[31] 徐晓光. 我国西南山地民族传统生态观研究 [J]. 中央民族大学学报（自然科学版），2015（4）：72-78.

[32] 刘海霞，马立志. 中国少数民族生态保护研究述评 [J]. 民族论坛，2016（4）：85-90.

[33] 何星亮. 中国少数民族传统文化与生态保护 [J]. 云南民族大学学报（哲学社会科学版），2004（1）：48-56

[34] 杨醇芳. 我国西部地区生态环境保护立法问题研究 [D]. 吉林大学，2016.

[35] 赵芳芳. 西部地区生态环境法律制度研究 [D]. 中央民族大

学，2006.

[36] 文同爱，郑荷花. 国际生态环境问题及其对我国环境立法的启示 [J]. 时代法学，2005（1）：69-75.

[37] 梁天驰. 新时代我国生态文明法治建设问题研究 [D]. 渤海大学，2019.

[38] 姚婷，曹海霞，袁进. 新时期资源型地区生态环境立法研究——以山西为例 [J]. 经济师，2019（10）：82-84.

[39] 周云. 生态环境保护必须依靠制度和法治 [J]. 社会主义论坛，2020（10）：18+24.

[40] 徐本鑫，李孟颖. 云南省地方环境立法的反思与前瞻 [J]. 林业调查规划，2015（6）：99-104.

[41] 王楠. 我国西部生态环境保护法律问题研究 [D]. 中央民族大学，2011.

[42] 陈俊丽，魏莉. 西藏生态环境保护立法研究 [J]. 法制与社会，2020（27）：147-149.

[43] 何卫勇. 刍议西藏生态环境立法 [J]. 西藏发展论坛，2010（6）：40-43.

[44] 班洪光. 西藏生态环境与自然资源保护立法研究 [D]. 中国政法大学，2006.

[45] 张春云. 昆明市环境立法的现状分析与完善 [D]. 昆明理工大学，2004.

[46] 赵成. 改革开放以来中国生态文明制度建设的政治与立法实践 [J]. 哈尔滨工业大学学报（社会科学版），2020（3）：137-142.

[47] 曾丹. 我国生态环境公益诉讼发展之进路 [J]. 中共山西省委党校学报，2020（1）：88-91.

[48] 罗艺，李思雨. 甘肃生态文明法制建设探析 [J]. 西南林业大学学报（社会科学版），2020（4）：1-8.

[49] 王苏华. 立法引领推动生态文明建设制度化法治化——《江西省生态文明建设促进条例》立法简介 [J]. 时代主人, 2020 (3): 36-37.

[50] 李铁军. 武陵山民族地区生态环境保护立法思考 [J]. 合作经济与科技, 2019 (14): 190-192.

[51] 彭礼. 民族地区生态环境保护立法研究 [D]. 吉首大学, 2019.

[52] 高虎城. 深入学习贯彻习近平生态文明思想, 全面加强生态环境保护立法与监督工作 [J]. 中国人大, 2019 (4): 31-34.

[53] 翟勇. 生态环境立法重要进展、问题及建议 [J]. 秘书工作, 2020 (6): 32-33.

[54] 周中梁. 生态环境地方立法体系化的困境与展望——基于江苏省生态环境立法的分析 [J]. 南海法学, 2020 (6): 115-124.

[55] 董战峰, 邱秋, 李雅婷. 《黄河保护法》立法思路与框架研究 [J]. 生态经济, 2020 (7): 22-28.

[56] 殷雅琪, 刘益凤. 关于加强青海省生态环境保护地方立法的几点思考 [J]. 青海环境, 2020 (4): 171-173+185.

[57] 林珊珊. 区域协同立法的理论逻辑与模式选择 [J]. 理论学刊, 2021 (3) 116-124.

[58] 刘佳奇. 论环境立法与刑事立法的协调——以环境立法中刑事法律规范的"裁判化"为视角 [J]. 暨南学报 (哲学社会科学版), 2021 (6): 77-90.

[59] 张纪华. 争当生态文明建设排头兵 擦亮"绿色云南"名片 [J]. 环境保护, 2017 (22): 47-52.

[60] 高正文. 开创地方立法先河 保护我国生物多样性宝库——《云南省生物多样性保护条例》解析 [J]. 环境保护, 2018 (23): 12-15.

[61] 王建华. 坚持环境优先 服务科学发展 为全省经济社会平稳较快发展做出新贡献 [J]. 环境科学导刊, 2009 (3): 1-9.

[62] 张纪华. 学习贯彻十九大精神 建设美丽云南 [N]. 中国环境报，2018-01-02.

[63] 姜华，陈胜，杨鹊平，许鹏达. 生态环境科技进展与"十四五"展望 [J]. 中国环境管理，2020 (4)：29-34.

[64] 杨荣金，孙美莹，张乐，张钰莹，刘伟玲，李莹杰. 长江经济带生态环境保护的若干战略问题 [J]. 环境科学研究，2020 (8)：1795-1804.

[65] 魏彦昌，谷庆宝，王国清. 习近平生态文明思想是打好净土保卫战的定盘星 [J]. 环境保护，2020 (9)：46-49.

[66] 刘录三，黄国鲜，王璠，储昭升，李海生. 长江流域水生态环境安全主要问题、形势与对策 [J]. 环境科学研究，2020 (5)：1081-1090.

[67] 邱晨. 公众参与水环境保护机制研究——以云南省滇池治理为例 [D]. 华北电力大学，2019.

[68] 白龙飞. 当代滇池流域生态环境变迁与昆明城市发展研究 (1949—2009) [D]. 云南大学，2011.

[69] 云南行政学院课题组. 改革开放 40 年云南经济社会发展成就与展望 [J]. 中共云南省委党校学报，2018 (3)：10-15.

[70] 宋向杰. 公众参与生态立法探析 [J]. 西南林业大学学报 (社会科学版)，2020 (4)：9-13.

[71] 王飞，吴大华. 贵州省民族自治地方立法研究 [J]. 贵州民族研究，2014 (3)：1-5.

[72] 王明明. 贵州省地方生态立法的现状、问题与对策研究 [J]. 贵州警官职业学院学报，2017 (2)：70-75.

[73] 孙永春. 多彩贵州拒绝污染 地方立法护航生态文明 [J]. 中国人大，2019 (18)：48-49.

[74] 陈慧妮. 云南少数民族自治法规体系的完善 [J]. 云南社会科学，

2018（1）：44-49.

［75］徐宜可. 民族自治地方自然资源保护立法实证研究——以云南省为样本的分析［J］. 原生态民族文化学刊，2018（2）：72-78.

［76］方桂荣，姚润智. 论民族地区的生态法治建设［J］. 四川民族学院学报，2021（3）：95-101.

［77］张继钢. 民族自治地方生态环境刑事变通立法初探［J］. 湖北民族学院学报（哲学社会科学版）. 2016（6）：59-65.

［78］王允武，蓝银华. 论原生态民族习惯的立法保护［J］. 原生态民族文化学刊，2009（3）：38-44.

［79］丁国峰. 论我国民族地区生态补偿立法机制的完善［J］. 青海社会科学，2020（3）：166-174.

［80］汪菊，赵翔. 地方性知识视域下西南民族地区生态法文化解析［J］. 环境保护，2021（19）：45-49.